그리스와 로마의 영웅들

돋을새김 푸른책장 시리즈 021

그리스와 로마의 영웅들 [개정 2판]

초판 발행 2012년 5월 7일
개정 2판 1쇄 2024년 3월 30일

지은이 | 플루타르크
편역자 | 임명현
발행인 | 권오현

펴낸곳 | 돋을새김
주소 | 경기도 고양시 일산동구 하늘마을로 57−9 K씨티빌딩 301호
전화 | 031−977−1854 팩스 | 031−976−1856
홈페이지 | http://blog.naver.com/doduls 전자우편 | doduls@naver.com
등록 | 1997.12.15. 제300−1997−140호
인쇄 | 금강인쇄(주)(031−943−0082)

ISBN 978−89−6167−348−8 (03900)
Copyright ⓒ 2024, 임명현

값 13,000원

돋을새김
푸른책장
시 리 즈
0 2 1

그리스와 로마의 영웅들

플루타르크 지음 | **임명현** 편역

돋을새김

"용기를 잃는다는 것은 철저한 패배를 의미한다.
철저한 패배를 원하는가?
그렇지 않다면 용기만은 잃지 말아야 한다."

– 플루타르크

테세우스와 아이트라(로랑 드 라 이르, 1635~1640년 작)

테세우스는 아테네의 왕 아이게우스와 트로이젠의 왕녀 아이트라의 아들이다. 어머니의
고향에서 자라난 테세우스는 성년이 되자 아버지가 큰 바위 아래 숨겨 둔 칼과 신발을
찾아내고, 아버지가 있는 아테네로 여정을 떠났다. 수많은 모험 끝에 그는 아이게우스의
뒤를 이어 왕위에 올랐으며, 아테네를 민주주의 국가로 만들었다.

교육의 이로움을 전파하는 리쿠르고스(카에사르 판 에버르딩언, 1660~1662년 작)

리쿠르고스는 스파르타의 왕자로, 세계 여러 곳을 여행하며 다양한 문물을 익혔다. 이후 고국으로 돌아온 리쿠르고스는 권력의 분산을 위해 원로원 제도를 만들고, 빈부 격차를 줄이기 위해 토지를 재분배했으며, 국가적인 교육 제도를 성립시키는 등 스파르타를 위해 헌신적인 노력을 바쳤다.

솔론과 크로이소스(헤라트 판 혼트호르스트, 1624년 작)

아테네에서 개혁정치를 펼치며 사회 모순을 해결하는 법을 제정한 솔론은 이후 외국을
여행하다 리디아의 왕 크로이소스의 초대를 받는다. 솔론은 엄청난 부귀영화를 자랑하
던 크로이소스 왕에게 "인간의 운명은 언제 어떻게 뒤집어질지 모른다"는 말을 남겼는
데, 그는 리디아가 페르시아에게 멸망당하고 나서야 그 말을 이해했다고 전한다.

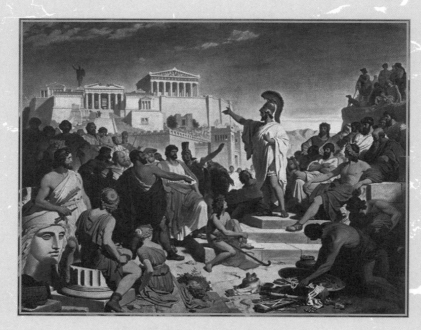

페리클레스의 추모연설(필리프 폰 폴츠, 1853년 작)

아테네의 정치가이자 군인이었던 페리클레스는 페르시아와의 전쟁을 승리로 이끌고 아테네에 민주정치의 전성기를 이룩했다. 그는 웅변술로도 명성이 높았는데, 그중에서도 특히 사모스 섬을 정벌하다가 사망한 아테네 전사자에게 바치는 추모연설이 유명하다.

고르디아스의 매듭을 끊는 알렉산드로스(장시몽 베르텔레미, 1767년 작)

프리지아의 왕 고르디아스는 마차에 매우 복잡하게 얽힌 매듭을 묶어 놓았다. 이것을 푸는 사람이 전 세계를 정복하게 될 것이라는 신탁이 전해져 왔으나 아무도 성공하지 못했다. 원정길에 이곳을 지나가던 마케도니아의 왕 알렉산드로스는 이 매듭을 보곤 칼로 잘라 버렸다. 신탁대로 그는 그리스와 페르시아에 이어 인도에 이르는 대제국을 건설하며 동방의 지배자가 되었다.

강보에 싸인 피로스의 구출(니콜라 푸생, 1634년 작)

피로스는 그리스의 도시국가 가운데 하나였던 에페이로스의 왕으로, 갓난아기 시절 백
성들의 반란으로 인해 왕궁에서 도망쳐야만 했다. 이웃한 일리리아에서 성장한 피로스
는 12세의 나이에 고국으로 돌아가 재위에 올랐으며, 수차례의 전쟁을 통해 그리스의
변방에 불과했던 에페이로스를 격상시켰다.

정복자 한니발(프란시스코 데 고야, 1770년 작)

지중해의 패권을 놓고 로마와 카르타고 간에 세 차례에 걸쳐 포에니 전쟁이 일어났다. 한니발은 제2차 포에니 전쟁 당시 카르타고를 이끌었던 명장으로, 로마인들을 두려움에 떨게 만든 존재였다. 그러나 결국 포에니 전쟁이 로마의 승리로 끝나면서 카르타고는 역사에서 사라지게 되었다.

카이사르의 죽음(빈센초 카무치니, 1804~1805년 작, 일부)

카이사르는 로마의 군인이자 정치가로 갈리아와 브리타니아 원정을 성공해 로마의 판도를 크게 넓혔다. 이후 내란을 일으켜 폼페이우스를 물리치고 로마의 종신 독재관이 되었으며, 이로써 로마는 공화정에서 독재정으로 바뀌게 되었다. 그러나 결국 공화정 체제를 지키려던 세력에 의해 암살당했다.

아르키메데스의 무덤을 발견한 키케로(마르틴 크놀러, 1775년 작)

카이사르와 동시대에 살았던 키케로는 라틴어 산문의 모범이자 수사학의 대가로 칭송받는 인물이다. 그는 시칠리아 섬 재무관으로 있던 중 묘비에 원기둥과 구가 그려져 있다는 그리스의 자연과학자 아르키메데스의 무덤을 찾아내었다. 카이사르 사후 로마를 공화정으로 되돌리기 위해 노력했으나 실패했고, 안토니우스에 의해 살해당했다.

플루타르크가 들려주는
그리스와 로마의 영웅 이야기

플루타르크Plutarch는 고대 그리스의 작가이자 역사가이다. 예수 탄생 원년을 기준으로 한 BCBefore Christ 시대(기원전)에서 예수 탄생 이후의 시대로 넘어가는 첫 세기인 ADAnno Domini 1세기경(기원후)에 활동했다.

이 시기는 지중해 지역을 중심으로 찬란한 문화를 자랑하던 그리스 가 역사의 중심에서 밀려나 로마의 지배를 받기 시작하던 때였다. 이탈 리아 중부의 작은 도시에서 출발한 로마는 카이사르(BC 100~44년), 아우 구스투스(BC 63~AD 14년) 등의 황제들이 그리스, 페르시아, 이집트, 인 도 등 세계를 정복하면서 주변 지역을 지배하는 강대국으로 발전했다. 따라서 플루타르크가 태어났을 무렵에는 강대국 로마를 중심으로 역사 가 진행되고 있었다.

플루타르크가 로마로 건너가 활동하던 시대는 로마제국의 황금기를 이끌었던 '5현제' 중 트라야누스(재위 AD 98~117년), 하드리아누스(재위 AD 117~138년) 황제가 통치하던 시대, 즉 로마의 영토가 최고로 확장되어 '모든 길이 로마로 통하는' 시대였다. 그러나 로마는 자신들이 정복한 '그리스'에 대해 여전히 열등감을 느끼고 있던 시대이기도 했다. 그로 인해 '그리스어'를 하지 못하면 지식인이 아니라고 여겨지기도 했다.

플루타르크는 《영웅전》을 써서 트라야누스 황제의 친구였던 소시우스 세네키오에게 바쳤는데, 그리스 문화에 대한 깊이 있는 지식을 갈망하던 로마의 황제와 귀족들은 《영웅전》에 매료되어 서로 앞을 다투어 필사본을 만들어 읽었다.

《영웅전》이 어떤 내용이었길래 로마인들이 그토록 열광했던 것일까?

《영웅전》의 원래 제목은 그리스어로 '비오이 파랄렐로이Bioi Paralleloi' 즉 '비교해서 쓴 인물들의 전기'로 해석될 수 있다. 플루타르크는 당시까지 전설이나 이야기의 형태로 전해 내려오던 그리스와 로마의 인물들에 대한 자료를 수집했다. 그리고 비슷한 유형의 그리스인과 로마인을 한데 묶어 그들의 생애를 소개하고 말미에 두 사람을 비교한 글을 짤막하게 달아 두었다. 현재 전해지는 것은 총 22쌍의 인물과 단독으로 소개한 4명까지 총 48명의 이야기이다. 그중에서 알렉산드로스와 카이사르 편을 비롯한 몇 편에는 비교의 글이 없다. 또 에파미논다스, 스키피오 아프리카누스, 헤라클레스 등의 전기는 현재 사라지고 없다.

플루타르크가 인물들의 이야기를 쓰기 위해 수집한 자료가 무척 방대했다는 것은 《영웅전》 곳곳에서 발견할 수 있다. 그는 자신이 살던 시대에서부터 500여 년 전의 시대까지 거슬러 올라가며 자료를 수집했다.

그러나 《영웅전》에는 과거의 역사적 사실들만 나열되어 있는 것이 아

16

니다. 이 책에는 그리스인과 로마인들의 삶이 담겨 있다. 즉 탄생, 업적, 언행, 고난과 극복, 그리고 죽음에 이르기까지 세세한 일상들이 기록되어 있으며, 그에 대한 작가의 윤리적인 고찰을 덧붙여 독자들에게 즐거움과 함께 윤리적 판단의 가치를 발견할 수 있게 했다.

이러한 인물 이야기 형식은 이전의 전기와는 다른 신선한 시도였다. 그리고 그리스 문화를 동경하던 로마인들의 욕구를 간접적으로 채워 줌으로써 로마 황제를 비롯하여 지식인들의 애독서가 되었다. 또한 후대에 이르러서는 그리스와 로마에 대해 보다 풍부하게 알 수 있는 중요한 역사 자료가 되었다.

이 책은 《플루타르크 영웅전》을 보다 쉽고 재미있게 읽을 수 있도록 재구성한 것이다. 그리스의 역사를 주도했던 영웅들 중에서 테세우스, 리쿠르고스, 솔론, 페리클레스를 비롯하여 헬레니즘 시대의 역사를 만들어낸 정복자 알렉산드로스와 병법의 천재 피로스를 소개한다. 또한 로마의 영웅들 중에서는 고대 로마 사회를 이끄는 데 중추적인 역할을 한 카토, 로마 역사상 가장 위대한 전략가이며 장군 또는 지도자였던 카이사르, 로마 최대의 웅변가 키케로, 그리고 카이사르의 뒤를 이어 로마 세계를 동양으로까지 확장시키려고 했으나 실패한 안토니우스를 소개한다. 또한 로마가 가장 두려워한 명장 한니발의 이야기가 담겨 있다. 한니발은 영웅전에서 독립적으로 소개된 인물은 아니지만 세계 전쟁사에서 빼놓을 수 없는 탁월한 전략가이므로 함께 포함시켰다.

일러두기

1. 이 책에서 열거한 그리스와 로마의 인명과 지명은 국립국어원의 외래어 표기법에 따라 그리스어
나 라틴어 발음으로 표기해야 하는 것이 원칙이지만, 영어식 표기가 익숙한 일부의 경우에는 통
용되는 발음대로 표기했다.

예)   그리스어 · 라틴어   영어
       플루타르코스(Ploutarchos)   →   플루타르크(Plutarch)
       트로이아(Troia)   →   트로이(Troy)

2. 역사적 사건이 일어난 시기나 인물의 생몰 연대 등을 표기할 때, 기원전은 'BC'로 기원후는 'AD'
로 표기하였다. 일정 기간 동안 이어진 경우, 기원 원년의 변화가 없다면 시작 연도의 표기와 동
일하게 간주한다.

예) 기원전 430년 → BC 430년
    기원전 100년부터 기원전 40년까지 → BC 100~40년
    기원전 100년부터 기원후 40년까지 → BC 100~AD 40년

아테네를 세운 테세우스

Theseus

BC 13세기경

● ● ●

출생의 비밀

아테네의 왕 아이게우스는 자신의 왕좌를 이을 아들을 간절히 원하고 있었다. 그러나 후계자가 생기지 않자 델포이에 있는 아폴론 신전을 찾아가 신탁神託을 청했다.

　'왕이여, 그대가 아테네로 돌아가기 전까지는 포도주 부대의 끈을 풀지 말아야 한다.'

신탁이 너무나 모호하여 아이게우스는 그 뜻을 정확히 알아차릴 수 없었다. 그는 아테네로 향하는 도중 펠로폰네소스에 있는 작은 나라인 트로이젠에 들러 피테우스에게 조언을 구하기로 했다. 트로이젠의 왕인 피테우스는 뛰어난 학식과 지혜로 많은 사람들에게 존경을 받고 있었다. 아이게우스는 그에게 신탁에 대해 물었다.

피테우스는 신탁의 내용이 '아테네로 돌아가기 전에는 어떤 여자와도 관계를 갖지 마라'는 뜻임을 금방 알아차렸다. 그러나 그 정확한 뜻을 아이게우스에게 일러 주지 않았다. 대신 그는 연회를 열고 아이게우스에게 포도주를 대접했다. 아이게우스가 취하자 피테우스는 자신의 딸인 아이트라와 함께 잠자리에 들 것을 권했다. 그런데 이것이 설득에 의한 것인지, 혹은 속임수에 의한 것인지는 확실하지 않다.

아이트라와 하룻밤을 보낸 아이게우스는 그녀가 아이를 가졌을지도 모른다고 생각했다. 그래서 다음 날 아테네로 떠나기 전 자신의 칼과 신발을 커다란 바위 밑에 숨기고는 아이트라에게 말했다.

"혹시 아들이 태어나서 저 바위를 들 수 있을 만큼 자라면 돌 밑에 숨겨 놓은 칼과 신발을 찾도록 하시오. 그리고 아테네에 있는 나를 찾아오게 하시오. 이 사실은 주변의 누구에게도 알려서는 안 되오."

아이게우스는 비밀을 꼭 지켜달라고 거듭 당부했다. 그에게는 자신의 왕위를 호시탐탐 노리고 있는 사촌 팔라스가 있기 때문이었다. 팔라스에게는 아들이 50명이나 있었다. 탐욕스러운 팔라스와 그의 아들들

● **신탁의 성지, 델포이 신전**

그리스 중부 파르나소스 산의 중턱에 있는 델포이 신전은 태양신 아폴론을 모신 신전이다. 고대 그리스인들은 이곳을 '옴팔로스Omphalos(배꼽)'라고 하며 세계의 중심이라고 생각했다. 고대 그리스인들은 곤란을 겪거나 정치적으로 중대한 사안이 있을 때는 반드시 델포이 신전에 올라가 기도를 하며 신탁, 즉 신의 계시를 구했다. 그들은 신탁을 받지 않고는 그 어떤 결단도 내리지 못했다.

이 만약 아이게우스의 후계자가 있다는 사실을 알게 된다면 수단과 방법을 가리지 않고 죽이려 할 것이 분명했다.

시간이 흘러 아이트라는 아들을 낳았다. 피테우스는 딸이 낳은 아이의 이름을 '테세우스'라 짓고 트로이젠에 있는 자신의 집에서 키웠다. 테세우스는 피테우스의 보호 아래 용맹하고 뛰어난 지혜를 지닌 청년으로 자라났다.

당시 그리스의 청년들은 성년이 되면 델포이 신전으로 가서 태어나서 처음으로 자른 머리카락을 신에게 바치는 풍습이 있었다. 성년이 된 테세우스는 머리카락을 바치기 위해 델포이 신전으로 갔다. 그러나 그는 다른 청년들과는 달리 이마 앞부분의 머리카락을 잘라 함께 바쳤다.*

테세우스가 신전에서 성인 의식을 치르자, 아이트라는 그동안 숨겨 왔던 출생의 비밀을 밝히기로 했다. 그녀는 테세우스를 데리고 바위가 있는 곳으로 갔다.

"이 바위 밑에 네 아버지가 숨겨 놓은 칼과 신발이 있단다."

아이트라는 그것을 가지고 바다 건너편의 아테네로 가서 아버지를 찾으라고 했다. 자신의 아버지가 누구인지를 알게 된 테세우스는 바위를 번쩍 들어 올려 아버지가 자신을 위해 숨겨 두었던 칼과 신발을 꺼냈다.

---

* 호메로스에 따르면, 아반테스인들이 싸움에서 적군들에게 머리카락을 잡히지 않기 위해 짧게 잘랐다고 하는데 이것을 '테세우스식'이라고 불렀다. 마케도니아의 알렉산드로스 대왕도 마찬가지 이유로 모든 장군들에게 수염을 깎으라는 명령을 내렸다고 한다.

아버지를 찾아가는 험난한 여정

당시 육지를 통해 아테네로 가는 길은 무척 위험했다. 강도와 살인자들이 많았기 때문이다. 피테우스와 아이트라는 테세우스에게 흉악한 도적 떼들이 들끓고 있는 육로 대신 안전한 바닷길을 이용하여 아테네로 갈 것을 권했다. 하지만 어려서부터 영웅으로 추앙받던 헤라클레스의 무용담을 들으며 자란 테세우스는 헤라클레스를 깊이 숭배하고 있었으며 한편으로는 마음속에 경쟁심조차 품고 있었다. 그런 자신이 위험을 두려워하여 달아나는 것은 명예롭지 못한 일이며 또한 징표를 남긴 아버지의 명예를 더럽히는 일이라고 생각했다. 테세우스는 남을 먼저 공격하는 일 없이 자신을 지키기 위해서만 노력할 것이라는 약속을 하고 길을 떠났다.

테세우스는 헤라클레스가 밟아간 길을 따라 아르고스, 에피다우로스, 네메아, 코린토스, 엘레우시스를 거쳐 가기로 했다. 테세우스가 처음으로 마주치게 된 악당은 에피다우로스 근처에 사는 페리페테스(대장장이의 신 헤파이토스의 아들)였다. 그는 엄청난 팔힘으로 쇠몽둥이를 자유자재로 놀리며 지나가는 사람을 쳐죽이는 것으로 유명한 악당이었다.

헤라클레스는 악당들을 죽일 때, 그 악당이 사용했던 방법을 그대로 사용했는데, 테세우스도 그 방법을 따랐다. 그는 자신의 길을 가로막는 페리페테스의 쇠몽둥이를 빼앗아 그를 죽였다. 그리고 쇠몽둥이를 자신의 무기로 삼아 몸에 지니고 다녔다. 그것은 헤라클레스가 자신이 죽인

사자의 가죽이 얼마나 큰 것인가를 과시하기 위해 언제나 사자가죽으로 만든 옷을 입고 다녔던 것과 같은 행동이었다.

코린토스의 이스트무스에서는 '소나무를 구부리는 자'라는 별명으로 불리던 시니스가 악명을 떨치고 있었다. 시니스는 두 그루의 소나무를 구부려 돌부리에 매어 두었다가 나그네의 두 다리를 각각의 소나무에 묶고 밧줄을 끊어 죽였다. 시니스와 마주치게 된 테세우스는 시니스가 했던 것과 똑같은 방법으로 그를 죽였다.

메가라의 국경 근처에서 마주친 스케이론은 해변을 따라 여행하는 사람들을 약탈하는 악명 높은 도적이었다. 스케이론은 지나가는 나그네들을 벼랑 끝으로 끌고 가 자신의 발을 씻도록 명령했다. 그리고 나그네가 발을 씻겨 주기 위해 다가서면 걷어차서 절벽 아래의 바다에 빠뜨려 죽였다. 테세우스는 다른 악당들의 경우와 마찬가지로 스케이론을 발로 걷어차 절벽 아래 바다로 빠뜨려 죽여 버렸다.

엘레우시스에서는 프로크루스테스(두들겨서 펴는 자)*라는 별명을 지닌 다마스테스라는 악당과 마주쳤다. 이 악당은 나그네들을 죽이는 방법이 특이했다. 그는 지나가는 나그네들을 잡아 자신의 침대에 눕힌 다음, 침대보다 작으면 늘려서 죽이고 침대보다 크면 잘라서 죽였다. 테세우스는 다마스테스를 침대에 눕히고 그가 수많은 사람들에게 했던 그대로 침대 밖으로 나온 부분을 잘라 죽였다.

테세우스는 악명 높은 도적들을 차례로 처벌하고 마침내 케피소스

---

* 상대방의 판단을 자신의 잣대에만 맞추는 자의 횡포를 '프로크루스테스의 침대'라고 한다.

강에 이르렀다. 피탈리데 사람들이 그를 따뜻하게 영접했다. 테세우스는 자신이 여행 도중에 행했던 살인의 죄를 씻고 싶어 했다. 피탈리데 사람들은 테세우스를 위해 제사를 올렸으며 신에게 바칠 제물도 준비해주었다.** 아테네로 향하는 테세우스에게 친절을 베푼 사람들은 그들이 처음이었다.

메데이아와 맞서다

테세우스가 아테네에 도착했을 때는 이미 그의 용맹함에 대해 소문이 자자했다. 사람들은 그를 영웅으로 칭송했다.

아이게우스는 흉악한 도적들을 처단하고 아테네에 도착한 젊은 영웅이 자신의 아들이라는 사실을 알지 못했다. 그러나 후처로 들어온 왕비 메데이아는 그를 한눈에 알아보았다. 그녀는 테세우스가 나타남으로써 자신의 처지가 어떻게 될 것인지 알고 있었으므로 테세우스를 절대 받아들일 수 없었다.

메데이아는 테세우스를 살해하기 위한 계략을 꾸몄다. 아이게우스는 나이가 들수록 주변 사람들을 믿지 않았다. 메데이아는 그런 아이게우스의 정신적인 불안함을 이용해 테세우스가 왕의 자리를 위협할 수 있으니 처리해야 한다고 부추겼다.

** 아테네 사람들은 피탈리데 사람들이 제사를 지내주면 죄를 씻고 죽음의 땅에서 환생한다고 믿었다.

메데이아는 테세우스를 독살하기 위한 계략을 꾸미고 아이게우스에게 연회를 열어 그를 초대하게 했다. 연회에 참석한 테세우스는 자신의 신분을 밝히지 않았다. 아버지가 먼저 자신을 알아봐 주기를 원했던 것이다. 아이게우스가 독이 든 포도주를 테세우스에게 권하자 테세우스는 허리춤에서 칼을 뽑아 식탁 위에 놓여 있던 양고기를 한 덩어리 잘라 냈다. 아이게우스는 테세우스가 뽑아 든 칼을 보는 순간 그것이 자신의 칼이라는 것을 알아차렸다. 그의 시선은 즉시 테세우스의 신발로 향했고 모든 것을 한순간에 알아차린 아이게우스는 술잔을 집어던지고 달려 나가 테세우스를 끌어안았다. 그리고 시민들을 모이게 한 후 외쳤다.

"테세우스는 내 아들이다. 이제 용맹한 그가 우리 아테네를 이끌 것이다!"

테세우스의 영웅적인 모험담은 이미 시민들 사이에 널리 알려져 있

● **메데이아**

그리스 신화에 나오는 마녀. 콜키스 아이에테스 왕의 딸이었으나 황금 양털을 훔치러 온 이아손에게 반해 아버지를 배반하고 그와 함께 도망친다. 이후 황금 양털을 되찾기 위해 뒤쫓아 온 남동생을 아버지가 보는 앞에서 죽이고 만다.

이후 이아손과 두 아들을 낳고 행복하게 살고 있던 메데이아에게 또다시 불행이 닥친다. 코린토스의 왕 크레온이 자신의 딸 글라우케를 이아손과 결혼시키고 사위로 삼으려 한 것이다. 권력과 부가 탐이 난 이아손은 메데이아를 버리고 글라우케를 택한다. 이아손의 배신에 충격을 받은 메데이아는 독이 묻은 드레스를 보내 글라우케와 크레온을 죽음으로 몰아넣고, 자신의 두 아들마저 죽이고 만다. 이후 메데이아는 아테네로 건너와 후계자가 없는 아이게우스에게 자식을 갖게 해 주겠다며 후처로 들어갔다.

었다. 아테네의 시민들은 그처럼 용맹한 영웅이 자신들의 왕자라는 사실에 크게 기뻐했다. 그러나 기뻐하지 않는 사람들도 있었다. 아이게우스의 동생인 팔라스와 그의 50명이나 되는 아들들이었다. 그들은 군대를 둘로 나누어 왕궁을 공격해 테세우스를 없애려고 했다. 하지만 팔라스군의 전령이던 아그누스 출신의 레오스가 그들의 계략을 테세우스에게 밀고했다. 테세우스는 풀숲에 숨어 있던 적들을 불시에 공격해 전멸시켰다. 이 소식을 전해 들은 팔라스와 그의 무리들은 뿔뿔이 흩어져 도망쳤다. 테세우스는 아테네의 혼란을 수습하고 자신의 위치를 확고하게 굳혔다.

미궁의 실타래

당시 아테네는 바다 건너에서 일찍부터 문화를 번성시키고 있던 크레타에 9년에 한 번씩 7명의 소년과 소녀를 공물로 바쳐야 했다. 이들은 '라비린토스'라는 미궁에 사는 괴물 미노타우로스*의 먹이가 되었다.

크레타에 공물을 보낼 때가 되면 어린아이를 둔 아테네의 부모들은 모두 참여하여 제비뽑기를 해야 했다. 그들은 아이게우스에 대해 불평

---

* 미노타우로스는 미노스 왕의 아내인 파시파에가 제우스신이 보낸 황소와 정을 나누고 낳은, 머리는 황소이고 몸은 인간인 괴물이었다. 이에 화가 난 왕은 장인 다이달로스에게 '한 번 들어가면 도저히 나올 수 없는 감옥'을 하나 만들라고 했다. 완성된 궁은 미로와 같았고 왕은 이 미궁에 미노타우로스를 가두어 버렸다.

을 했다.

"아이게우스의 실수* 때문에 순수한 아테네의 혈통을 지닌 아이들이 희생되고 있다. 그런데 그는 외국에서 데리고 온 사생아로 하여금 아테네의 왕통을 잇게 하려는 것인가?"

이 말을 들은 테세우스는 스스로 제물이 되겠다고 자청했다. 모든 사람들이 테세우스의 용기를 칭찬했다. 겨우 찾은 아들을 잃게 된 아이게우스는 눈물 어린 호소로 테세우스의 결심을 되돌리려고 했지만 소용이 없었다.**

크레타로 끌려가는 인질들은 아무런 무기도 가져갈 수 없었다. 크레타의 왕 미노스는 만약 인질들이 미노타우로스를 죽일 수 있다면 더 이상 공물을 바치지 않아도 된다는 약속을 했다. 하지만 그때까지 살아 돌아온 사람은 한 명도 없었다. 그래서 그들을 싣고 가는 배는 죽음의 길을 간다는 의미로 검은 돛을 달고 출항했다.

테세우스는 미노타우로스를 죽이고 반드시 돌아오겠다며 아이게우스를 위로했다. 아이게우스는 선장에게 명령했다.

"만약 테세우스가 크레타에서 무사히 살아 돌아오게 되면 검은 돛을

---

* 크레타의 왕 미노스의 아들 안드로게오스는 아이게우스의 부탁으로 사나운 황소를 잡으러 아테네에 왔다가 황소의 뿔에 받혀 죽고 만다. 아들의 죽음에 분노한 미노스는 아테네를 저주하며 신에게 기도를 드렸다. 이로 인해 아테네에는 전염병이 돌게 되었고, 이를 벗어나기 위해 아테네에서는 소년 소녀를 미노타우로스의 제물로 바쳐야 했다.

** 다른 기록에 의하면 미노스가 직접 제물이 될 젊은이들을 골랐으며 당시에 그가 제일 먼저 선택한 것이 테세우스였다고도 한다.

내리고 흰 돛으로 바꾸어 달고 오도록 해라."

아테네를 떠나기 전 테세우스는 델포이의 신전으로 갔다. 그리고 신성한 올리브 가지를 양털로 묶어 아폴론신에게 제물로 바치고 자신을 지켜 줄 것을 기원했다. 다음 날 그는 크레타로 향했다.

크레타의 미노스 왕에게는 어여쁜 딸 아리아드네가 있었다. 그녀는 크레타에 도착한 테세우스를 보고 한눈에 반해 버렸다. 그녀는 테세우스가 라비린토스로 들어갈 때 그에게 몰래 칼과 실타래를 건네주며 속삭였다.

"실타래를 풀면서 들어가면 나오는 길을 찾을 수 있을 거예요."

지혜롭고 사랑스러운 여인이었던 아리아드네는 사랑에 눈이 멀어 자신의 아버지를 배신하고 말았다. 실타래를 풀며 미궁 속으로 들어간 테세우스는 괴물 미노타우로스를 죽이고 미궁을 빠져나왔다. 인질들을 모두 구한 테세우스는 아리아드네와 함께 크레타를 떠났다.

이후 아리아드네의 행방에 관해서는 많은 이야기가 전해 오고 있다. 테세우스가 떠난 후 자결했다고도 하고 테세우스의 두 아이를 낳았다고도 하는데, 파이온이 전하는 이야기는 다음과 같다.

테세우스 일행을 태운 배가 풍랑에 휩쓸려 낙소스 섬에 도착하게 되었다. 이 무렵 아리아드네는 임신을 하고 있었는데 배가 너무 심하게 흔들려 몹시 괴로워했다. 테세우스는 아리아드네를 해안에 내려놓고 배에 남아 있는 사람들을 도와주기 위해 다시 배로 돌아갔다. 그런데 때마침 거친 풍랑이 밀려와 테세우스가 타고 있던 배를 바다 한복판으로 밀고 가 버렸고 아리아드네는 그 섬에 홀로 남게 되었다. 아리아드네는 이 섬에서 아이를 낳다가 죽게 되는데 그곳에는 지금도 '아리아드네의 숲'과 그녀의 무덤이 있다고 한다.

델로스 섬에 들러 제사를 지내고 아테네로 돌아오던 테세우스 일행은 너무나 기쁜 나머지 돛을 바꾸어 다는 것을 깜빡 잊고 말았다. 아들이 살아 돌아오기만을 손꼽아 기다리던 아이게우스는 검은 돛을 달고 항구로 돌아오는 배를 보고는 절망에 휩싸여 바다에 몸을 던져 자살하고 말았다.*

아테네를 세운 테세우스

아이게우스가 죽은 후 테세우스는 아테네 주변의 모든 주민들을 하나의 도시에 모여 살게 하겠다는 계획을 세웠다. 주민들이 여기저기 흩어져 있었으므로 그 일은 쉽지 않았다. 그러나 그는 시민들의 다양한 의견들을 경청하며 서서히 설득했다. 특히 하나의 중앙 정부 아래 평화롭게 모여 살자는 그의 야심 찬 계획은 가난한 사람들의 전폭적인 지지를 받았다.

"앞으로 절대적인 권력을 누리는 왕은 없을 것이오. 아테네는 민주주의 국가로서 시민들에 의해 통치되는 나라가 될 것이오. 모든 사람들이

* 이때부터 이 바다는 아이게우스가 몸을 던진 바다라 하여 '에게 해(아이게우스의 바다)'라 불렸다.

완전한 자유와 평등을 누리는 그런 나라가 될 것입니다.”

테세우스는 먼저 여러 곳으로 분산되어 있는 법정과 행정기관을 폐지시켰다. 그리고 ‘아테네’라는 이름을 선포하고 아테네만이 정부기관이 있는 유일한 도시임을 공표했다. 곧이어 모든 시민들이 함께 참여하는 명절도 제정했다. 이것이 바로 ‘판아테나이아’이다.

“이제 약속대로 나에게 주어졌던 왕으로서의 절대적인 권력을 내놓겠소. 이제부터 왕은 단지 군대의 사령관이며 법을 지키는 수호자로서의 역할을 하게 될 것이오.”

테세우스는 자신이 시민들을 설득할 때 약속했던 사항들을 실천에 옮겼다. 이제 왕은 더 이상 절대적인 권력자가 아니었다. 테세우스의 결단으로 인해 모든 사람들이 자유와 평등을 얻게 되었던 것이다.

테세우스는 자신의 새로운 정치적 모험이 어떤 결과를 가져올 것인지 알아보기 위해 델포이의 신전에 가서 신탁을 청했다. 신전에서는 다음과 같은 응답이 돌아왔다.

● **판아테나이아 제전**

아테네의 수호신 아테나 여신의 탄생을 축하하는 제의로, ‘모든 아테네인이 참가하는 축제’라는 뜻을 가진 이 행사는 4년에 한 번씩 치러졌다. 아테네가 강성했던 페리클레스 시대에는 그리스의 다른 도시국가들도 이 제전에 참가했다. 음악 경연을 비롯해 〈일리아스〉와 〈오디세이아〉 같은 시가 낭독되었으며, 여러 종류의 운동경기가 열렸다. 경기를 마치면 행사에 참여한 모든 사람들이 긴 행렬을 지어 아크로폴리스로 향했다. 이곳에 세워진 신전에서 제물을 바치고 희생제를 올리며 아테네의 안전과 번영을 기원했다.

피테우스의 딸의 아들인 그대여,

천신이 그대의 도시에

많은 나라의 앞날을 맡기셨다.

두려워하거나 근심하지 마라

그대의 배는 떠오를 운명을 지녔으니

거친 풍랑에도 침몰하지 않으리라.

테세우스는 도시를 더욱더 확장시키기 위해 많은 이방인들을 받아들였다. 그리고 그들도 아테네의 시민과 똑같은 권리를 가질 수 있도록 했다. 그러는 한편 이방인들이 몰려옴으로써 생길 혼란을 방지하기 위해 시민을 귀족, 평민, 장인(농토가 없는 하층민) 등의 세 계급으로 나누었다. 각각의 계급에는 서로 다른 의무와 특권을 부여했다. 귀족들에게는 제사, 정치, 법령, 풍속의 통솔을 맡겼지만 모든 시민들이 계급과 세력에 있어 평등할 수 있는 제도를 마련했다. 즉 귀족은 명예, 농민은 이익, 직공은 숫자에 있어 각각 우위를 지닐 수 있도록 했다.

아리스토텔레스는 테세우스를 가리켜 '자발적으로 민주주의를 실천한 최초의 왕'이라고 기록했다. 호메로스도 군선의 목록을 기록할 때, 여러 왕국들 중에서 유독 아테네 사람들만을 '시민'이라고 기록한 것으로 보아 같은 견해를 가졌던 것으로 보인다.

테세우스는 아테네를 안정시킨 후 주변 지역으로 원정을 나가 정복 활동을 펼쳤다. 오랜 원정을 마치고 다시 아테네로 돌아온 그는 예전처럼 공화국을 다스리려고 했지만 반대파들의 저항에 부딪히게 되었다. 그 후 테세우스는 아테네에서 멀리 떨어진 스키로스 섬으로 들어가 남은 생애를 마쳤다.

테세우스의 이름이 아테네인들의 기억 속에서 서서히 잊혀져 갈 무렵, 테세우스를 반신반인半神半人의 영웅으로 숭배하게 되는 일이 벌어졌다. 아테네인들이 마라톤 평야*에서 '메데스'라고 불리던 페르시아군과 전쟁을 벌이고 있을 때, 갑옷으로 무장한 테세우스의 영혼이 대열의 맨 앞에 서서 적진을 향해 달려가는 것을 많은 병사들이 보았던 것이었다.

전쟁을 치른 후 아테네인들은 델포이 신전을 찾아가 신탁을 청했다. 그러자 테세우스의 유골을 모아 아테네에 잘 모셔야 한다는 응답이 돌아왔다. 이미 오랜 세월이 지난 터라 그의 무덤과 유골을 찾는 것은 쉽지 않았다. 아테네의 정치가이자 군사령관이었던 키몬은 스키로스 섬을 정복하고 고생 끝에 테세우스의 유골을 발견한다. 그리고 그의 유골을 아테네시 중심지에 매장했는데, 그 후 그곳은 노예들과 박해받는 자들의 성스러운 피난처가 되었다.

---

* BC 490년 아테네는 페르시아와의 전쟁에서 승리를 거둔다. '마라톤 경기'는 이곳에서 아테네까지 뛰어와 승리의 소식을 전하고 죽은 한 병사를 기념하기 위해 시작된 것이다.

스파르타의 입법자 리쿠르고스

Lycourgos

BC 7세기경

· · ·

스스로 왕위를 버리다

　스파르타의 법령을 제정하고 공화국의 기초를 다진 것으로 알려진 리쿠르고스가 어느 시대의 인물인지 정확하게 알려진 것은 없다.* 올림피아 경기 중에 사용되는 도구에 리쿠르고스의 이름이 새겨져 있었으므로 철학자 아리스토텔레스는 그가 올림피아 제전이 열리는 동안 전쟁을 금지하는 법령을 제정했다고도 하고, 역사학자 크세노폰은 그가 헤라클레스의 후손이라고도 한다. 어쨌든 대부분의 시인이나 역사가들은 그가 전설적인 인물이라기보다는 역사상 실재했던 인물이며, 스파르타의 왕족 가문**인 에우리폰과 아기스 중 한 집안에서 둘째 아들로 태어났다고

---

* 현대 학자들 사이에서는 BC 9~7세기경 활동했던 인물로 논의되고 있으며, 스파르타의 여러 제도들이 리쿠르고스 한 개인에 의한 것이라기보다는 여러 사람의 공동작업이거나, 여러 명의 개혁가들에 의해 점진적으로 이루어졌을 거라고 보는 견해도 있다.

** 스파르타는 두 개의 왕가가 다스리는 독특한 사회체제를 구성했다. 그것은 이주해 온 정복자가 원주민을 정복하면서 원주민과 정복자 그룹에서 한 명씩 왕을 선출하여 서로를 견제한 것으로 보인다.

생각한다.

리쿠르고스 이전의 스파르타 왕들 중에서 가장 유명한 통치자는 소우스였다. 그가 통치할 때 스파르타는 헬로트를 정복하고 아르카디아의 대부분을 차지했다. 그리고 그의 아들 에우리폰 왕은 전제적인 왕권을 완화함으로써 많은 백성들의 지지를 받았고 후세 사람들은 이 가문을 에우리폰 가라고 부르게 되었다. 그러나 시간이 지나면서 백성들이 더 많은 자유를 요구하자 에우리폰의 뒤를 이은 왕들은 힘으로 백성들을 제압하려 했다. 따라서 백성들의 불만은 나날이 커져 갔고 스파르타는 오랫동안 혼란의 시기를 겪게 되었다.

리쿠르고스의 아버지는 이러한 와중에 일어난 폭동을 진압하다가 죽고 리쿠르고스의 형인 폴리테크테스가 아버지의 뒤를 이어 왕위를 계승했다. 그러나 형도 왕위에 오른 지 얼마 되지 않아 죽게 되고 동생인 리쿠르고스가 왕위를 물려받게 되었다. 새로운 왕으로 스파르타를 통치하기 시작한 리쿠르고스는 형수가 형의 아이를 임신한 상태라는 것을 알게 되자 즉시 왕위에서 물러났다. 그러고는 장차 태어날 아이가 왕위를 계승할 것이라고 선언하고 왕의 후견인으로서 정무를 돕겠다고 했다. 그런데 그 무렵 형수인 왕비가 리쿠르고스를 은밀히 찾아와 비밀스러운 제안을 했다.

"저를 왕비로 맞아 주세요. 그러면 어떻게 해서든지 배 속의 아이가 태어나지 않도록 하겠어요."

깜짝 놀란 리쿠르고스는 왕비의 사악함에 몸서리를 쳤지만, 짐짓 그녀의 제안을 거절하지 않는 것처럼 가장했다.

"낙태는 왕비의 건강을 해칠 수도 있으니 아기가 태어났을 때 내가 직접 처리하는 것이 어떻겠습니까?"

이렇게 하여 마침내 왕비는 아기를 낳기에 이르렀다. 왕비가 진통을 시작했다는 소식이 전해지자 리쿠르고스는 급히 측근을 보내어 모든 일을 지켜보게 했다.

"만약 딸이 태어나면 여인들에게 맡겨라. 그러나 아들이 태어나면 무슨 일이 있어도 즉시 나에게 데려오도록 해라."

리쿠르고스가 여러 원로원들과 식사를 하고 있을 때 왕비가 아들을 낳았다. 리쿠르고스는 아기를 들어 올리며 주변 사람들에게 말했다.

"스파르타 사람들이여, 그대들의 왕이 나셨소."

사람들은 한결같이 올곧은 리쿠르고스의 성품에 감탄하며 기뻐했다. 그러나 리쿠르고스를 시기하고 반대하는 일파들은 그가 왕이 되려는 야심을 품고 있다는 소문을 퍼뜨렸다. 그는 왕이 성장하여 결혼을 하고 그의 뒤를 이을 왕자가 태어날 때까지 스파르타를 떠나 있어야겠다고 생각했다. 그는 즉시 자신의 주변을 정리하고 크레타를 향해 떠났다.

세계를 여행하며 경험을 쌓다

크레타에 머물던 리쿠르고스는 그곳의 정치체제를 꼼꼼하게 연구하여 스파르타에 맞는 것들만 취하리라 결심했다. 그는 뛰어난 현자들과 각별히 사귀었으며 그들에게 스파르타에 가서 활동할 것을 적극적으로 권유했는데 그중 한 사람이 탈레스(만물의 근원이 물이라고 주장한 철학자)였다. 탈레스는 평범한 방랑 시인처럼 보였지만 사실은 높은 학식과 뛰어난 지혜를 지니고 있는 최고의 법률가였다. 탈레스가 읊는 아름다운 시에는 형식의 통일과 조화 그리고 고요한 질서가 담겨 있었다. 그의 시는 사람들의 마음을 부드럽게 순화시켰으며 더 나아가 미덕을 존중하게 했다. 그의 능력을 한눈에 알아본 리쿠르고스는 탈레스에게 자신이 훗날 스파르타에서 실시할 개혁의 밑바탕을 닦아 놓는 역할을 맡겼다.

그 후 리쿠르고스는 크레타에서 이오니아*로 건너갔다. 근엄하고 중용적인 크레타인들과 호방한 이오니아인들의 생활방식을 비교해 보기 위해서였다. 이런 모든 관심과 연구는 훗날 스파르타에서 펼칠 개혁을 위한 것이었다.

이오니아에서 호메로스의 위대한 시들을 접한 리쿠르고스는 그 내용이 스파르타의 시민들에게 큰 도움이 될 것이라는 생각이 들었다. 그는 자신이 직접 필사본을 만들며 여기저기 흩어져 있던 호메로스의 시들을 정리했다. 당시 호메로스의 시는 그리스인들 사이에 약간의 명성을 얻고 있었으나 리쿠르고스에 의해 본격적으로 정리되고 널리 퍼지게 된다.

---

* 소아시아 지역. 그리스인 일부가 건너가 도시국가를 형성했다. 동양과의 교역이 유리한 지역으로 다른 폴리스에 비해 경제, 문화적 활동이 왕성했으며 탈레스와 같은 사상가의 출현으로 새로운 사상이 싹트고 있었다.

그 후 리쿠르고스는 이집트를 비롯하여 에스파니아, 아프리카, 인도까지 여행하게 된다. 이때 이집트에서 전쟁만을 담당하는 전사들과 일반 시민들을 구별하는 제도를 보고 그것을 훗날 스파르타에 그대로 적용하여 스파르타의 전사들을 만들어 냈다고 말하는 사람들도 있다. 또한 인도에 가서는 나체 수도사들과 교류를 했다고도 한다.

이렇게 리쿠르고스가 여러 나라를 돌아다니며 여행하는 동안 스파르타 사람들은 그가 돌아오기를 원했다. 마침내 오랜 여행을 마치고 돌아온 리쿠르고스는 백성들의 기대에 따라 즉시 전면적인 개혁을 시도했다.

"공화국의 모든 것을 바꾸어야 한다. 몇몇 사소한 법령만으로는 부족하다. 위독한 환자를 치료하는 현명한 의사처럼 단호한 처방을 내려야만 한다."

그는 심각한 혼란의 원인을 찾아 그것을 제거하는 것만이 스파르타를 강대하게 만들 수 있는 방법이라고 생각했다.

리쿠르고스는 자신이 계획했던 개혁을 실천하기에 앞서 델포이로 나아가 신탁을 청했다. 신은 이렇게 응답했다.

사람들은 그대를
'신이 사랑하는 사람'이라 부르지만
사실 그대는 인간이라기보다는
신에 가까운 사람이다.

또한 그대의 소원이 충분히 전달되었으니

그대가 만든 법은

이 세상에서 가장 훌륭한 법이 될 것이다.

또한 그 법을 지키는 나라는

이 세상에 널리 이름을 떨치게 될 것이다.

권력 분산을 위한 제도, 원로원

리쿠르고스가 가장 중요하게 생각한 것은 원로원이었다. 원로원은 나라의 중요한 문제를 결정할 때 왕과 동등한 권한을 갖는 기관이었다. 플라톤은 원로원 제도를 가리켜 '전제왕권을 방지하고 공화국의 안정과 균형을 유지시키는 제도'라고 말했다. 원로원은 왕과의 협의를 통해 백성들의 지나친 방종을 억제하는 동시에 절대왕권을 반대하는 백성들을 지지해 주는 것이었다. 리쿠르고스는 원로원이라는 제도 안에서 가능한 모든 방법을 동원하여 정치적 권력을 분산시켰다.* 그런데 후세 사람들은 왕의 권력을 한층 더 견제하기 위해 에포로스** 제도까지 만들었다. 왕의 정책 결정에 간섭할 수 있었던 이들은 권력을 한층 더 분산시

---

* 리쿠르고스는 자신의 개혁을 위해 30명의 원로들을 포섭했다. 이들이 원로원 제도의 기원이다. 60세 이상의 사람으로 민회에서 선출되고 종신직이었다.

** 5명으로 구성된 스파르타의 최고의 행정관. 임기는 1년으로 원로원과 민회를 주재하며 왕의 권력을 견제하는 스파르타의 실질적인 권력기관이었다.

켰다. 에포로스들이 처음으로 선출된 것은 리쿠르고스가 죽은 지 130년
이 지난 테오폼푸스 왕 때의 일이었다. 이러한 개혁으로 왕의 절대적인
권력은 합리적인 수준으로 축소되었다.

스파르타에 비해 훨씬 더 넓고 좋은 영토를 차지하고 있던 스파르타
주변의 아르고스나 메세이나의 왕들은 왕권을 너무나 철저히 고수했다.
그 결과 오만해진 왕들이 폭력을 휘두르고 백성들을 통제하지 못해 몰
락하게 되었다. 그에 비해 스파르타의 왕권은 많은 제약은 있었으나, 그
러한 제약 때문에 오히려 정치적인 균형을 유지할 수 있었다. 그래서 스
파르타의 왕권은 이웃나라들보다 훨씬 더 오래 유지되었다.

평등사회를 위한 실천, 부의 분배

권력의 분배를 실현한 리쿠르고스는 두 번째 개혁의 목표로 토지의
재분배를 제시했다. 이 개혁은 리쿠르고스가 실시한 개혁 중에서도 가
장 위험 부담이 큰 것이었다.

당시 스파르타는 극심한 빈부 격차로 인해 많은 사회적인 갈등이 일
어나고 있었다. 나라 안의 모든 부가 극소수의 사람들에게 편중되어 있
었기 때문이다. 리쿠르고스는 빈부 격차를 없애는 것이 사회 안정을 위
한 첫 번째 처방이라고 생각했다.

"지금 나라는 빈부 격차로 인해 생기는 범죄와 사치로 혼란에 빠져

있습니다. 사치스러운 재물을 지닌 부자들은 재산을 포기하고 토지를 다시 재분배하도록 합시다."

마침내 부자들의 동의를 얻게 된 그는 즉시 이 제도를 실행에 옮겨 수도와 지방의 토지를 모든 사람들에게 똑같이 분배했다.

그러나 리쿠르고스는 토지의 재분배 정도로 만족하지 않고 모든 재산에 있어서도 불평등을 없애고 싶었다. 하지만 너무 강력하게 법을 실행할 경우 강한 반발이 따를 것으로 예상하고 우회적인 방법을 택했다.

우선 금화와 은화를 모두 없애고 무거운 철로 동전을 만들었다. 자연스레 화폐는 무겁고 가치가 없는 거추장스러운 것이 되었다. 많은 돈을 운반하려면 아주 단단하고 큰 주머니와 황소 한 마리 정도는 있어야 했다. 결국 돈을 지니는 것은 번거로운 일이 되었고 사람들은 차츰 돈을 멀리했다. 그로 인해 범죄도 줄어들기 시작했다. 숨길래야 숨길 수도 없으니 무겁기만 한 쇳덩어리를 훔치거나, 뇌물로 받을 이유도 없었다. 철로 만든 돈을 사용하면서부터 스파르타 사람들은 외국의 물건이나 사치품 등을 구입할 수 없었다. 자연히 스파르타의 항구로 들어오는 배들이 적어졌으며 점술가나 매춘부, 금은세공사, 조각가 그리고 보석 상인들도 사라졌다. 사치가 자취를 감추자 부자와 가난한 사람들의 생활이 똑같아졌다.

또한 일상생활에 꼭 필요한 생활용품은 직접 만들어 사용했다. 그 결과 사람들은 저마다 뛰어난 솜씨를 갖추게 되었다. 스파르타인들은 침대나 의자, 책상 등의 생활용품을 다른 어느 나라보다 더 훌륭하게 만들어 내기 시작했다. 특히 스파르타의 컵은 대단히 세련되고 훌륭했는데 컵 안쪽에 진흙을 발라 물속에 있는 이물질을 제거할 수 있었다. 쓸데없는 사치품을 만들지 못하게 된 공예인들은 매일 사용하는 물품들을 유용하고 아름답게 만드는 것으로 자신의 솜씨를 자랑하게 되었던 것이다.

왕과 왕비도 함께 하는 공동식사

리쿠르고스가 착수한 세 번째 개혁은 사치와 재물에 대한 욕망을 완전히 소멸시키는 것이었다. 그래서 모든 사람들이 공동으로 식사를 하며 똑같은 빵과 고기를 먹게 했다. 보통 15명의 사람들이 함께 공동식사를 했는데, 구성원들은 매달 일정량의 곡식과 포도주, 치즈, 무화과, 생선, 조미료를 구입할 돈을 냈다. 이들은 제사를 드리거나 사냥을 하러 간 경우를 제외하고는 반드시 공동식사에 참여해야만 했다.

공동식사는 스파르타에서 매우 엄격하게 시행되었는데, 이를 알 수 있는 일화가 있다. 아기스 왕이 아테네군과의 전투에서 이기고 돌아왔다. 왕은 왕비와 단둘이 식사를 하고 싶었으나 공동식사 구성원들은 이를 거절했다. 이 일로 크게 화가 난 왕은 다음 날 전쟁에서 승리했을 때 꼭 올려야 하는 제사에 참석하지 않았다. 사람들은 그런 아기스 왕에게 벌금을 물렸다.

이렇듯 공동식사는 스파르타에서 꼭 지켜야하는 규범이었으며, 모든 생활은 공동식사에서 비롯되었다. 아이들은 마치 학교에 가듯 공동식당에 가서 경험 많은 원로들의 이야기를 통해 세상에 관한 일을 배웠으며, 상대방에게 불쾌감이나 적개심을 일으키지 않는 농담을 주고받으며 즐겁게 대화하는 법을 배웠다.

공동식당에서 함께 식사할 사람을 새로 맞아들일 경우에는 투표를 했다. 투표는 빵 조각을 이용해 실시되었다. 가입을 찬성하는 사람은 그릇에 빵 조각을 그대로 넣었으며 반대하는 사람은 빵 조각을 찌그러뜨려 넣었다. 만약 그릇 속에 찌그러진 빵 조각이 하나라도 있으면 가입은 허용되지 않았다. 이러한 투표 방식을 '카디쿠스'라 하는데, 이는 투표에 사용했던 그릇을 의미하는 말이었다.

모임에 모였던 사람들은 마지막으로 포도주를 적당히 마신 다음 각자 집으로 돌아갔다. 이때 어떠한 경우에도 절대로 횃불은 사용할 수 없었다. 어둠 속에서 담대함을 유지할 수 있도록 평상시에 훈련하기 위해서였다.

철학자 테오프라스토스는 리쿠르고스의 개혁에 대해 이렇게 말했다.

"부자들의 재산을 빼앗았을 뿐만 아니라 부라는 의미 자체를 없애 버렸다. 재물이 있다 해도 쓸데가 없게 되었으며, 부를 과시하거나 재물을 바라보면서 허영심을 키울 수도 없었다."

그러나 공동식사를 하라는 명령은 결국 부자들의 원한을 사는 원인이 되었다.

신탁으로 만든 법령, 레트라

리쿠르고스는 어떤 법령도 기록으로 남기지 않았다. 기록하는 것 자체를 레트라*에 의해 금지하기까지 했다. 그는 모든 법령들이 시민들의 몸과 마음에 굳게 뿌리 박혀 있어야 자율적으로 시행될 수 있다고 믿었다. 모든 사람들이 스스로 법을 대표하는 사람이 되어야 한다고 생각한 것이다.

레트라에는 '모든 집의 대들보는 도끼만을 이용하여 다듬고, 문은 톱으로만 만들어야 한다'는 규정도 있었다. 리쿠르고스는 소박한 집에 살게 되면 금과 은으로 된 값진 물건으로 집을 장식할 필요가 없으며 그러면 모든 사람들이 검소하고 소박한 생활을 하게 될 것으로 생각했다.

레트라에서는 같은 나라와 여러 번 전쟁하는 것도 금했다. 그것은 전쟁을 통해 결과적으로 적군을 훈련시키게 된다는 이유 때문이었다. 실제로 후세의 아게실라오스 왕은 이러한 점에서 비난을 받았다. 그는 전쟁을 자주 일으켰는데, 그 결과 처음에는 상대도 되지 않았던 적군에게 몰려 부상까지 입었던 것이다.

스파르타인들은 이러한 법률들을 레트라라고 불렀으며 신의 계시에서 유래한 것이라고 생각했다.

----

* 리쿠르고스는 개혁을 시도하면서 델포이로 가서 신탁을 구했는데 이때 얻은 신탁을 '레트라'라고 하였다. 성문법이 아니라 구전되어 온 불문법이기 때문에 실제로 존재했었는가에 대해 논란이 있다.

아름답고 자유로웠던 여인들

리쿠르고스는 여성에 대해서도 특별한 관심을 가졌는데 그것은 여성들이 출산을 담당하고 있기 때문이었다. 건강한 신체를 가지고 있어야 출산의 고통을 견뎌 낼 수 있다고 생각한 그는 스파르타의 모든 여성들에게 달리기, 씨름, 창던지기 등으로 몸을 단련하도록 했다. 젊은 여자들도 남자들과 함께 벌거벗고 행진도 하고, 축제 때는 남자들과 함께 춤도 추고 노래를 부르게 함으로써 여성다운 태도를 완전히 버리도록 했던 것이다. 따라서 여인들도 고귀한 정신과 행동으로 남자들 못지않은 명예와 영광을 추구하게 되었다.[**]

결혼은 스파르타의 후예들을 낳는 신성한 의식이었으므로 스파르타에서는 결혼을 하지 않았거나 자식이 없으면 존경의 대상이 되지 못했다. 따라서 독신도 금했다.

스파르타의 결혼은 신랑이 결혼적령기에 이른 처녀를 거의 강제로 데려가는 것이 전부였다. 결혼식이라 부를 만한 특별한 의식도 없이 첫날밤을 보내고 신랑은 평상시와 다름없이 다른 젊은이들과 함께 생활하는 방으로 돌아갔다. 신랑은 낮에는 친구들과 함께 지내고 밤에 사람들의 눈에 띄지 않게 신부를 만났다. 상당히 오랜 시간을 밤에만 만나

[**] 트로이 전쟁의 원인이 된 헬레네는 스파르타 출신이다. 호메로스가 그녀의 미모를 묘사한 것으로 미루어 볼 때 스파르타의 여성들은 매우 아름다웠던 것으로 보인다. 스파르타 여성들은 다른 그리스 여성들보다 비교적 자유로웠으며, 전쟁에 나가 있는 남편 대신 집안일과 교육, 토지, 재산 등을 관리했다.

기 때문에 아이를 여럿 낳을 때까지 서로의 얼굴을 제대로 보지 못하는 것이 예사였다. 그러나 이런 과정이 자제심을 기르고 항상 건강한 부부 관계를 유지하게 했으며 질투심을 근절시켰다.

리쿠르고스는 스파르타에서 태어나는 아이들은 부모의 아이가 아니라 나라의 아이라고 생각했다. 그래서 가능한 한 혈통이 좋은 사람들 사이에서 아이들이 태어나도록 장려했다. 간혹 자식이 없는 경우에는 아내가 다른 남자를 만나는 것을 남편이 인정하기도 했다. 그 때문에 후세 사람들은 스파르타의 여성들이 문란했다고 비난했다. 하지만 이러한 규정들은 자연스럽게 합의된 것이었으며 스파르타 여성들은 간음이라는 것의 의미도 몰랐다.

전사로 양성되는 아이들

스파르타는 태어나면서부터 건강한 아이들만을 나라에서 기르고 교육시켰다. 허약한 아이들은 바로 버려야 했기 때문에 스파르타의 여인들은 이제 막 태어난 아기를 물 대신 포도주로 씻겼다. 허약한 아기는 포도주에 넣으면 놀라고 기력이 쇠해지지만 건강한 아기들은 더 튼튼해진다는 믿음 때문이었다. 또한 절대 아기를 천으로 감싸지 않았는데 그것은 아기들의 팔이나 다리가 튼튼하게 자랄 수 있도록 하기 위한 것이었다.

일곱 살이 되면 나라에서 교육을 맡았다. 아이들은 함께 모여 먹고, 자며 담대함과 용기, 인내력 그리고 명령에 복종하는 법을 배웠다. 또한 전쟁터에서는 고통을 참고 승리하도록 가르쳤다.* 성장에 따라 훈련의 강도도 높아졌다. 머리카락은 짧게 깎고 맨발로 다니며 벌거벗고 지내야 했다. 몸을 씻거나 약을 바르는 것은 사치스러운 일이었으며 아주 특별한 날에만 허용되었다. 저녁에는 에브로타스 강가의 등심초로 만든 침상에서 서로를 묶은 채 잠을 잤으며 아침이면 맨손으로도 묶었던 끈을 끊어 버릴 수 있었다.

스파르타의 아이들은 남의 채소밭이나 식당으로 몰래 숨어 들어가 물건을 훔치는 훈련을 받았다. 도둑질하다 잡히면 가차 없이 매를 맞아야 했다. 그것은 도둑질을 했기 때문이 아니라, 서툴게 했기 때문이었다. 도둑질을 하다 잡히면 매를 맞을 뿐만 아니라, 일부러 식량을 적게 주고 굶기기도 했다.

이 모든 것이 스스로 어려움을 극복해 내는 담력 있는 전사로 양성하기 위한 것이었다. 식량을 적게 주는 것은 영양 과잉으로 몸이 뚱뚱해지면 날렵한 전사가 될 수 없기 때문이었다.

---

* 스파르타의 남자들은 태어나면서부터 철두철미하게 전사로 양성되었다. 그들은 평소에 검소한 생활과 엄격한 규율이 몸에 배어 있었으며 전투에 임해서는 절대로 물러나지 않는 용맹함을 지니고 있었다.

단검 같은 스파르타식 대화법

스파르타의 아이들은 어릴 때부터 사람과 일에 대해 옳은 판단을 내릴 수 있도록 토론하는 법을 배웠다. 평상시에 아이들은 깊은 사고가 필요한 질문과 대답을 주고받으며 시간을 보냈다.

'이 도시에서 가장 훌륭한 사람은 누구인가?'

'어떤 사람의 이런 행동에 대해 어떻게 생각하는가?'

이러한 문답을 통해 아이들은 옳고 그른 일에 대한 판단뿐만 아니라 정치가들의 장단점에 대해 나름대로 의견을 가질 수 있었다.

특히 주어진 질문에는 즉시 대답해야 할 뿐 아니라 그에 합당한 이유까지 간결하게 댈 수 있어야 했다. 가능한 한 짧은 말속에 많은 의미를 내포하는, 우아하고 아름다운 대화법을 익혔던 것이다. 리쿠르고스는 짧으면서도 유용한 대화의 가치를 높이 평가했다. 횡설수설하며 말을 길게 늘어놓는 사람이 참다운 의미를 지닌 말을 하는 경우는 거의 없기 때문이었다. 스파르타의 칼이 짧고 날카로운 것처럼 그들의 말도 그러했다. 요점을 정확하게 찔러, 듣는 사람의 마음을 사로잡는 것이다.

리쿠르고스 역시 짧고 의미 있는 말들을 많이 남겼다.

모든 수단을 다 동원하여 민주주의를 확립시키자고 주장하는 사람이 있었다. 리쿠르고스는 그의 말에 이렇게 대답했다.

"친구여, 당신의 집에서부터 민주주의를 세우도록 하시오."

또한 도시에 성벽을 쌓는 것*이 꼭 필요한 것인지 묻는 사람에게는 이렇게 대답했다.

"벽돌보다는 용기 있는 사람들로 담을 쌓은 도시가 견고한 법이오."

스파르타의 사람들은 대부분 수다스러운 것을 무척이나 싫어했다.

한번은 조카인 카릴라우스 왕이 리쿠르고스에게 물었다.

"왜 법령을 그토록 적게 만드십니까?"

"말이 적은 사람들에게는 많은 법이 필요 없기 때문이다."

스파르타인들은 일관된 교육에 의해 한결같이 뛰어난 수사법을 구사할 수 있었다. 농담을 하더라도 깊은 의미가 내포된 말을 구사했다.

어느 날 스파르타 사람 데마라토스는 심술궂은 친구로부터 악의 섞인 질문을 받았다.

"이곳에서 가장 훌륭한 사람은 누구인가?"

"당신과 전혀 닮지 않은 사람이 바로 가장 훌륭한 사람이오."

아기스 왕과 대화를 나누던 한 사람이 자랑을 늘어놓았다.

"우리 엘리스 사람들은 올림피아 제전(고대 올림픽)**을 매우 공정하고 명예롭게 운영합니다."

"겨우 4년에 단 하루 동안 공정하게 행동하는 것이 그렇게 자랑할 만

---

* 그리스 도시국가들은 도시 외곽에 성벽을 쌓아 자신들의 영역을 보존했다. 그러나 스파르타는 BC 4세기 말까지 도시 외곽에 성벽을 쌓지 않았다.

** 고대 그리스인들이 최고신 제우스를 기리기 위해 연 제전. 엘리스 당국의 주최로 올림피아에서 4년에 한 번씩 개최되었다. 종교의식을 비롯해 예술, 운동경기를 포함한 다양한 행사가 열렸다. 1896년 쿠베르탱의 노력으로 근대 올림픽으로 부활했다.

한 일인가요?"

어느 무덤의 묘비에 쓰인 '폭군의 불길을 *끄기* 위해 셀리누스 앞에서 싸우다 죽다'라는 글귀를 읽은 아기스 왕은 이렇게 말했다.

"죽어도 마땅하다. 폭군의 불길이라면 *끄려고* 할 것이 아니라, 타서 없어지도록 해야 할 것 아닌가?"

또 어떤 사람이 스파르타 청년에게 수탉을 건네주며 말했다.

"이 수탉은 죽을 때까지 싸우는 아주 사나운 놈입니다."

"차라리 이길 때까지 싸우는 놈이었다면 좋았을 텐데요."

이처럼 스파르타인의 진정한 특기는 운동이 아니라 재치였다.

규범을 지킨 스파르타 전사들

또한 스파르타의 왕은 전쟁터에 나서기 전에 먼저 음악의 신에게 제사를 드렸다. 평소에 훈련받은 대로 마음의 자세를 가다듬고 공을 세울 수 있도록 기원하는 의미에서였다. 또한 음악을 통해 병사들의 원기를 북돋아 주려는 것이었다.

전쟁 시에는 평소보다 오히려 규율이 덜 엄격했다. 그래서 머리를 기르거나 장식하는 것이 가능하고 좋은 옷을 입는 것도 허용되었다. 훈련도 심하게 시키지 않았으며 음식도 평소보다 좋은 것을 먹고 더 자유로운 생활을 허락했다. 그래서 스파르타는 일상보다 전쟁이 오히려 휴식의 시간이 되는 나라였다.

전투태세를 갖추고 적군이 보이기 시작하면 왕은 어린 염소를 잡아 신에게 바쳤다. 그 후 전군에 명하여 머리에는 화환을 두르게 하고, 피리를 부는 병사들로 하여금 카스토르신에게 올리는 찬가를 부르게 했다. 이어 왕이 직접 노래를 부르면 군대는 피리 소리에 맞추어 전진했다. 조금도 흐트러짐 없이 대열을 이루어 전진하는 스파르타 전사들의 모습은 장엄하면서도 무시무시한 광경이었다. 병사들은 전혀 흔들림이 없었으며 담담하고 즐겁게 음악 소리에 맞춰 전쟁터로 나아갔다. 그들은 두려움이나 분노에 사로잡히지 않았으며 성스러운 신이 그들을 인도할 것이라는 희망과 확신에 가득 차 있었다.

전쟁터에서 적을 무찌르게 되면 승리가 확실할 때까지만 추격을 했다. 그 이후에는 나팔을 불어 퇴각하게 했다. 더 이상 저항할 수 없는 사람들을 공격한다는 것은 스파르타인답지 못한 행동이라고 생각했기 때문이었다. 이것은 적을 다루는 관대한 마음에서 비롯된 것이기도 하지만 정책적인 것이기도 했다. 즉 저항하는 적군만을 죽인다는 사실을 널리 알려, 상대로 하여금 스파르타의 군대를 만났을 때는 도망치는 것이 목숨을 구하는 가장 좋은 방법이라는 생각을 갖도록 했던 것이다.

철학자 피우스에 의하면 리쿠르고스 역시 뛰어난 스파르타의 전사이자 지휘관이었으며, 그에 의해 스파르타의 기병대가 조직이 되었다. 이외에도 리쿠르고스는 원로원을 뽑는 방법, 투표 방식, 장례절차 등 모든 일에 대한 규율과 모범을 제시했다. 그는 스파르타의 모든 시민들이 레트라의 법령에 익숙해지기를 바랐다. 리쿠르고스의 법령은 잘못되었거나 공정하지 않은 것이 없었다.

그러나 어떤 사람들은 그의 법이 훌륭한 스파르타의 전사들을 만들어낼 수는 있었을지 모르나 모두 공정한 것은 아니었다고 말한다. 예를 들면, 스파르타에서는 젊은이들을 훈련시키기 위해 짧은 칼과 필요한 만큼의 식량만 주어 '잠행(크렙티아)'*을 보냈다. 이들은 낮에는 눈에 띄지 않게 숨어 있다가 밤이 되면 눈에 보이는 '헬로트(헤일로타이)'**를 닥치는 대로 죽였다. 헬로트들은 스파르타 시민들에게 거의 매일 매질을 당했으며 아주 모질게 박해를 받았다. 그래서 헬로트들은 스파르타인들을 가장 저주했다.

《펠로폰네소스 전쟁사》를 쓴 투키디데스에 의하면 헬로트들은 전쟁에서 공을 세우면 명예의 화관을 쓰고 헬로트에서 벗어날 수 있었다고 한다. 그러나 펠로폰네소스 전쟁에 참가한 2,000여 명의 헬로트가 전쟁터에서 용기를 보여 준 대가로 화관을 쓴 채 스파르타인들의 인솔하에 신전으로 인도되었는데 그 후 그들의 행방은 알 수 없었다고 한다.

헬로트에 대한 것은 리쿠르고스의 의해 지시된 것이라고 생각되지 않는다. 왜냐하면 그가 다른 경우에서 보여준 정의감과 인성으로 보아 그러한 지시를 할 사람으로 생각되지 않으며, 무엇보다 레트라는 신탁

---

* 일종의 '잠복' 방식으로, 헬로트는 완전히 비무장 상태로 이들에게 죽음을 당했다.
** 스파르타인들은 정복한 땅의 선주민들을 '헬로트', 그리스어로는 '헤일로타이'라고 부르는 국가 소유의 노예로 만들었다. 스파르타인들은 일반 시민보다 수가 많은 이들을 경계하여 노예 신분의 옷을 입게 했으며 노예라는 신분을 잊지 않도록 일정하게 매질을 가했다.

에 의해 이루어진 것이기 때문이다.

자신이 만든 법을 위해 굶어 죽다

리쿠르고스는 자신이 만든 제도들을 가능한 한 영원히 변함없이 보존하고 싶었다. 그래서 특별회의를 열어 모든 시민들을 소집했다.

"모든 일들이 국가의 번영과 이익을 위해 합리적으로 잘 이루어졌습니다. 그러나 가장 중요한 한 가지 일이 남아 있습니다. 하지만 신탁을 묻기 전에 그것을 공표할 수는 없습니다."

그는 시민들에게 델포이에 신탁을 물으러 갔다 오겠다고 했다. 그리고 델포이에서 돌아온 후에는 모든 일을 신의 뜻대로 하겠다고 말했다. 모두들 리쿠르고스의 제안에 기꺼이 찬성했다. 리쿠르고스는 떠나기에 앞서 두 명의 왕과 원로원 그리고 모든 시민들로부터 그가 돌아올 때까지 기존의 법을 준수하고 그대로 유지한다는 맹세를 받아냈다.

델포이로 간 리쿠르고스는 아폴론 신에게 제사를 올리고 신탁을 구했다.

"혹시 제가 세운 법이 스파르타의 번영을 위해 부족한 것이 있습니까?"

즉시 신탁이 내려왔다.

리쿠르고스의 법은 훌륭하다.

그 법으로 인해

스파르타는 이름을 떨치게 될 것이다.

신탁의 내용에 크게 기뻐한 리쿠르고스는 그것을 적어 본국으로 보냈다. 그리고 자신은 그곳에서 아폴론신에게 다시 한 번 제를 올리고 친구와 아들에게 작별인사를 했다. 스파르타 사람들이 자신과 맺은 맹세로부터 자유로울 수 없도록 델포이에서 스스로의 생을 마감하기로 결심한 것이었다. 리쿠르고스는 젊었지만 아무 주저 없이 생을 마쳤다. 그는 진정한 정치인이라면 죽음까지도 국가에 봉사하는 것이어야 된다고 생각하여 모든 음식을 거절하고 굶어서 죽었다.

리쿠르고스의 강렬한 염원은 어긋나지 않았다. 그 후 스파르타는 리쿠르고스의 법을 엄격히 지켜 모든 그리스 도시국가들 중에서 가장 강력한 국가가 되었다. 또한 스파르타 사람들은 14명의 왕이 재위하는 500여 년 동안 법령을 전혀 고치지 않았다. 이 법이 지켜지는 동안 스파르타는 모든 그리스 국가들 위에 군림할 수 있었다. 또한 스파르타는 현명한 정부와 시민들의 훌륭한 생활 태도로 모든 그리스 국가의 완벽한 모범이 되었다. 소크라테스의 제자 안티스테네스는 레욱트라 전투에서 스파르타를 이긴 테베군이 기뻐하는 모습을 이렇게 표현했다.

"마치 스승을 이긴 제자처럼 기뻐하며 날뛰었다."

리쿠르고스는 국가의 번영도 개인의 행복과 마찬가지라고 생각했다.

국가가 덕을 실천하여 모든 백성들을 화합하도록 함으로써 번영이 얻어
지며 법의 목적은 백성들의 사고를 자유롭게 하여 독립적이고도 온화한
성품을 지니도록 하는 것이라고 했다.

리쿠르고스의 법은 플라톤, 디오게네스, 제논 등 정치에 관한 글을
남긴 철학자들의 모범이 되었다. 그러나 이 사람들은 실천되지 않은 계
획과 말만을 남겼을 뿐이었다. 반면에 글을 전혀 남기지 않은 리쿠르고
스는 그 어느 누구도 흉내낼 수 없는 정부를 세웠다. 또한 완벽한 이상
국가*의 표본을 세워 실천함으로써 그리스의 모든 법률제정가들 중에서
도 가장 훌륭한 업적을 남겼다.

---

* 리쿠르고스는 토지 공동분배, 공동식사 등의 제도를 만들고 화폐를 쓸모없게 만들어 빈부 격차를 없
애고, 사치와 낭비를 방지하기 위해 예술을 경시하는 풍토를 조성했다. 이러한 법령들과 그의 사상
은 15세기 영국의 정치가 토머스 모어에게 깊은 영향을 주었으며, 이상향을 그린 그의 책 《유토피
아》에 그대로 반영되었다.

아테네 민주주의의 아버지 솔론

Solon

BC 640?~560?년

● ● ●

시인이 만든 시민의 법

솔론은 재산도 별로 없고 권력 또한 보잘 것 없었던 평범한 집안에서
태어났다. 그의 아버지는 아테네의 마지막 왕 코드로스의 후손으로 아
테네에서도 알아주는 명문가 출신이었다. 그러나 베푸는 것을 좋아하는
성품이어서 자신의 재산을 아낌없이 어려운 사람들에게 나누어 주다가
가산을 탕진하는 지경에까지 이르렀다.

솔론은 젊은 시절부터 장사에 나서야 했고, 돈을 벌기 위해 주변의
여러 나라들을 여행했다. 그러나 솔론이 돈을 벌기 위해서라기보다는
경험과 지식을 쌓기 위해 여행을 했을 것이라고 말하는 이들도 있다.

솔론이 살던 시대는 노동이나 장사가 전혀 천시되지 않았다. 여러 곳을
여행하며 무역을 하는 것은 오히려 존경받는 일이었다. 유명한 철학자 탈
레스와 의학자 히포크라테스도 상인이었으며, 플라톤은 이집트 여행*을

---

* 그리스인들은 이집트를 비롯해 지중해 곳곳에 암포리온(시장)을 개척하고 교역 활동을 벌였다.

떠날 때 올리브 기름을 싣고 가서 그것을 팔아 여행 경비로 썼다고 한다.

낯선 나라에서 장사를 해야 하는 것은 수천 가지의 위험을 각오해야 하기 때문에 상인들은 자연히 쾌락을 추구하게 되는 경향이 있었다. 그러나 솔론의 시를 보면 그가 비록 상인이었지만 쾌락이나 재물을 탐하는 사람이 아닌 시인이었음을 알 수 있다.

훔치거나 속임수로 얻은
재물은 아무런 소용이 없다.
악의 열매는 그것을 먹는 사람을 해칠 뿐이다.

사악한 사람들이 부자가 되기도 하고
선량한 사람들이 가난뱅이가 되기도 하지만
그래도 나는 확실한 것을 따르리라.
우리의 미덕은 우리를 강하게 하지만
재물은 하루 종일 그 주인을 바꿀 뿐이다.

솔론은 처음에는 별 의도 없이 시를 썼다. 그러나 차츰 도덕과 정치에 관한 문제들을 시로 표현하면서 아테네인들을 교화시키려고 노력했다.

솔론은 정치를 철학의 가장 중요한 내용으로 보았다. 그것은 당시 솔론과 친하게 지낸 아나카르시스나 탈레스와의 대화를 보면 알 수 있다.

어느 날 아나카르시스가 솔론을 만나기 위해 아테네를 방문했다. 그

때 솔론은 여러 가지 법령에 대해 연구하고 있었다. 아나카르시스는 법령으로 사람들의 욕심과 죄를 교화시키려는 솔론의 생각을 비웃었다.

"법으로 사람들의 죄와 탐욕을 간섭할 수는 없습니다. 당신이 생각하는 그런 법은 거미줄과 같은 것입니다. 힘없고 약한 사람들은 걸려들겠지만 부자나 권력가들은 쉽게 빠져나갈 수 있을 것입니다."

그러나 솔론은 자신의 생각을 굽히지 않았다.

"서로 간의 약속을 깨뜨려서 자신들에게 이익이 되지 않는다면 사람들은 그 약속을 지킬 것입니다. 즉 사람들에게 법을 깨뜨리는 것보다 지키는 것이 훨씬 이롭다는 것을 알게 해야 합니다. 나는 모든 사람들에게 공평한 법을 만들 것입니다."

그러나 법령의 실시가 솔론의 뜻대로 쉽게 이루어지지는 않았다.

살라미스 공략

아테네는 살라미스 섬의 소유권을 두고 메가라 사람들과 오랫동안 전쟁을 치르고 있었다. 뺏고 빼앗기는 공방을 거듭하며 지루하게 이어지고 있던 전쟁에 사람들은 진저리를 쳤다. 살라미스 섬을 되찾자고 주장하는 사람이 있으면 사형에 처한다는 법을 만들 정도였다. 혈기 왕성한 젊은이들은 전쟁을 하고 싶었으나 법이 무서워 입 밖으로 그 얘기를 꺼내지 못하고 있었다. 솔론은 그 법을 정말 불명예스러운 것이라 생각했다. 궁리 끝에 솔론은 미친 것처럼 행동하기 시작했다. 그리고 가족들을 시켜 자신이 미쳤다는 소문이 아테네에 널리 퍼지게 했다. 소문은 삽시간에 도시 전체로 퍼져 나갔고, 며칠 후 솔론은 머리에 괴상한 모자를 쓰고 시장에 나타났다. 그는 시장 한 켠에 있는 전령들을 위한 발판에 올라섰다.

기묘한 광경에 호기심을 느낀 사람들이 하나둘씩 모여들기 시작하자 솔론은 미치광이 행세를 하며 시를 목청껏 읊기 시작했다.

아름다운 살라미스에서 소식을 갖고 왔습니다.
그곳으로 가서 할 일을 시로써 전하렵니다.

시의 제목은 〈살라미스〉였다. 아름다운 언어로 짜여진 이 시를 듣게 된 시민들은 크게 감동하기 시작했다. 이어 페이시스트라토스*까지 연설로 합세하자 아테네 시민들은 살라미스 섬을 반드시 다시 찾아야 한다는 생각으로 뭉치게 되었다. 그들은 법을 고치고 솔론의 지휘 아래 다시 전쟁을 시작했다. 그리고 살라미스 섬을 공략해 탈환하게 되었다.

아테네의 살라미스 섬 정복에는 여러 가지 설이 있다. 그중 하나가 델포이의 신탁을 받은 솔론이 아테네 군인들을 실은 선박을 이끌고 가

---

* 솔론의 개혁이 실패하자 정치 전면에 등장해 귀족 세력을 누르고 무력으로 참주가 되었다. 농업을 장려하고 신전 건축 및 다양한 축제를 통해 아테네 시민의 단결을 꾀하고 상공업을 확대시켰다. 민주적인 지도자는 아니었지만 아테네 번영에 크게 기여했다.

살라미스를 점령했다는 것이다. 살라미스에 있는 스키라디움 산 꼭대기에 있는, 솔론이 군신 아레스에게 바친 신전이 이 말을 뒷받침한다.

이후에도 메가라인들과 종종 전쟁이 있었으나 스파르타의 중재로 마침내 전쟁에 종지부를 찍게 되었다. 이 일을 통해 솔론은 아테네 사람들에게 전쟁 영웅으로 숭배되었으며 존경과 신뢰를 받기 시작했다. 그의 명성은 더욱 높아졌으며 그의 권위 또한 커졌다.

솔론의 개혁정치

그 무렵 아테네는 귀족들의 횡포에 고통당하던 하층민들로부터 불만이 터져 나오고 있었다. 급기야 킬론*을 비롯한 몇몇 사람들이 평민들의 지지를 받아 반란을 일으키기도 했으나 실패했다. 집정관 중의 한 사람인 메가클레스가 아테나 신전에 몸을 피해 있는 킬론 일당을 재판을 거치지 않고 신전 앞에서 무참하게 살해해 버리자 시민들은 집정관을 저주했다. 이에 솔론은 아테네의 최고 원로들과 의논하여 메가클레스 일당을 재판하고 국외로 추방하였다.

이렇게 킬론의 문제를 종결시켰지만 아테네는 정치적 분열이 날로

---

* BC 7세기 후반 올림피아 제전에서 우승을 한 적도 있는 아테네 귀족. 메가라의 참주인 테아게네스의 사위였으며, 아테네 귀족과 평민의 대립이 심각해지자 몇몇 동조자들과 함께 반란을 일으켜 참주정치를 하려고 했으나 실패했다.

심화되었다. 그들은 제각각 민주주의를 주장하거나, 과두정치 혹은 두 가지 형태의 중간을 주장하며 극심하게 다투었다. 이들의 주장은 어느 한쪽도 우위를 차지하지 못해 사회에 혼란을 더하기만 했다.**

이에 더해 시민들 사이의 빈부 격차는 날로 심각해졌다. 대부분의 아테네 시민들은 소수의 부자들에게 엄청난 빚을 지고 있었다. 시민들은 부자들의 땅을 대신 경작하며 수입의 6분의 1을 이자로 바쳐야만 했다. 이러한 소작농들을 헥테모로이 또는 테테스라 불렀는데, 빚을 갚지 못하면 노예가 되거나 다른 나라에 팔려 가야 했다. 이러한 상황은 아테네를 극도로 혼란하게 만들었다. 마침내 헥테모로이들은 단결하여 세력을 모으기 시작했으며 자신들을 노예 상태에서 해방시켜 줄 새로운 지도자를 찾기로 했다. 그들은 아테네의 현자들 중에서 오직 솔론만이 중립을 지키고 있음을 알게 되었다. 헥테모로이들은 솔론을 찾아가 모든 분쟁을 중재해 아테네를 구해 달라고 부탁했다.

솔론은 아르콘(집정관)***으로 선출되어 중재를 위한 법을 제정하도록 위촉받았다. 부자들은 어느 정도 부유한 그를 자기들 편이라고 생각했으며, 가난한 사람들은 그가 정의롭고 선량한 사람이라고 믿었기 때문

** 초기 폴리스의 방위는 귀족들에 의해 이루어졌으나 차츰 무역과 소규모 영농으로 부를 획득한 소지주들이 정치적 권력을 요구하면서 사회적 갈등이 생겨나기 시작했다. 이 과정에서 출현한 집단이 데모스demos이다. '민주주의democracy'의 어원인 '다수demos에 의한 지배kratia' 란 뜻의 '데모크라티아demokratia'는 여기에서 유래했다.

*** 고대 도시국가의 행정관. 왕정에서 귀족정으로 넘어가면서 왕의 권력이었던 종교, 군사, 사법권을 가지고 도시국가의 정치를 관장했다. BC 7세기 중엽에는 9명의 아르콘이 선출되었다.

이다.

"모든 일이 공평하게만 이루어진다면 분쟁은 절대 일어나지 않는다."

집정관 선거가 있기 전 솔론이 했던 이 말은 부자와 가난한 사람들 모두에게 환영받았다. 부자들은 솔론이 말한 공평함을 자신들이 합당한 몫을 가질 수 있다는 것으로 해석했으며, 가난한 사람들은 모든 재산을 똑같이 나누는 것이 공평한 것이라고 생각했다. 이로써 양편 모두 솔론의 새로운 정치에 큰 희망을 걸게 되었으며 솔론에게 절대적인 권한을 지닌 전제군주가 될 것을 권유하기까지 했다. 하지만 솔론은 그러한 제의를 받아들이지 않았다. 가까운 친구들은 군주제를 받아들이려 하지 않는 솔론을 비난했지만 솔론의 결심은 변함이 없었다.

"모든 권력을 한 손에 쥔 전제군주는 참으로 좋은 자리일 것이오. 그러나 그 자리는 한 번 앉으면 물러날 길이 없는 막다른 곳일 뿐이오."

그러나 솔론이 왕위를 거부했다고 해서, 정책을 펼치는 데도 우유부단했던 것은 아니다. 솔론은 결코 강한 자 앞에서 자신을 굽히지 않았으며 대중의 인기를 얻기 위한 법도 만들지 않았다. 이전의 법이라도 좋은 것은 고치지 않았으며 정책을 실천함에 있어서 때로는 설득을, 때로는 강권을 사용했다. 솔론은 스스로 자신의 정치를 이렇게 말했다.

"권력과 정의를 함께 적용했다."

솔론이 처음으로 실행한 것은 시민들 사이의 모든 부채를 없애는 것이었다. 또 사람을 담보로 금전을 빌려 주는 것을 금했다. 둘 사이에 합의가 있었다 하더라도 채무자가 그의 가족들을 담보로 금전거래를 할 수 없게 했던 것이다. 이것을 솔론은 다음과 같은 시로 표현했다.

이 땅을 뒤덮고 있던 저당권을 없애 버리자,
노예와 같던 나라가 마침내 자유를 찾게 되었다.

이로써 이미 남의 노예가 되어 있던 사람들은 해방되었으며 외국에 팔려 나간 사람들은 자유인으로 아테네에 돌아오게 되었다.

그러나 솔론의 새로운 법령은 부자와 평민 어느 쪽도 만족시키지 못했다. 부자들은 돈을 잃게 된 것에 화를 냈으며 시민들은 토지가 공평하게 분배되지 않는 것에 분개했다. 모두들 솔론이 리쿠르고스처럼 절대적인 평등을 이룩하지 못할 것이라 생각했다. 하지만 사람들의 이러한 불만도 잠시뿐이었다. 오래가지 않아 사람들은 솔론의 정책이 양측 모두에게 유리한 것임을 깨닫게 되었다. 그들은 솔론을 절대적인 권한을 지닌 개혁자로 선출하고 공화국을 위한 법을 제정하도록 했다.

민주정치로 가는 길

솔론이 다음으로 취한 조처는 이전의 집정관이었던 드라콘이 제정한 법을 살인죄에 관한 것만 남기고 모두 폐지한 것이었다. 드라콘의 법은 지나치게 엄격했으며 형벌도 너무 가혹했다. 드라콘은 게으름을 피운

죄나 꽃과 과일을 훔친 절도죄에도 살인죄와 마찬가지로 사형을 내릴 수 있도록 했다. 그래서 사람들이 드라콘의 법을 일컬어 '잉크 대신 피로 쓴 법'이라고 할 정도였다.

또한 솔론은 그동안 부유층만이 누리던 정치적 권리를 다른 사람들에게도 확장시키는 법을 만들었다. 그는 먼저 시민들을 재산 정도에 따라 제1계급에서 제4계급까지 나누었다. 그리고 각각의 계급에 따라 관직에 참여할 수 있는 권리를 구분했다.* 특히 가장 가난한 제4계급(일반 노동계급)의 사람들에게는 공직이 허용되지 않았지만 민회에 참석할 수 있는 자격과 법정의 배심원이 될 수 있는 자격을 주었다. 이것은 처음에는 별것 아닌 것처럼 보였지만 나중에는 굉장한 특권이 되었다. 법정에서 일어나는 거의 모든 분쟁에 대해 배심원들이 판결을 내렸기 때문이다.

일반 대중은 힘이 없기 때문에 피해를 당하기 쉽다고 생각한 솔론은 누구든 자유롭게 피해자를 위한 소송을 제기할 수 있게 했다. 따라서 어떤 사람이 피해를 입게 되면 누구든지 피해자를 대신해 잘못을 저지른 사람을 제소할 수 있었다. 솔론은 이런 법률을 통해 불의에 대해 모든 시민이 함께 판단할 수 있게 되고 또 잘못한 것에 대해서는 함께 분노할 수 있기를 바랐던 것이다.

---

* 솔론은 귀족계급의 정치적 독점을 막고 일반 하층민도 정치에 참여할 수 있는 제도를 만들기 위해 시민들을 곡물 올리브, 포도주와 같은 주요 농산물 소득량을 중심으로 4계급으로 분류했다. 제1계급(귀족들과 새로운 부유층들)과 제2계급(기사)은 나라의 고위 관직에, 제3계급(중간 자영농)은 하급 관료직에 올랐다.

또한 솔론은 아르콘을 지낸 사람들로 이루어진 아레오파고스**라는 것을 설치했으며, 400명의 대표로 구성된 400인 협의회***를 만들어 모든 안건을 제1차로 심의하게 했다. 그리고 이곳을 거치지 않으면 어떠한 것도 협의할 수 없도록 했다.

솔론은 나라의 공적인 문제에 대해 모든 사람들이 관심을 갖길 원했다. 즉 개인의 안전과 행복만을 추구하여 나라의 위기를 돌보지 않는 사람이 있어서는 안 된다고 생각했다. 그는 사람들이 상황을 관망하며 우세한 쪽을 저울질하지 않고 옳은 정책에 적극적으로 가담하기를 바랐던 것이다.

솔론이 제정한 법들은 정치제도 외에 아주 일상적인 부분까지 다양했다. 그중에서 특이한 것 하나를 소개하면 이렇다.

당시 아테네에는 외국에서 피신해 온 사람들이 도시에 넘쳐 날 지경이었다. 사람이 많아지자 식량이 부족해져서 곡물을 수출할 수가 없었다. 무역을 할 품목이 없어지자 다른 나라의 배들도 왕래가 줄어들었다. 이에 솔론은 사람들에게 상공업을 장려하여 상업과 전문직으로도 살아갈 수 있도록 했다. 이것을 위해 솔론은 자식에게 기술을 가르쳐 주지 않은 아버지는 자식이 부양하지 않아도 된다는 법을 만들었다. 또한 일을 하지 않는 사람에게는 벌을 주었다. 그리고 사생아는 아버지를 부양할 의무가 없었다.

** 사법과 정책 기능을 수행했다. 처음에는 3명이었으나 나중에 9명으로 늘어났다.

*** 훗날 아테네 민주정을 완성시킨 클레이스테네스에 의해 500인 평의회로 개편된다.

솔론의 법이 시민들의 기본질서를 완전히 고칠 수는 없었다. 따라서 솔론은 당시의 상황을 반영하는 소극적인 개혁을 하게 되었으며 그러한 한계 때문에 귀족과 평민 양쪽 모두를 만족시킬 수 없었다.

솔론은 자신이 제정한 수많은 법들을 시행하도록 명령하고 목판에 기록으로 남겼고, 그 목판을 축에 매달아 돌려 보게 했다. 아리스토텔레스에 의하면 이것을 '키르베스'라고 불렀다고 한다. 훗날 크라티노스라는 풍자시인은 목판을 이렇게 조롱했다.

솔론의 키르베스로 할까요.
드라콘의 키르베스로 할까요.
누구의 것으로 오늘 저녁 콩요리를 만들
불쏘시개를 해야 할까…….

그러나 당시의 정치인들은 솔론의 법을 그대로 시행하기로 결의하고 광장의 제단에서 서약을 했다. 그리고 어떤 조항이라도 어겼을 때에는 자기 몸만큼이나 큰 황금 초상을 델포이의 신전에 헌납하기로 했다. 이러한 모든 법들을 제정하고 난 후 솔론을 찾아오는 사람들이 끊이지 않았다. 그가 제정한 법을 칭찬하는 사람에서부터 비난, 삭제 요구, 설명, 법의 의도를 물으러 오는 사람 등 방문객의 행렬이 이어졌다. 솔론은 이러한 일을 자신이 다 감당할 수 없다는 것을 알고 있었다. 솔론은 장사를 한다는 구실로 10년 동안 아테네를 떠나 있겠다고 했다. 그는 10

년 정도면 사람들이 자신이 만든 법에 익숙해질 것이라고 생각했다.

그는 훗날 이런 글을 남겼다.

"큰일을 도모할 때 모든 사람들을 만족시키기는 어렵다."

운명은 언제든지 바뀐다

아테네를 떠난 솔론은 이집트에 머물며 그곳의 가장 유명한 성직자들과 함께 하늘과 인간의 도리에 대해 토론했다. 그들에게 지금은 사라지고 없지만 오래전 번영을 누린 이상적인 나라 아틀란티스 섬에 관한 이야기를 들었을 때는 아테네 사람들에게 들려주기 위해 시를 지었다.

그 후 키프로스 섬을 거쳐 크로이소스 왕*의 초청을 받아 사르디스를 방문했다. 솔론은 크로이소스의 호화로운 왕궁으로 들어가 많은 사람들을 만났다. 그들은 값진 옷을 입고 있었으며 크로이소스 왕은 온갖 귀금속으로 치장하고 있었다. 솔론이 자신의 모습을 보고 크게 놀랄 것이라고 기대했던 왕은 솔론이 재물에 대해 아무런 감흥을 나타내지 않자 의아하게 생각하며 그에게 물었다.

"이 세상에서 나보다 더 행복한 사람이 있을까요?"

솔론은 조금도 주저하지 않고 이렇게 대답했다.

---

* 리디아 왕국의 마지막 왕으로 엄청난 부자였다고 전해진다. 역사가들 가운데 솔론과 크로이소스는 같은 시대의 사람이 아니라고 주장하는 사람도 있다.

"아테네에 사는 텔루스라는 사람이 있습니다. 그 사람이 어쩌면 이 세상에서 가장 행복한 사람일 것입니다. 왜냐하면 그에게는 조국을 위해 싸우다 영광스럽게 죽은 아들이 있기 때문입니다."

왕은 금은보화로 행복을 측정하지 않고, 한낱 시민에 지나지 않는 사람이 자신보다 더 행복하다고 생각하는 솔론을 이해할 수가 없었다.

"그렇다면 나는 행복한 사람이 아니란 말이요?"

그러나 솔론의 대답은 변함이 없었다.

"그리스인들은 편안하고 안락한 죽음을 맞이한 사람만을 행복하다고 생각합니다. 따라서 운명이 어떻게 변할지 모르는 사람의 행복에 대해 뭐라 말할 수가 없습니다. 인간의 운명은 언제 어떻게 뒤집어질지 모르기 때문입니다."

솔론이 떠난 후 크로이소스 왕은 무척이나 노여워했다. 그러나 인간의 운명이란 아무도 알 수 없다는 솔론의 말은 그 후 크로이소스 왕에게 그대로 적용되었다. 이 세상에서 부러울 것이 없는 재물과 권세를 가졌던 크로이소스였지만 훗날 페르시아의 왕 키루스에게 패하여 화형당하는 처지가 되었던 것이다. 왕은 그제서야 솔론이 했던 말을 이해하고 솔론의 이름을 외쳤다고 한다.

죽을 때까지 아테네를 걱정하다

솔론이 외국을 여행하는 동안 아테네에서는 토지를 기반으로 한 귀족계급과 새로운 부를 기반으로 한 신흥계급 간의 파벌 싸움이 다시 치열해졌다. 정쟁에 지친 사람들은 이 모든 혼란을 바로잡아 줄 새로운 변화를 기대하고 있었다. 그 무렵 솔론이 아테네로 돌아왔다. 이제는 나이가 많이 들어 정치에 활발하게 참여할 수는 없었지만 그는 각 파의 지도자를 만나 화해를 위해 노력했다.

페이시스트라토스는 어느 누구보다 솔론의 의견을 존중하는 것처럼 보였다. 그는 뛰어난 웅변술로 사람들의 마음을 사로잡았고 아테네의 빈민들을 옹호하는 것처럼 보였다. 그러나 솔론은 아테네를 혼자서 지배하겠다는 그의 본심을 꿰뚫어 보았다. 그러던 어느 날 페이시스트라토스가 시민들을 선동하기 위해 자신의 몸에 상처를 내고 마차에 실려 광장으로 나왔다.

"아테네 시민들을 위해 법을 옹호하려는 나를 반대파들이 공격했습니다!"

그의 선동적인 웅변술에 시민들은 금방 그에게 동정심을 보였다. 그러나 솔론은 페이시스트라토스에게 다가가 이렇게 말했다.

"그대는 부끄럽게도 호메로스의 〈오디세이아〉를 흉내 내고 있는 것이오. 그대는 자기 나라의 사람들을 속이기 위해 이런 연극을 하고 있지만 오디세우스*는 적군을 속이기 위해 자신의 몸에 상처를 냈소."

사람들은 나이가 들어 버린 솔론의 말을 믿으려 하지 않고 페이시스트라토스를 열광적으로 지지했다. 솔론은 광장에 나와 시민들의 경거망동을 비난했다.

"여러분! 아테네의 자유가 위협받고 있습니다!"

그러나 사람들은 두려움 때문에 솔론의 말을 듣지 않았다. 친구들은 솔론의 신변에 위험이 닥칠까 봐 아테네에서 도망치라고 충고했다. 그러나 솔론은 시를 지어 시민들을 향해 외칠 뿐이었다.

> 그대들이 어리석어 이 지경에 이르렀으니,
> 스스로를 탓할 뿐 운명을 원망하지 마라.
> 폭군에게 권력을 준 것은 바로 그대들이니
> 자유를 잃어 마땅하다.

페이시스트라토스는 결국 왕위에 올라 죽을 때까지 아테네에서 독재 정치를 했다. 그러나 솔론과 의견을 달리했음에도 불구하고 왕에 오른 뒤에도 솔론을 각별히 대우했으며, 솔론의 법을 대부분 그대로 시행하여 스스로 모범을 보였다.

---

* 호메로스의 〈일리아스〉와 〈오디세이아〉에 나오는 그리스 영웅. 트로이 전쟁이 끝나고 고향 이타카로 돌아가기까지 20년이 걸렸다. 그사이 그의 아내 페넬로페는 수많은 구혼자들에게 시달린다. 오디세우스가 이타카로 돌아오자 여신 아테나는 그를 아주 늙고 상처 입은 노인으로 변신시켰다. 적들의 눈을 속인 오디세우스는 결국 구혼자들을 물리치고 왕의 자리를 되찾는다.

솔론은 죽을 때까지 배우는 자세로 시를 지으며 자신이 사랑하는 술과 예술 그리고 여인들을 즐겼다.

늙어가고 있으나 항상 배운다.
모든 사나이들의 기쁨이었던
아름다운 여인과 술과 예술,
바로 그것이 내가 즐기던 모든 것이다.

솔론은 말년에 이집트의 연대기 작가들로부터 들었던 이야기를 토대로 지었던 〈아틀란티스〉라는 시를 완성시키려고 했지만 결국 끝을 맺지 못한 채 죽고 말았다.

아테네의 영광을 주도한 페리클레스

Perikles

BC 495?~429년

・ ・ ・

혀끝으로 벼락을 일으키다

페리클레스의 아버지와 어머니는 모두 아테네에서 유명한 명문가의 사람이었다. 아버지 크산티포스는 미칼레에서 페르시아군을 격파한 장군이었으며, 어머니 아가리스테는 클레이스테네스의 손녀였다. 클레이스테네스는 독재자 페이시스트라토스의 아들을 아테네에서 몰아내 독재정치를 근절시킨 사람이다. 아가리스테는 사자를 낳는 꿈을 꾼 후 페리클레스를 낳았다. 그래서인지 페리클레스의 외모는 전체적으로 균형이 잘 잡혀 있었지만 머리 부분(두개골)이 유난히 길고 컸다. 아테네의 시인들은 그를 '구근(알뿌리) 머리'라고 부르며 이렇게 묘사했다.

고민에 싸인 그의 머리가 한없이 무거워 보였는데
그 무거운 머리에서 쏟아져 나오는 것들이
대부분 이 나라의 커다란 골칫거리들이었다.

많은 사람들이 페리클레스가 다몬으로부터 음악을 배웠다고 말한다. 하지만 소피스트(스스로를 '현자'라 자처하며 수사학과 변론을 가르친 철학자들)였던 다몬이 주변인들의 눈을 속이기 위해 음악을 가르치는 척했을 뿐 사실은 정치술을 가르쳤을 것으로 생각하는 사람도 있다. 그러나 아테네인들은 다몬이 독재정치를 지향하는 인물이라고 생각했으며 결국 도편추방제*로 그를 아테네에서 추방시켜 버렸다.

당시 아테네에는 소피스트들이 모여들었다. 페리클레스는 그중에서 엘레아 사람인 제논**과 이오니아 출신인 아낙사고라스***와 교분을 나누었다. 제논은 수사학이 뛰어난 사람으로 토론의 기술을 열심히 연구하여 그 방법을 터득하고 있었다. 그러나 페리클레스에게 더 큰 영향을 끼친 사람은 아낙사고라스였다. 아테네 사람들은 아낙사고라스를 지성인이라고 불렀다. 그가 천지 만물의 흐름을 연구한 자연철학자였기 때문이다. 아낙사고라스는 페리클레스에게 고귀한 목표와 훌륭한 인품을 갖추도록 가르쳤다. 페리클레스는 자신의 웅변으로 사람들의 마음을 사로잡으려고 노력했다.

어느 날 페리클레스가 정무를 보고 있을 때, 한 사람이 다가와 욕설

---

* 클레이스테네스가 참주(비합법적으로 지배자가 된 사람)의 출현을 막기 위해 만든 투표제도. 도자기 조각에 아테네에 위험한 인물이라고 생각되는 사람을 쓰게 했다. 지명 당한 사람은 10년간 추방되었다. 다수결의 원칙을 보여 준 아테네의 민주제도다.

** 그리스의 철학자이자 수학자. 아리스토텔레스가 '변증법의 창시자'라고 부를 정도로 역설에 뛰어났다. 스토아 학파의 제논과 구별하여 '엘레아의 제논Zenon of Elea'이라고 부른다.

*** BC 490년 아테네로 건너와 활동한 자연철학자. 그의 영향으로 페리클레스는 자연현상에 대해 과학적으로 생각하게 되었다. 페리클레스와 친하게 지낸 탓에 정적들의 공격을 많이 받았다.

을 퍼붓기 시작했다. 그 사람은 하루 종일 페리클레스를 따라다니며 욕설을 했다. 그러나 페리클레스는 침착하게 자신의 일을 계속했다. 그리고 저녁이 되자 하인을 불러 일렀다.

"횃불을 밝혀 저분을 집까지 정중하게 모셔다 드리고 오도록 해라."

페리클레스의 이러한 태도를 시인 이온은 이렇게 비난했다.

"그는 지나치게 교만한 사람이다. 자신을 비난하는 사람들을 경멸하면서도 본심을 감추고 있을 뿐이다."

페리클레스가 훌륭한 인품을 가진 척하는 것은 인기를 끌기 위해서라고 말하는 사람에게 역설법의 대가였던 제논은 이렇게 말했다.

"자네도 페리클레스처럼 행동해 보게. 그렇게 행동하다 보면 자네도 분명 고매한 인품을 갖출 수 있을 것이네."

또한 페리클레스는 아낙사고라스로부터 자연과학적인 지식을 습득했다. 이로써 페리클레스는 자연현상에 대한 미신적인 공포를 극복하고 이성적인 사고와 신에 대한 건전한 경외심을 갖게 되었다.

그러나 페리클레스는 시민들 앞에 나서는 것을 두려워했다. 그의 외모나 음성이 과거의 전제군주인 페이시스트라토스를 연상시켰기 때문이다. 또한 부유한 귀족 출신이었기 때문에 위험 인물로 지목되면 언제 추방될지 모를 일이었다. 그래서 그는 정치인으로 나서기 전에 전쟁에 나가 자신이 용감한 군인이라는 것을 아테네 시민들에게 먼저 알렸다.

페리클레스가 본격적으로 정치에 뛰어든 것은 아테네의 정치가였던 아리스티데스*가 죽고, 그 뒤를 이은 테미스토클레스 역시 추방되었을 때였다. 정적이었던 키몬**이 전쟁을 하러 외국으로 나가 있는 동안 페리클레스는 대중과 접하기 시작했다.

키몬이 귀족들의 지지를 받고 있었기 때문에 페리클레스는 가난한 민중의 지지를 통해 자신의 정치적 기반을 형성하려고 했다. 따라서 자신의 생활방식부터 바꾸었다. 정무를 보는 광장이나 의사당 외에는 아무 데도 가지 않았으며 귀족 출신 친구들과의 교류도 끊어 버렸다. 그리고 꼭 필요한 경우에만 군중 앞에 나서서 연설을 했다.

웅변에 타고난 소질이 있었던 페리클레스는 웅변술에 단연 최고의 실력을 인정받고 있었다. 그는 자신의 웅변을 아낙사고라스에게서 배운 과학적 지식으로 치장했다. 그래서 사람들은 열변을 토하는 그를 가리켜 '천둥 번개'라고 하거나 '혀끝으로 벼락을 일으키는 사람'이라고 했다.

페리클레스의 웅변술에 대해 전해 오는 유명한 이야기가 있다.

어느 날 스파르타의 왕인 아르키다모스가 아테네의 보수파 지도자이자 페리클레스의 정적인 투키디데스(그리스의 역사가)에게 물었다.

"당신과 페리클레스가 씨름을 하면 누가 이길 것 같습니까?"

투키디데스는 이렇게 대답했다.

---

* BC 5세기에 활동한 아테네의 정치가이자 장군. 대규모 함대를 만들려던 테미스토클레스에 반대하다가 도편추방되었으나 BC 479년 플라타이아이 전투에서 페르시아를 물리쳤다.

** 아테네의 뛰어난 정치가이자 장군. 아테네의 방어벽, 성벽 축조를 위해 자신의 재산을 헌납하여 대중의 지지를 얻었다. 그리스 발전을 위해 아테네와 스파르타가 협조해야 한다고 주장했으나 반대파인 페리클레스 일파의 공격을 받았다.

"만약 내가 그를 넘어뜨렸다 하더라도, 그는 넘어진 일이 없다고 주장하여 나를 바보로 만들 것입니다. 그리고 구경꾼들에게는 자신들이 직접 본 사실마저도 믿지 않게 만들 것입니다."

페리클레스의 연설 중에서 가장 유명한 것은 사모스 섬에서 전사한 아테네군을 위한 추도문이다. 거기에는 다음과 같은 구절이 있다.

"그들은 신처럼 영생을 얻었다. 우리는 더 이상 그들을 볼 수는 없지만 그들은 우리가 바치는 존경과 그들이 우리에게 내려 주는 축복으로 말미암아 영원히 살아 있기 때문이다. 나라를 위하여 목숨을 바친 사람은 이처럼 누구나 영원히 살아남는 것이다."

아테네의 민주정

투키디데스는 페리클레스가 표면적으로만 민주정을 실시했을 뿐 사실은 1인 독재 체제나 다름없었다고 비판했다. 그러나 그에 관한 기록을 보면 그렇지 않았다.

페리클레스는 정치에 나서면서부터 키몬과의 대결을 피할 수 없다는 것을 잘 알고 있었다. 키몬은 엄청난 부자였으며, 풍족한 재물을 이용하여 많은 사람들의 환심을 사고 있었다. 돈으로는 도저히 키몬을 당해낼 수가 없었던 페리클레스는 다양한 방법을 고안했다. 우선 그는 아테네 시민들에게 해외 식민지를 나누어 주도록 하고, 나라의 공금이 시민들에게 골고루 돌아가도록 하는 정책을 펴 짧은 시간에 많은 사람들의 환심을 샀다. 또 연극을 보는 사람에게 수당을 지불하기도 하고 공직에 종사하는 사람에게는 보수를 주었다.

시민들의 지지를 얻게 된 페리클레스는 아테네의 민주정을 이끌었던 에피알테스*와 함께 아레오파고스 의회의 권한을 축소시키려 했다. 그리고 마침내 정적 키몬을 스파르타와 내통한다는 이유로 도편추방에 부쳐 추방시켜 버렸다. 그러나 아테네와 스파르타 사이의 동맹이 결렬되어 전쟁이 일어나자 키몬을 다시 불러들였고, 스파르타와 아테네 사이의 휴전협정을 성사시켰다. 스파르타는 페리클레스나 평민 지도자들과는 사이가 좋지 않았지만 키몬에게는 호감을 갖고 있었기 때문이었다.

에피알테스가 암살당하자 페리클레스는 그의 뒤를 이어 아테네 민주정의 지도자가 되었다. 페리클레스는 에피알테스의 개혁을 지지하여 귀족들의 권한을 축소시키고 민주정 발전의 계기를 만들었다.

---

* 기득권을 옹호하는 보수적 정치기구인 아레오파고스의 권한을 축소하여 민회, 500인 협의회, 시민 법정으로 분산시키는 등 급진적인 민주정치를 실현하려다 암살당했다(BC 461년). 페리클레스가 그의 인기를 시기하여 살해했다는 설도 있다.

아테네의 영광을 주도하다

키몬이 키프로스 섬에서 아테네군을 지휘하다가 사망하자(BC 451년), 아테네에는 페리클레스를 견제할 만한 세력이 없어졌다. 아테네 귀족들은 키몬의 친척이자 알로페카 출신인 투키디데스(역사가 투키디데스와 다른 인물)를 내세워 그를 견제했다. 그는 지략이 뛰어났으며 분별력을 갖춘 사람이었다.

키몬처럼 내세울 만한 전공은 없었지만 정치적인 수완이 뛰어났던 투키디데스는 페리클레스와의 정책 대결을 통해 지지세력을 확보하고 능력 있고 실력이 뛰어난 사람들을 과감히 중용하여 조직을 결성했다. 그리고 그것을 바탕으로 자신의 세력을 넓혀 갔다.

암암리에 서로의 세력을 견제하던 귀족과 평민들은 이제 공공연하게 페리클레스파와 투키디데스파로 나뉘어 세력 다툼을 하게 되었다. 결국 아테네는 귀족파와 평민파로 분열되기 시작했다.

페리클레스는 아테네 시민들의 환심을 사기 위해 다양한 유화정책을 펼쳤다. 운동경기, 연극, 축제, 종교의식 등과 같은 문화 행사*들을 개최했으며, 해마다 60척의 군선을 바다로 내보내 많은 사람들을 채용하고 보수를 주면서 항해 기술을 배울 수 있도록 했다.

또한 아테네 시민들에게 식민지의 땅을 분배하고 이주시켰다. 이것은 정치적인 동요를 일으킬 만한 사람들을 제거하는 동시에 생계가 어

---

* 판아테나이아 제전, 엘레우시스 제전 등의 다양한 행사들이 열렸다.

려운 사람들을 돕는 한편, 주변국의 동향을 감시하게 하는 효과가 있었다. 또한 페리클레스는 대대적인 건설 사업을 벌였다. 바로 아크로폴리스(파르테논 신전이 있는 언덕)를 중심으로 공공건물과 신전을 새로이 짓는 일이었다.

반대파들은 이러한 각종 공사에 대해 맹렬히 비난하고 나섰다. 건설에 드는 모든 비용을 델로스 동맹기금으로 충당하고 있다는 것이 그 이유였다.

"이것은 페르시아군을 막기 위해 동맹국들이 함께 모은 전쟁기금을 독단적으로 횡령하는 짓입니다. 페리클레스는 아테네시를 마치 허영에 들뜬 여자처럼 치장하고 있습니다. 다른 동맹국들은 페리클레스에게 무시당했다며 분통을 터뜨리고 있습니다."

그들의 비난에 대해 페리클레스는 단호하게 대답했다.

"아테네가 페르시아 군대의 침략을 막아 주는 한 그 돈은 어떻게 써도 상관이 없는 것 아닌가? 그들은 돈만 냈을 뿐 말이나 배 그리고 병사들은 전혀 분담하지 않았다. 그들은 돈으로 안전을 산 것이다. 그들에게 안전을 제공하는 한 아테네는 그 돈을 마음대로 쓸 수 있다. 이 사업은 전쟁에 필요한 모든 것을 다 갖추고 남은 돈으로 건물을 지어 아테네의 영광을 길이길이 남기려는 것이다. 또한 공사를 통해 일자리가 생기고, 공예기술도 발전한다. 이를 통해 우리는 아름다운 도시를 얻고 경제적인 이득도 얻게 되는 것이다."

이렇게 하여 놀랄 만큼 짧은 기간에 아테네에는 아름답고 웅장한 건물들이 세워지기 시작했다.* 그 거대하고 화려한 건물들은 하나같이 살아 있는 듯한 생명력을 지니고 있었다. 이러한 건설 사업 전체를 감독하고 운영했던 사람은 뛰어난 건축가인 페이디아스였다. 페리클레스와 가까웠던 그는 역사에 남을 아름다운 건물들을 지어 그 이름을 떨쳤다.

그러나 투키디데스파의 사람들은 여전히 페리클레스의 정책을 비난했다.

"페리클레스는 지금 공금을 남용하고 있으며 나라의 재정을 불안하게 만들고 있습니다."

페리클레스는 시민들을 향해 내가 너무 많은 돈을 썼다고 생각하느냐고 물었다. 군중이 '그렇다'라고 대답하자 그는 이렇게 대답했다.

"그렇다면 앞으로는 공금 대신 내 개인 재산으로 공사를 하겠소. 다만 그렇게 지은 모든 공공건물에는 내 이름을 새기겠소."

지중해의 패자 아테네

정권 장악을 위한 페리클레스와 투키디데스의 싸움은 시간이 지날수록 더욱 치열해졌다. 결국 두 사람 중 한 사람은 추방되어야 할 지경에

---

* 아테네의 아크로폴리스에는 여러 신전들이 많이 지어져 있었지만 페르시아와의 전쟁으로 대부분 소실되었다. 그러나 페리클레스의 지시로 다시 웅장한 건축물로 가득 차게 되었고, 플로필라아이, 파르테논 신전, 니케 신전, 상아와 금으로 만들어진 12미터 크기의 거대한 여신상 등이 세워졌다. 이 건축 사업은 페르시아 전쟁에서 승리한 아테네인의 역량과 자부심을 과시한 것이다.

까지 이르게 되었다. 페리클레스는 마침내 투키디데스를 도편추방으로 쫓아내는 데 성공했으며 그를 따르던 무리들까지도 없애 버렸다(BC 443년). 그는 아테네의 모든 권력뿐만 아니라 재정, 군사 및 그리스 주변 나라와의 동맹에서 오는 막강한 권세까지 장악하여 아테네 제국을 만들어 나가기 시작했다.

페리클레스는 공포와 희망을 섞은 뛰어난 웅변술로 아테네를 다스렸다. 시민들이 지나치게 자유를 원할 때는 경계조의 언변으로 위협했고, 시민들이 용기를 잃고 불안감에 사로잡혀 있을 때는 용기를 복돋워 안심시켰다. 어떤 때는 시민들에게 정책을 설명하고 흔쾌히 찬동을 얻어 내기도 했지만 때로는 일부의 극렬한 반대를 무릅쓰고 집행하기도 했다. 페리클레스는 느슨한 민주정이라기보다는 엄격한 귀족정과 군주정을 혼합한 정치를 실행시켜 나갔다.

그러나 그가 권력을 획득한 비결이 단순히 웅변술에만 있었던 것은 아니었다. 그는 청렴결백한 정치가였다. 그래서 아테네 사람들은 그를 전적으로 신뢰하고 모든 권한을 주었다. 아테네인들은 나라의 모든 세금을 비롯해 도시 전체를 그에게 주었다. 그가 원한다면 성벽을 쌓았으며, 또 그가 원한다면 그것을 허물었다. 조약과 동맹, 권력, 제국, 전쟁, 평화, 영원한 부와 성공, 그 이상의 것까지 모두 그에게 주었다.

페리클레스의 막강한 권한은 단순히 어떤 정책이 호평을 받았기 때문에 주어진 것이 아니었다. 동시대의 모든 정치가들과 경쟁했던 40년 내내 그는 항상 모든 일의 선두에 서 있었다. 특히 투키디데스가 실각하여 추방된 이후 15년 동안 그는 매년 군총사령관에 선출되어 군대를 이끌었다. 페리클레스가 항상 성실성을 유지했기에 그의 지배하에서 아테네는 전성기를 누릴 수 있었다.

페리클레스에 의해 중무장한 아테네의 선박들은 주변의 도시와 섬들을 정복해 나갔다. 멀리는 남부 이탈리아 지역에까지 이르렀으며 흑해까지 진출하여 케르소네스(지금의 우크라이나 남단 크림 반도) 지역을 점령했다. 계속되는 승리에 도취된 아테네 시민들은 이집트와 페르시아, 시칠리아까지 점령하자고 주장했다. 그러나 페리클레스의 생각은 달랐다. 당시의 그리스 지역은 아테네와 스파르타를 중심으로 양분되어 있었으며, 언젠가는 주도권을 두고 전쟁을 벌여야만 하는 상황이었다. 따라서 먼 곳에 있는 나라들을 정벌하기 위해 힘을 소모해서는 안 된다고 생각했다.

페리클레스는 먼 곳보다 가까운 스파르타 동맹국들의 반란을 진압하는 데 힘을 기울였다. 스파르타의 동맹국인 보이오티아의 도시들과 메가라가 반란을 일으키자 즉각 이들을 진압했다. 그는 무력 대신 세심한 공작을 펼쳤는데, 일정한 액수의 돈으로 스파르타의 장군들을 매수함으로써 국지적인 분쟁을 해결하고 시간을 벌면서 전쟁 준비를 했던 것이다. 그 후 아테네와 스파르타는 30여 년간 평화협정을 맺었다.*

---

* 델로스 동맹의 결속을 다진 페리클레스는 델로스 동맹기금이 담긴 금고를 아테네로 옮기고 스파르타 지역을 공격했다. 보이오티아, 타나그라 전투에서는 패배했으나 코린토스, 아이기나 섬을 장악하며 스파르타 지역을 점령한 다음 그리스의 세력 균형을 위해 스파르타와 잠시 휴전협정을 맺었다 (BC 446년).

사모스 원정과 아스파시아

휴전은 길지 않았다. 아테네의 주요 동맹국인 사모스가 밀레투스와의 전쟁을 중지하라는 아테네의 지시를 무시하고 반란을 일으키자, 페리클레스는 사모스 섬으로 군대를 보냈다. 사모스인들은 페리클레스가 다른 전투에 참가하기 위해 잠시 자리를 비운 사이에 아테네 군을 격파하며 분전했지만 결국 포위된 지 9달 만에 항복하고 말았다.

사모스를 정벌하고 아테네로 돌아온 페리클레스는 사모스에서 전사한 아테네군의 장례를 성대하게 치르고 그들을 위해 추모연설을 했다. 이 연설은 또 한 번 많은 아테네인들을 감동시켰다.

승리를 예견할 수 없었던 어려운 전쟁에서 페리클레스가 승리함으로써 아테네는 지중해 해상권을 완전히 장악하게 되었다. 이로써 아테네는 찬란한 황금시대를 맞이하게 되었다. 그러나 이 전쟁이 페리클레스가 아스파시아**를 기쁘게 하기 위해 일으킨 것이라고 생각하는 사람들도 있었다.

페리클레스는 젊은 시절 귀족 출신의 여성과 결혼했으나 이혼하고 밀레투스 출신의 아스파시아와 살고 있었다. 그녀는 아름다웠을 뿐만 아니라 당시 아테네 여성들과는 달리 수사학 교육을 받았으며, 소크라테스와 토론을 나누었다는 기록이 있을 정도로 명망 있는 인사들과 교

** 미모와 지성미를 갖추었다고 하나 헤타이라(고급 접대부) 출신이었다는 과거 때문에 그녀를 둘러싼 스캔들이 끊이지 않았다.

분을 나누었다. 페리클레스는 아스파시아를 너무나 사랑하여 공무를 수행하러 나갈 때마다 집 앞에서 그녀와 키스를 나누었다고 한다. 아테네 사람들은 그녀에게서 옛날 이오니아 여인 타르겔리아를 떠올렸다. 타르겔리아는 자신의 미모와 총명함으로 많은 그리스인들을 사로잡아 조국을 배반하게 하고 페르시아의 이익을 도모한 여인이다. 사람들은 아스파시아도 어떤 식으로든 아테네 정치에 관여했을 거라고 생각했다.

또한 아스파시아는 자신의 집에 고급 접대부들을 두었다고 한다. 그래서 당시 아테네에서 상연되는 희극에서는 아스파시아를 새로운 옴팔레* 또는 헤라라고 불렀으며, 노골적으로 창녀라고 부르기도 했다.

펠로폰네소스 전쟁이 시작되다

마침내 그리스 지역은 아테네를 중심으로 하는 동맹과 스파르타를 중심으로 하는 동맹으로 양분되었다. 양 진영은 서로 첨예하게 대립했다. 이 무렵 아테네 진영에 속해 있던 코린토스와 메가라 그리고 아이기나가 자신들에 대한 부당한 대우를 항의하며 강력하게 반발하고 나섰다. 그들은 스파르타의 의회를 찾아가 아테네를 맹렬히 비난했다.

"그리스 사람이면 누구나 다 공평하게 누릴 수 있는 기본 권리를 아테네인들이 장악하고 있습니다. 우리 메가라 사람들은 시장과 항구에서

---

* 헤라클레스가 12가지 과업을 마치고 리디아 여왕 옴팔레에게 팔려 가 온갖 고역을 겪은 것을 빗댄 말.

이유 없이 쫓겨나고 있습니다. 아테네인들은 우리의 권한을 침해하고 무차별한 박해를 가하고 있는 것입니다.”

또한 아테네가 점령하고 있던 포티다이아시가 반란을 일으켰다. 페리클레스는 즉시 군대를 파견해 진압하려 했는데, 이 사건이 결국 전쟁을 재촉하는 원인이 되었다.

스파르타의 왕 아르키다모스는 페리클레스에게 사신을 보냈다.

“지금 벌어지고 있는 분쟁을 중재하고 싶다. 여러 나라 간의 평화협정을 공고히 하고 평화를 유지하기 위한 조치를 취해 주면 우리 스파르타에 호소해 온 나라들의 불만을 적극적으로 무마시키겠다.”

스파르타의 사절단이 중재안을 들고 아테네를 찾아왔다. 그러나 페리클레스는 그들의 말에 귀 기울이지 않았다. 페리클레스의 태도는 억지스러울 정도로 단호했다.** 만약 페리클레스가 메가라인을 축출하기로 한 법령을 파기하고 평화를 약속했다면 전쟁은 일어나지 않았을 것이다. 그러나 그는 오히려 스파르타 왕의 중재안을 강력히 반대하며 메가라인들과의 싸움을 중지하지 못하도록 시민들을 선동했다.

이렇게 되자 페리클레스의 정적들은 페리클레스의 신임을 받으며 중요한 신전을 건축하고 있는 조각가 페이디아스를 공격하기 시작했다. 정적들은 페이디아스가 조각상에 사용할 금덩어리들을 횡령했다고 고

** 메가라에 대한 페리클레스의 강경책에 대해 많은 역사가들은 궁금증을 가지고 있다. 아스파시아의 개인적인 원한에 영향을 받은 것이라고 추측하기도 하고, 플루타르크는 페리클레스가 메가라인들에게 어떤 사적인 감정이 있었던 것으로 해석한다. 메가라에 대한 압력은 지금으로 말하면 강대국에 의한 경제제재였으며 포티다이아에 대해서는 군사적 봉쇄에 해당한다.

발했다. 또한 페이디아스의 작품에 구현된 여러 가지 주제와 인물상을 문제 삼았다. 특히 파르테논 신전에 조각된 아테나 여신의 방패에는 아마존과 전투 장면이 있는데 그 전사의 얼굴에 페이디아스와 페리클레스의 얼굴을 조각해 넣었다고 주장했다. 페이디아스는 결국 신성모독죄로 감옥에 갇혔고 그곳에서 병들어 죽었다.

또한 비슷한 시기에 신을 모독했다는 혐의로 페리클레스의 연인인 아스파시아가 희극배우에 의해 고발되었다. 아스파시아가 집 안에 접대부들을 두고 있다는 것이 이유였다. 그러나 이 모든 일들은 아낙사고라스와 페리클레스를 공격하려는 것이었다. 페리클레스는 배심원들 앞에서 공금 사용과 뇌물 수수 등에 대해 추궁을 받아야 했다. 그는 눈물로 호소하여 아스파시아를 석방시키고, 아낙사고라스는 국외로 도피시켰다.

페리클레스는 자신에게 가해지는 정치적 공세를 전환시키기 위해서는 전쟁이 더욱 필요하다는 생각을 하게 되었다. 당시 아테네에는 주변 국가들과의 끝없는 분쟁(메가라 포고령)으로 인해 항상 전운이 감돌고 있었다.* 페리클레스는 전쟁을 통해 자신에 대한 모든 불만과 비판의 소리를 일소하고자 했다. 또한 국민들은 위기가 닥치면 분명 자신을 필요로 할 것이라는 자신감도 있었다.

마침내 스파르타와 동맹국들은 아르키다모스의 지휘 아래 아테네를 침략해 왔다(BC 431년). 페리클레스는 펠로폰네소스 동맹국과 6만에 달

---

* 아테네는 막강한 함대를 소유하고 있었으며 아테네시 외곽은 튼튼한 성벽이 도시를 보호하고 있었다. 때문에 페리클레스는 스파르타의 공격에 끄떡없을 것으로 자신했다.

하는 보이오티아의 대군을 맞아 정면으로 결전을 치르는 것은 너무 위험한 일이라고 판단했다. 그는 아테네의 시민들을 전부 성안으로 대피시키고 식량을 확보하는 한편, 성문을 굳게 닫으라고 명령했다. 그의 정적들은 이러한 처신을 맹렬히 비난했다. 그러나 페리클레스는 소나기처럼 쏟아지는 비난과 중상모략을 참아 내며 조금도 흔들리지 않았다. 그는 아테네의 우수한 해군력으로 적을 공격할 계획이었다.

페리클레스는 100척의 군선으로 펠로폰네소스를 공격하도록 했다. 아테네를 떠난 함대는 펠로폰네소스 반도를 돌며 많은 촌락과 도시를 파괴하고 주변 지역을 정벌했다. 페리클레스 자신도 직접 메가라를 정벌했다. 스파르타 연합군은 아테네에 피해를 준 것 못지않게 많은 피해를 입게 되었다.

아테네를 휩쓴 전염병

전쟁은 페리클레스가 예측한 대로 곧 끝이 날 것 같았다. 그러나 불행하게도 너무 많은 인구가 몰려 있던 아테네시에 전염병이 돌기 시작했다. 수많은 사람들이 생명을 잃었고, 오랜 전쟁과 전염병에 시달리던 시민들은 페리클레스의 정적들이 퍼뜨리는 중상모략을 믿기 시작했다.

"전염병은 결국 페리클레스 때문에 생겼다. 더운 여름철에 많은 사람들을 한곳에 몰아넣었기 때문이다."

게다가 함대를 이끌고 출정한 페리클레스가 별다른 전과도 없이 돌아오자 시민들은 투표를 통해 그의 장군직을 박탈하고 벌금형을 내렸다. 그러나 얼마 지나지 않아 페리클레스는 곧 종래의 지위를 회복할 수 있었다. 당시 아테네의 지도자들 중 그를 대신할 만한 사람이 없었던 것이다. 하지만 정치에 복귀한 지 얼마 되지 않아 페리클레스도 전염병에 걸려 죽음을 맞았다.

페리클레스의 사망은 아테네인들에게 커다란 타격이 되었다. 그가 살아 있을 때는 절실히 느끼지 못했던 그의 여러 가지 미덕들이 크게 필요하게 되었던 것이다. 그들은 페리클레스만 한 정치가나 웅변가가 없다는 사실을 인정하게 되었다. 페리클레스의 정치를 독재이자 왕정이라고 비난했던 사람들조차 페리클레스의 절대권력이 아테네를 굳건하게 지켜준 기틀이었다는 것을 인정하게 되었다.

● 소포클레스의 비극 〈오이디푸스 왕〉

BC 5세기 그리스 지역은 약 100년 동안 끊임없이 전쟁을 치렀다. 당시 시인들은 이러한 시대적 상황을 신화에 반영한 비극 작품을 남겼다. 그중 소포클레스는 페리클레스 시대에 활동한 가장 뛰어난 시인 중 한 사람으로, 페리클레스와 특별한 친분관계를 유지하고 있었다. 페리클레스는 그의 작품이 아테네의 극장에서 상연되도록 적극 후원하였고, 자신의 정치적 수단으로 이용하기도 했다.

소포클레스는 페리클레스 사후에 오이디푸스 신화를 극화한 〈오이디푸스 왕〉이라는 작품을 아테네 극장에 올렸다. 이 작품에는 뛰어난 능력으로 테베를 다스렸지만 신탁에 의해 비극적인 종말을 맞이하게 되는 오이디푸스의 일생이 그려져 있다. 이 이야기에는 전염병이라는 뜻하지 않은 재난이 나오는데, 아테네인들이 이 작품을 보면서 전염병으로 안타깝게 사망한 아테네의 영웅 페리클레스를 떠올리도록 만들었다.

페리클레스는 심한 정치적 위기나 중상모략에 빠졌을 때도 동요하지 않았다. 페리클레스는 언제나 긍정적인 태도를 갖고 있었다. 막강한 권력을 지니고 있을 때에도 사적인 감정에 좌우되어 판단을 그르치지 않았으며, 지금 적대관계에 있는 사람이라도 언젠가는 화해하여 동지가 될 수 있다고 생각했다.

　권력의 정점에 있으면서도 겸손하고 사리에 맞게 행동했던 온화하고 어진 성격의 페리클레스가 죽고 난 후, 아테네에는 정치적 부정부패가 만연하게 되었다. 아테네는 강력한 지도자를 잃은 후의 정치적 혼란을 극복하지 못했으며, 펠로폰네소스의 전쟁에서 패하면서 결국 그리스의 패권을 스파르타에게 넘겨주고 말았다.

5

동서양의 역사를 바꾼 정복자 알렉산드로스

Alexandros III

BC 356~323년

• • •

용맹으로 무장한 헤라클레스의 후손

알렉산드로스의 아버지 필리포스 2세는 헤라클레스의 후손이라고 알려져 있다. 또한 어머니 올림피아스는 에페이로스의 왕녀인데, 그녀의 가계 역시 트로이 전쟁의 영웅 아킬레우스에서 시작된다고 한다.* 두 사람은 사모트라케 섬의 종교의식에서 만나 결혼했는데 올림피아스는 거의 광적으로 디오니소스신을 숭배했다. 그녀는 종교의식을 치를 때 큰 뱀을 끌어들여 주변 사람을 놀라게 하곤 했다.

알렉산드로스가 태어난 날 에페수스에 있는 아르테미스 신전에 큰 불이 났다. 당시 페르시아의 예언자들은 이 화재를 재난의 징조로 보고 '페르시아를 정복할 사람이 태어났다'고 외쳤다.

알렉산드로스는 술을 즐겼으며 격정적인 기질의 소유자였다. 그러나

---

* 이 시대는 신화와 역사가 명확히 구분되지 않은 시대였으므로, 당시 사람들은 알렉산드로스의 혈통이 신화에 나오는 영웅들과 관련이 있다고 믿었다.

어렸을 때부터 절제심이 뛰어나 육체적인 쾌락에 쉽게 현혹되지 않았다. 또한 아버지 필리포스 2세는 소피스트식 웅변을 자랑하거나 올림피아 전차 경기에서 우승한 것을 기념하는 화폐를 만드는 등 명예를 위한 일이라면 가리는 것이 없었지만 알렉산드로스는 달랐다.

아버지가 나라를 비워 알렉산드로스가 대신 페르시아 사절단을 맞았을 때였다. 그는 소년답지 않게 페르시아의 지형이나 도로 또는 페르시아인들의 용맹성에 대해 질문을 해 모두를 놀라게 했다. 또한 아버지가 수많은 그리스 도시들을 정복하는 것에 대해서는 이렇게 말하곤 했다.

"부왕께서 그리스를 다 정복해 버리면 내가 할 일이 남아 있을까?"

알렉산드로스는 상속받는 영토가 넓을수록 자신이 정복할 땅이 적어진다고 생각했다. 그는 사치와 향락이 넘치는 부강한 나라보다는 자신의 능력을 과시할 수 있는 가능성이 있는 나라를 원했던 것이다.

명마 부케팔로스와 스승 아리스토텔레스

알렉산드로스는 마케도니아인 레오니다스에게서 엄격한 교육을 받았다. 그러나 실제 가정교사 역할을 한 사람은 아르카디아 출신의 리시마코스**였다.

** 자신을 아킬레우스의 스승인 포이닉스에 비유하고 알렉산드로스를 아킬레우스라 불렀다. 또 필리포스 왕을 아킬레우스의 아버지 펠레우스라 불러 왕의 신임을 얻었다.

어느 날 테살리아 사람이 부케팔로스(소의 머리를 가진 말이라는 뜻)라는 이름의 말을 끌고 와서 필리포스 왕에게 13탈렌트*에 팔려고 했다. 왕과 신하들은 그 말을 시험해 보기 위해 벌판으로 끌고 나갔다. 그러나 말이 어찌나 사납게 날뛰는지 어느 누구도 다룰 수가 없었다. 화가 난 필리포스 2세는 형편없는 말이라며 끌고 나가라고 호령했다. 이 광경을 지켜보고 있던 알렉산드로스는 혼잣말로 중얼거렸다.

"말을 탈 줄도 모르고, 다룰 줄도 모르는 겁쟁이들이 말만 타박하고 있군."

이 말을 들은 필리포스 왕은 알렉산드로스에게 물었다.

"그렇게 말하는 넌 저 말을 잘 다룰 자신이 있다는 거냐?"

"네, 이 말이라면 다른 어떤 사람보다 더 잘 다룰 자신이 있습니다."

알렉산드로스는 곧장 말 앞으로 가더니 말고삐를 잡아 말의 머리가 태양 쪽을 향하도록 했다. 말이 자신의 그림자에 놀라 저 혼자 날뛰는 것이라고 생각했던 것이다. 과연 말은 금세 얌전해졌다. 알렉산드로스는 가볍게 말 위에 올라타더니 쏜살같이 내달렸다. 이를 조마조마하게 지켜보고 있던 사람들은 말을 몰아 한 바퀴 돌고 제자리로 돌아온 알렉산드로스를 향해 일제히 환호성을 올렸다.

필리포스 2세는 알렉산드로스가 무엇이든 강요하면 전혀 말을 듣지 않지만 이치를 따져 설득하면 순종한다는 것을 알아차렸다. 따라서 아

---

* 고대 그리스, 로마 등에서 사용했던 화폐 단위. 세월이 흐르면서 점차 재능이나 재주가 있는 사람을 뜻하게 되었고, 현재는 텔레비전에 출연하는 배우를 가리키는 '탤런트'라는 말로 쓰이고 있다.

들에게는 평범한 선생이 아니라 체계적이고 실질적인 교육을 할 수 있는 스승이 필요하다고 생각했다. 그는 당시 철학자로서 가장 이름이 높았던 아리스토텔레스를 초빙하여 알렉산드로스의 교육을 전담시켰다.

아리스토텔레스는 알렉산드로스에게 철학과 과학을 비롯하여 제왕에게 군사적 능력이 얼마나 중요한가를 가르쳤다. 또한 의학에 대해서도 관심을 갖게 했다. 의술에 관심이 많았던 알렉산드로스는 병에 걸린 친구를 직접 치료하고 약을 처방하기도 했다. 그러나 알렉산드로스가 제일 관심을 가진 것은 군사학이었다. 그는 호메로스의 〈일리아스〉를 즐겨 읽었으며, 항상 몸에 지니고 다니면서 전술 교본으로 삼았다.**

알렉산드로스는 천성적으로 학문을 좋아했다. 자신의 부하들에게 책을 구해 오도록 시킬 정도였다. 그는 처음에는 아리스토텔레스를 가장 존경하는 인생의 스승으로 생각했다. 아버지에게서는 생명을 물려받았지만 스승에게서는 삶을 보다 가치 있게 보내는 인생관을 배웠다고 생각했던 것이다. 그러나 신뢰가 깊었던 두 사람의 관계는 나중에 심각한 의견 차이 때문에 깨지고 말았다.

** 알렉산드로스는 〈일리아스〉를 항상 머리맡에 둘 정도로 트로이 전쟁의 영웅들을 숭배했다. 또한 전쟁에 나갈 때는 아킬레우스에게 제사를 올렸다.

아버지와 아들

필리포스 2세는 비잔티움으로 정벌을 떠날 때 알렉산드로스에게 마케도니아를 맡겼다. 알렉산드로스는 열여섯 살의 어린 나이였지만 반란을 일으킨 마이디인을 토벌하고 그곳에 그리스인들을 이주시켰다. 그리고 정복한 도시에 자신의 이름을 붙여 알렉산드로폴리스라고 지었다. 또한 카이로네이아 전투*에서는 아버지를 도와 군대의 선봉에 서서 테베의 군대를 무찔렀다. 따라서 필리포스는 백성들이 알렉산드로스를 왕이라 부르고 자신을 장군이라 불러도 기뻐할 정도로 아들을 사랑하게 되었다. 그러나 필리포스 2세가 왕비 올림피아스를 멀리하고 젊은 여인들을 후궁으로 들이면서 부자 사이는 차츰 멀어지게 된다.

필리포스 왕이 클레오파트라라는 젊은 여인을 후궁으로 맞아들이는 결혼식 날이었다. 결혼식이 끝나고 연회가 열리는 자리에서 클레오파트라의 백부 아틀라오스가 술에 취하여 주변 사람들에게 떠들어 댔다.

"마케도니아의 백성들이여! 오늘 이 결혼을 통해 왕통을 이을 후계자가 탄생하기를 기도합시다."

이 말을 듣고 있던 알렉산드로스는 격분하여 술잔을 집어던지며 외쳤다.

"네 이놈, 네가 왕자인 나를 어떻게 생각하고 있기에 감히 그런 소리

---

* 필리포스 왕과 테베가 이끄는 그리스 동맹군과의 전투. 필리포스의 승리로 그리스는 마케도니아의 지배를 받게 되었다.

를 지껄이는 것이냐?"

술에 만취된 상태로 이 광경을 지켜보던 필리포스 2세는 흥분하여 칼을 뽑아 들고 왕자에게 덤벼들었으나 순간적으로 균형을 잃고 마룻바닥에 쓰러지고 말았다. 알렉산드로스는 바닥에 쓰러진 부왕을 향해 이렇게 조롱했다.

"보세요. 바다를 건너 동방을 정복하러 가실 분이 이 의자에서 저 의자로 건너가지도 못하고 쓰러지는군요."

그 후 알렉산드로스는 어머니를 모시고 마케도니아를 떠나 버렸다. 올림피아스는 모국 에페이로스로 돌아갔으며 알렉산드로스는 일리리아로 건너갔다.

그러던 어느 날 필리포스 왕과 격의 없이 지내던 코린토스인 데마라투스가 찾아왔다. 왕은 반갑게 인사를 나누고 그리스의 모든 나라들이 평화롭게 지내고 있는지 물었다. 그러자 그는 이렇게 대답했다.

"집안의 불화가 이토록 심각한데 그리스의 평화를 염려하시다니, 참으로 어울리지 않는 일 아닙니까?"

이 말을 들은 왕은 그제서야 크게 뉘우치며 왕자를 다시 불러들였다. 그러나 알렉산드로스가 떠나 있는 사이 필리포스 왕의 후계자 자리를 두고 분란이 일고 있었다. 결국 몇 년 후 왕은 딸의 결혼식 자리에서 파우사니아스라는 자에게 살해되었다. 그는 평소 자신을 인정해 주지 않는 필리포스 왕에게 원한을 품고 있었다. 그러나 이 사건을 올림피아스가 사주한 것이라고 믿거나, 알렉산드로스가 가담했다고 말하는 사람들도 있었다.

이후 알렉산드로스는 음모에 가담한 사람들을 모두 찾아내어 처단해 버렸다.

마케도니아의 왕과 철학자 디오게네스

필리포스 왕이 사망한 후 알렉산드로스는 스무 살에 마케도니아의 왕위를 이어받았다. 필리포스 2세는 무력으로 그리스 곳곳을 정복했지만 새로운 정치 질서를 확립하지는 못한 상태였다. 때문에 그의 죽음으로 그리스 전역은 언제 반란이 일어날지 모르는 상황이 되었다. 마케도니아인들은 알렉산드로스가 그리스의 정세에 간섭하지 않고, 마케도니아의 지배를 원하지 않는 민족에 대해서는 유화책을 쓰길 원했다. 그러나 알렉산드로스의 생각은 달랐다.

"만일 조금이라도 약한 기색을 보이게 되면 적들은 일시에 공격해 올 것이다. 이럴 때일수록 과감한 정책을 취하는 것이 안전하다."

알렉산드로스는 즉시 군대를 이끌고 나가 반란을 진압하기 시작했다. 특히 아테네인들과 협력하고 있던 테베가 반란을 일으키자 테르모필라이 협곡으로 진격하여 적들을 섬멸했다. 그는 전투에서 이긴 것만으로 끝내지 않고, 그리스인들의 단결을 호소한 데모스테네스*에게 보

* 아테네의 정치가이자 유명한 웅변가. 필리포스 왕 탄핵 연설문인 '필리피카phillippics'로 유명하다.

란 듯이 테베를 철저하게 약탈하고 파괴했다. 이를 본보기로 삼아 그리스의 다른 모든 나라들을 제압하려는 계산이었다.

아테네 사람들은 테베의 재난을 매우 슬퍼하여 아테네로 피난해 오는 테베인들을 따뜻하게 맞아 주었다. 이것은 알렉산드로스의 심기를 거스르는 행위였다. 그러나 알렉산드로스는 아테네를 공격하지 않았다. 테베를 너무나 참혹하게 파괴했기 때문에 자비로운 태도를 보이기 위해서였다. 훗날 알렉산드로스는 테베를 너무 가혹하게 다룬 것을 후회하고 다른 나라들에 대해 유화정책을 폈다.**

그 후 그리스의 여러 나라들은 이스트무스에 모여 알렉산드로스를 총사령관으로 삼고 페르시아를 정복하기로 결의했다.*** 이때 많은 정치가와 철학자들이 축하 인사를 하기 위해 그를 찾아왔다. 그런데 시노페 출신으로 코린토스에 살고 있던 디오게네스****만은 알렉산드로스에게 아무런 관심도 보이지 않았다. 알렉산드로스는 이상하게 생각하여 직접 그를 찾아갔다.

알렉산드로스가 디오게네스를 찾아갔을 때 그는 마침 누워서 햇볕을 쬐고 있었다. 많은 사람들이 자신을 향해 다가오자 그는 천천히 일어나

** 알렉산드로스는 테베의 약탈을 두고두고 후회하여 그 이후로 테베인이 부탁하는 일은 무엇이든지 해 주었다. 테베 약탈은 알렉산드로스 정복 전쟁의 서장이었다.

*** 그리스 국가들은 BC 338년 코린토스의 이스트무스에서 열린 동맹회의에서 필리포스 왕이 계획했던 페르시아 원정을 계속 이행하겠다고 서약했다. 알렉산드로스 역시 이 조약을 지키겠다고 맹세하고 페르시아 원정군 총사령관으로 임명되었다.

**** 아폴로니아의 디오게네스라고도 부른다. 쾌락을 멀리하고 소박한 생활을 추구하는 견유학파 철학자로, 남루한 옷과 지팡이 그리고 목에 거는 수도사의 주머니만 가진 채 나무통 속에서 살았다.

알렉산드로스를 바라보았다. 알렉산드로스는 정중하게 인사를 건넸다.

"선생의 명성은 익히 듣고 있었습니다. 혹시 제가 도와줄 만한 일은 없습니까?"

디오게네스는 천천히 대답했다.

"예, 있습니다. 빛을 가리고 계시니 조금만 비켜서 주십시오."

뜻밖의 대답에 알렉산드로스는 순간적으로 모욕감을 느꼈다. 하지만 곧 그 모습이 진짜 철학자다운 것이라는 생각이 들었다. 주변의 다른 일행들이 디오게네스를 비웃자 알렉산드로스는 그들에게 이렇게 말했다.

"내가 만약 알렉산드로스가 아니었다면 디오게네스가 되었을 것이다."

알렉산드로스는 페르시아의 원정을 앞두고 이번 전쟁에서 자신의 운이 어떤지 알고 싶었다. 그는 델포이로 가서 아폴론의 신탁을 얻으려 했다. 그런데 그가 도착한 날은 공교롭게도 액운이 끼어 있어 신탁을 내리지 않는 날이었다. 하지만 알렉산드로스는 신전의 무녀를 불러냈고, 무녀는 율법을 앞세워 의식을 거행할 수 없다고 했다. 그러나 알렉산드로스는 그녀를 억지로 신전으로 끌고 갔다. 신전의 무녀는 그의 집요함에 질려 이렇게 말했다.

"당신은 지는 법을 모르는 사람이로군요."

알렉산드로스는 그녀의 말을 듣고서야 발길을 돌렸다.

"그것이 바로 내가 듣고 싶었던 말이다."

알렉산드로스의 페르시아 원정에 참가한 군사는 보병 3만에 기병 4

천이었다는 설도 있고, 보병 4만 3천에 기병 5천이었다는 설도 있다. 그런데 이 대부대를 운영할 자금이 넉넉하지 않았다. 아리스토불루스(알렉산드로스의 원정을 따라간 연대기 작가)에 의하면 70탈렌트 정도밖에 없었다고 한다. 그렇지만 알렉산드로스는 출정하기 전에 왕실의 재산을 주변 사람들에게 모두 나누어 주었다. 이것을 본 그의 장군 중 한 명이 그에게 물었다.

"전하, 자신을 위해서는 무엇을 남겨 두셨습니까?"

그러자 알렉산드로스는 밝게 웃으며 대답했다.

"그것은 희망이다."

장군들은 감탄하며 고개를 숙였다.

"그렇다면 대왕과 함께 출정하는 저희들에게도 재물 대신 희망을 나누어 주십시오."

페르시아 정벌과 그라니코스 강 전투

이렇듯 승리에 대한 희망으로 결속된 알렉산드로스의 군대는 먼저 헬레스폰트를 건너 트로이로 향했다. 알렉산드로스는 그곳에 있는 아킬레우스의 무덤에 향유를 뿌리고 꽃을 바쳤으며 관례에 따라 측근들과 함께 벌거벗은 몸으로 경주도 했다.

알렉산드로스의 원정군은 아시아의 입구라 할 수 있는 그라니코스 강에서 페르시아의 왕 다리우스 3세*의 장군들과 맞섰다. 그라니코스 강은 마케도니아군에게는 반드시 정복해야 할 지점이었으며, 페르시아 군으로서는 반드시 사수해야 할 저지선이었다.

그라니코스 강은 깊이를 알 수 없을 정도로 짙푸른 색이었으며 강 건너에는 하늘에 닿을 듯한 험준한 절벽이 가로막고 있었다. 병사들이 두려움에 떨며 주저하고 있을 때 알렉산드로스는 기병대를 이끌고 선두에 나섰다. 그리고 빗발처럼 쏟아지는 페르시아군의 화살**을 피하며 무모하리 만큼 저돌적으로 강을 건넜다.

기병대에 이어 보병대가 강을 건너자 두 나라 사이에 백병전(직접 몸으로 맞붙어 싸우는 전투)이 벌어졌다. 터져 나오는 함성, 말과 말, 창과 창들이 부딪혔다. 그러나 죽음을 각오하고 덤벼드는 마케도니아군 앞에서 페르시아 병사들은 하나둘 무너지기 시작했다. 마침내 수천 명에 이르던 페르시아군은 그리스 용병만 남겨 두고 도망치기 시작했다.

알렉산드로스의 승리였다. 아리스토불루스에 따르면 페르시아군의 전사자는 보병 2만, 기병 2천5백이었으나 마케도니아군의 전사자는 34명뿐이었다고 한다.

---

* 페르시아는 당시 세계 최강대국이었다. BC 6세기 중엽 키루스 왕에 의해 국가체제를 갖추었으며 BC 522년 왕위에 오른 다리우스 1세 치하에서는 오리엔트 지역에서 가장 강력한 왕국으로 발전했다. 그는 막강한 군사력과 엄청난 재산으로 다양한 민족들을 무리 없이 다스렸다. 또한 정복민들의 다양한 종교와 관습을 인정하는 대신 페르시아 왕에 대한 절대 복종을 요구했다. 그러나 다리우스 3세가 알렉산드로스의 공격에 무너지면서 번영을 자랑하던 페르시아는 멸망하게 된다.

** 긴 창과 함께 화살통을 지고 있는 페르시아의 군인들은 '불사조'라고 불렸다. 이들은 앞선 사람이 싸우다가 쓰러지면 곧바로 뒤쪽에 있는 사람이 바로 앞 열로 나와 싸웠다고 한다.

알렉산드로스는 이 전쟁에서 얻은 갑옷과 투구에 다음과 같이 새겨 아테나 여신에게 바쳤다.

"필리포스 왕의 아들 알렉산드로스와 전 그리스인(스파르타를 제외한)이 동방의 야만족과의 싸움에서 이것을 획득하였다."

이 전투에서 승리한 이후 알렉산드로스의 소아시아 정벌은 아주 순조로웠다. 리디아의 수도이며 페르시아의 중심지인 사르디스를 비롯하여 밀레투스, 카리아 등 많은 도시들이 알렉산드로스에게 항복했기 때문이다. 그는 리키아를 지나면서 디디마에 있는 아폴론 신전***을 방문했다. 그런데 알렉산드로스가 지나간 다음 150년 동안 말라 있던 샘물에서 물이 솟아났으며 '페르시아의 지배가 그리스인에 의해 끝날 것'이라는 예언이 적힌 청동판이 발견되었다고 한다.

카리아 점령 후 알렉산드로스는 겨울을 나기 위해 북쪽으로 거슬러 올라가 고르디움으로 향했다. 예언의 힘 때문인지 소아시아 연안 도시 킬리키아까지 단숨에 정벌할 수 있었다. 일 년 내내 거친 풍랑이 일고 깎아 지른 듯한 절벽으로 이루어진 팜필리아 해안도 그가 지날 때는 마치 기적처럼 잔잔해져 무난하게 통과했다.

역사가들은 이것을 하늘이 도운 것이었다고 말했다. 그러나 정작 알렉산드로스가 쓴 편지에는 별다른 기적이 있었다는 말은 없었다. 다만

*** 이곳에 얽힌 신화에 의하면 티탄족의 딸 레토가 제우스와 만나 이곳에서 아폴론과 아르테미스를 낳았다고 한다. 이후 거대한 신전이 세워졌고 신탁소로 유명했으나 페르시아에 의해 파괴된 후 그곳에 있던 우물도 말라 버렸다고 한다.

"클리마코스klimakos, 일명 '사다리'라는 험한 절벽길을 지나 계속 진군했다"라고 썼다고 한다.*

프리지아 전역을 정복한 후 알렉산드로스가 도착한 곳은 그 옛날 미다스의 수도였다고 전해지는 고르디움이었다. 이곳에서는 알렉산드로스에 관한 전설이 하나 전해져 온다.

고르디움의 광장에는 마차 한 대가 산수유나무 껍질로 만든 밧줄에 단단히 동여매어져 있었다. 매듭의 끝은 도저히 찾아낼 수 없도록 복잡하게 꼬여 있었다. 그곳 사람들은 그 밧줄의 매듭을 푸는 사람이 전 세계를 정복할 사람이라는 전설을 굳게 믿고 있었다. 그런데 그 고르디움의 매듭을 이리저리 살펴보던 알렉산드로스는 곧바로 칼을 들어 매듭들을 툭툭 잘라내 버렸다고 한다. 하지만 연대기 작가였던 아리스토불루스는 수레를 고정시킨 쐐기를 뽑아내자 매듭이 쉽게 풀렸다고 썼다.

이수스 전투

알렉산드로스가 고르디움에서 군대를 재정비하고 있는 동안, 페르시아 왕 다리우스의 최측근인 멤논이 사망했다는 소식이 전해졌다. 알렉산드로스는 페르시아의 수도인 수사로 곧바로 쳐들어가려고 했다. 그러나 그때 다리우스가 60만 대군을 이끌고 수사를 출발했다는 소식이 전

---

* 오늘날 '절정'이라는 뜻의 영어 '클라이맥스climax'는 여기에서 유래했다.

해졌다. 알렉산드로스는 고르디움을 떠나 남쪽 지방인 실리시아로 향했다(BC 333년 봄).

그런데 실리시아의 수도 타르수스에서 알렉산드로스의 원정대가 잠시 시간을 지체하자 다리우스는 이렇게 생각했다.

'알렉산드로스가 우리 대군의 출병 소식에 겁을 집어먹었구나.'

그러나 알렉산드로스가 실리시아에서 지체하고 있었던 이유는 갑작스럽게 병에 걸렸기 때문이었다. 병에 걸린 원인은 강행군의 피로 때문이라고도 하고, 얼음처럼 차가운 키드누스 강에서 목욕을 한 것 때문이라고도 한다. 다행히 충실한 의사였던 필리포스의 정성 어린 간호로 알렉산드로스는 건강을 회복하여 군사들 앞에 모습을 나타낼 수 있었다.

건강을 회복한 알렉산드로스는 그해 겨울, 군의 선두에 서서 실리시아의 이수스까지 진격해 온 다리우스군을 맞았다(이수스 전투). 이수스는 산과 바다로 가로막힌 조그마한 골짜기였다. 따라서 왕실 소속의 기마병을 중심으로 구성되어 있는 페르시아군에게는 지리적으로 매우 불리한 곳이었다.** 그러나 다리우스는 공격을 서둘렀다. 이때 마케도니아군에서 도망쳐 온 아만테스란 자가 왕에게 공격을 서두르지 말고 알렉산드로스가 먼저 공격하기를 기다렸다가 넓은 평원에서 그들을 맞으라고

** 다리우스는 전차를 타고 주변의 호위를 받으면서 공격했다. 이에 맞서는 알렉산드로스의 기병대는 선두에 서서 팔랑크스(밀집) 대형을 이루고 장창을 앞으로 내밀며 전진했다. 여기에 맞닥뜨린 페르시아 기병들은 여지없이 무너졌다.

충고했다. 하지만 다리우스는 그 충고를 받아들이지 않고 서둘러 공격을 감행했다. 알렉산드로스는 이것이 수적으로 페르시아에 훨씬 못 미치는 자신의 군대에 내려진 행운이라고 생각했다.

수많은 페르시아군이 작은 골짜기에서 운신을 못하는 동안 알렉산드로스는 측면 공격을 감행하였다. 왕실 소속의 페르시아 군대가 다리우스를 에워싸고 열심히 저항했지만 전세는 알렉산드로스에게 유리했다. 다리우스는 전세가 불리해지자 재빨리 도망쳤다.* 결국 알렉산드로스는 10만 이상의 페르시아 군대를 괴멸시키고 화려한 승리를 거두었다. 다리우스를 생포할 수는 없었지만 그가 사용하던 전차와 활, 화살 등은 전리품으로 빼앗았다. 마케도니아 군대는 페르시아의 진영에서 값진 전리품을 마음껏 약탈했다.

다리우스는 본격적인 전투에 들어가기에 앞서 엄청난 페르시아의 재물들을 다마스쿠스에 남겨 두었다. 그럼에도 얼마나 많은 재물들을 가지고 있었는지 다리우스가 사용하던 막사에는 온갖 종류의 값진 물건들이 가득했다.** 욕실에는 황금으로 만든 목욕용 그릇들이 즐비했고 향료와 향유 등이 내뿜는 야릇한 향기가 가득했다. 페르시아의 재물에 거듭 놀라며 알렉산드로스는 측근들에게 이렇게 말했다.

---

* 전투에 참가한 페르시아의 군대는 거의 수를 헤아릴 수 없을 정도로 많았다. 제국의 전 민족에서 파병된 기마병과 보병이 있었으며, 비전투 요원의 수도 엄청났다. 왕이 직접 전투에 참가하면 왕실의 가족과 하인들까지 이동했으며, 기마병들에게도 하인들이 따라다녔다고 한다.

** 알렉산드로스 덕분에 페르시아 왕실의 금고에서 잠자고 있던 수많은 재물이 유통되었으며, 이로써 헬레니즘 시대의 무역과 상업은 더욱 활기를 띠게 되었다.

"과연 이렇게 많은 재물과 사치를 즐기는 것이 왕다운 생활이라는 것이구나!"

알렉산드로스가 승리의 기분에 도취되어 만찬을 즐기고 있을 때 부하가 한 가지 소식을 가지고 왔다.

"포로 중에 다리우스의 어머니와 왕비, 그리고 두 공주가 있습니다.*** 그들은 다리우스가 죽은 것으로 알고 통곡하며 슬퍼하고 있습니다."

알렉산드로스는 승리의 기쁨보다는 그 여인들의 슬픔에 마음이 흔들렸다. 그는 신하를 보내 다리우스는 죽지 않았으며, 알렉산드로스를 두려워할 필요가 없다고 위로했다. 그리고 이들을 왕족으로서 철저하게 보호해 주었다.

이수스 전투(BC 333년)에서 다리우스를 격파한 알렉산드로스는 다마스쿠스로 군대를 파견하여 페르시아군이 버리고 간 모든 보물과 군수품들을 접수했다. 이 임무를 맡은 것은 테살리아의 기병 부대였으며 전투에서 공적을 많이 세운 그들에 대한 특혜였다. 알렉산드로스는 그리스의 군사들로 하여금 페르시아의 금은보화를 맘껏 소유할 수 있게 함으로써 페르시아 정복에 대한 열망을 부추겼던 것이다. 이후 알렉산드로스의 군대는 키프로스 섬의 연안 지방과 페니키아 전역을 점령하기 시작했다. 시돈을 비롯한 대부분의 지역들이 아무런 저항 없이 항복해 왔

*** 다리우스는 어머니와 왕비, 공주와 왕자까지 버리고 도망갔다. 이것은 두고두고 마케도니아인들 사이에서 페르시아의 권위를 떨어뜨리는 조롱감이 되었다.

으나 티루스*만은 강력하게 저항했다. 알렉산더는 이곳을 함락시키기 위해 7개월 동안 막대한 비용과 무기들을 동원해야 했다.

이집트 아몬 신전에서 신탁을 듣다

키프로스 지방과 페니키아 전역에 이어 이집트로 향한 알렉산드로스는 그곳에 그리스풍의 도시를 건설할 계획을 세웠다. 그리고 새로이 건설될 도시는 자신의 이름을 따서 명명할 생각이었다.

그리스 건축가에게 도시 설계를 맡겼을 무렵 꿈에 백발노인이 나타나 그에게 파로스에 대해 알려 주었다. 다음 날 그는 노인이 일러 준 대로 파로스를 찾아갔다. 그곳은 땅이 바다로 뻗어나가 호수를 이루고 있어 그것이 도시의 방벽 구실을 하는, 지형적으로 매우 훌륭한 곳이었다.

알렉산드로스는 건축가 데이노크라네스에게 도시의 설계도를 그려 보라고 명했다. 데이노크라네스는 보릿가루를 이용해 땅 위에 설계도를 그렸다. 마치 마케도니아식 외투를 펼쳐 놓은 것 같은 설계도를 본 알렉산드로스는 무척 만족스러워했다. 그런데 갑자기 강과 호수에서 온갖

---

* 오늘날 레바논의 해안 지대로 상업이 크게 번성한 도시였다. 또한 해군력이 막강했던 티루스는 페르시아에 함대를 제공해 주고 있었다. 알렉산드로스는 섬과 육지를 잇는 방파제를 만들고 기술자들을 모아 공성기(투석기의 일종)와 파성추를 만들었다. 그리고 200여 척의 함대로 섬 주위를 포위하여 공략했다. 티루스는 성벽 위에서 불화살을 쏘거나 돌덩어리들을 굴러뜨리며 버텼으나 결국 함락되었다. 이것은 페르시아 함대의 패배를 의미했다.

종류의 새들이 날아와 뿌려 놓은 보릿가루를 다 쪼아 먹어 버렸다. 갑작스러운 일에 알렉산드로스는 당황했지만 점술사들은 그를 안심시켰다.

"지으시려는 새로운 도시가 대단히 번성할 징조입니다."

알렉산드로스는 즉시 도시의 건설**을 명하고 자신은 신탁을 받기 위해 시바의 오아시스에 있는 아몬*** 신전으로 떠났다.

사막(리비아 사막)을 건너는 일은 쉽지 않았다. 군사들은 겁을 먹고 있었지만 알렉산드로스는 자신의 결심을 포기하는 사람이 아니었다. 물은 부족했고 강한 모래바람이 휘몰아쳤지만 그럴수록 그의 의지는 더욱 확고해졌다. 운명은 그의 편이었는지 온갖 위험이 닥칠 때마다 기적 같은 일이 일어나 알렉산드로스를 위기에서 구해 주었다.

마침내 사막을 건너 신전에 도착한 알렉산드로스는 아몬 신의 제사장으로부터 '신의 아들'이라는 말로 환영을 받았다.

"그렇다면 나에게 전 인류를 정복할 운명은 있습니까?"

알렉산드로스는 자신이 제일 궁금해 하는 것에 대해 신탁을 청했다. 그리고 제사장으로부터 '그렇다'는 대답을 받고 기쁜 마음으로 이집트로 되돌아왔다. 그는 '신의 아들'이라는 신탁을 받은 것을 대단히 기뻐했으며, 스스로를 신의 아들로 여겼다.

** 나일 강의 삼각주 지역. 지금의 알렉산드리아에 해당한다. 이후 알렉산드로스는 정복한 지역 곳곳에 자신의 이름을 붙인 알렉산드리아를 건설했다. 이집트의 알렉산드리아는 헬레니즘 시대의 중심지가 되었다.

*** 이집트에서 신들의 왕으로 숭배되는 신. 그리스의 제우스신에 해당된다. 알렉산드로스는 아몬의 신전에 예를 취함으로써 이집트의 지배자, 즉 파라오임을 인정받고자 했다.

그런데 어느 날 심한 천둥이 치자 알렉산드로스가 깜짝 놀라 벌벌 떨었다. 철학자 아낙사르코스는 그런 왕을 보고 말하였다.

"신의 아들이신 왕께서 어떻게 천둥을 두려워하십니까?"

알렉산드로스는 빙긋이 웃으며 대답했다.

"내 신하들에게 공포스러운 왕이 되기는 싫소. 내 식탁 위에 생선이 오르는 것이 장군의 머리가 오르는 것보다 낫지 않겠소?"

이처럼 알렉산드로스는 스스로 신의 아들이라고 믿었다기보다는, 아몬 신의 신탁을 통해서 자신의 원정은 신이 인정하는 것이며 동시에 자신은 동방의 지배자임을 공표하려 했던 것이다.

나는 승리를 훔치지 않는다

한편 왕비와 공주를 버리고 도망쳤던 다리우스는 알렉산드로스에게 서신을 보냈다. 포로들의 몸값을 지불하겠으며 자신의 왕국 절반을 주겠다고 했다. 또한 알렉산드로스에게 페르시아의 공주와 결혼할 것을 권했다.

이때 알렉산드로스의 신하인 파르메니오는 "제가 알렉산드로스라면 이 제안을 받아들이겠습니다"라고 했다. 그러나 알렉산드로스는 "내가 파르메니오라면 그렇게 하겠지"라고 응수하며 다리우스의 제안을 거절함으로써 전쟁의 의지를 확고하게 보여 주었다. 그리고 유프라테스 강

서쪽의 모든 지역을 정복한 후 다리우스를 공격하기 위해 출발했다. 다리우스는 백만 대군을 이끌고 그리스군을 향해 다가오고 있었다.*

가우가멜라에서 월식이 있은 지 열하루째 되는 날 밤에 양쪽 군은 서로 대치하게 되었다. 전투가 벌어지기 전날 밤, 다리우스는 군을 단단히 무장시키고 밤중에 횃불을 들고 기세를 올리도록 했지만, 알렉산드로스는 군대를 편히 쉬게 했다.

알렉산드로스의 측근인 파르메니오를 비롯한 장군들은 산과 산맥 사이를 꽉 채운 페르시아군의 횃불과 엄청난 함성에 겁을 먹었다. 그들은 급히 알렉산드로스에게 달려갔다.

"저렇게 엄청난 군대와 대낮에 맞서 싸우는 것은 너무나 무모한 일입니다. 어둠을 이용해 기습을 해야만 승산이 있습니다."

그러나 알렉산드로스는 한마디로 그들의 진언을 일축했다.

"나는 승리를 훔치지 않는다."

알렉산드로스에게는 깊은 생각이 있었다.

"다리우스에게 더 이상 변명거리를 주어서는 안 된다. 지난번 이수스 패전에 대해 그는 여러 가지 변명을 늘어놓으며 인정하지 않고 있다. 정면으로 공격하여 승리해야만 이 전쟁을 끝낼 수 있다."

그는 어떤 전투도 두려워하지 않았으며 위험에 처했을 때는 명장의

---

* 알렉산드로스는 유프라테스 강을 따라 바빌론으로 내려갈 수 있었는데도 메소포타미아 북쪽으로 방향을 돌려 티그리스 강으로 향했다. 그리고 가우가멜라에서 다리우스의 군대와 마주치게 된다(BC 331년 10월).

역량을 유감없이 발휘했다. 또 전략을 세울 때는 신속하고 정확하게 조치했다.

다음 날 깊은 잠에 빠져 평소보다 늦게 일어난 알렉산드로스는 완전 무장을 하고 은처럼 빛나는 투구를 머리에 썼다. 그리고 자신의 군대를 모이게 한 후 힘찬 연설로 격려했다. 병사들은 우렁찬 함성으로 대답하며 그의 뒤를 따랐다. 그와 나란히 말을 타고 가던 점술사가 적군을 향해 곧게 날아가는 독수리를 가리켰다.

"저것이 바로 진격의 신호입니다. 승리의 약속입니다. 돌격하십시오."

이것을 본 군사들은 의기충천하여 일제히 적을 향해 질풍처럼 달려나갔다. 처음에는 파르메니오가 지휘하는 좌군이 페르시아의 공격에 휘말려 순식간에 혼란에 빠졌다. 알렉산드로스는 기병대와 밀집보병대에게 돌격 명령을 내리고 자신도 다리우스가 있는 적진 한가운데로 진격했다. 마침내 기병대에 둘러싸여 있는 다리우스의 모습이 눈에 들어왔다. 수많은 페르시아 병사들도 보였다. 그러나 무섭게 달려오는 알렉산드로스의 모습을 본 페르시아의 병사들은 대항할 생각도 하지 못하고 도망치려는 자와 막으려는 자들이 충돌하면서 대혼란을 일으켰다.

다리우스는 시시각각 닥쳐오는 위험을 느끼며 당황하기 시작했다. 제1선의 부대가 싸움도 제대로 하지 못한 채 도망쳐 오는 바람에 그의 전차부대는 방향을 돌려 도망칠 수도 없었다. 또한 벌판은 이미 온통 시체로 뒤덮여 있어 도저히 전차를 움직일 수 없었다. 놀란 왕의 말은 아무리 채찍을 휘둘러도 꼼짝도 하지 않았다. 궁지에 몰린 그는 할 수 없이 또다시 전차와 무기들을 버리고 작은 말을 타고 도망쳐야 했다. 그동안 막강한 세력을 자랑하던 페르시아 제국은 이 전투로 인해 완전히 붕괴되었다. 알렉산드로스는 드디어 동방의 왕(왕 중의 왕)으로 선포되었으며 신들에게 성대한 제사를 지냈다.

알렉산드로스는 전쟁에서 공을 세운 사람들에게 재물과 영토를 나누어 주었으며 그리스의 각 도시들은 그들 자체의 법에 따라 정치를 해도 좋다고 허락했다. 그리고 군을 돌려 바빌로니아로 진격했다. 바빌로니아는 즉시 항복을 해 왔다.

바빌로니아에서 모처럼의 휴식을 취한 알렉산드로스와 그의 군대는 다리우스의 왕궁과 군대가 있는 수사를 거쳐 페르세폴리스*로 향했다. 수사의 사트라프(고대 페르시아 속주의 태수)는 많은 선물을 가지고 마중을 나왔다. 그들은 아무런 저항도 하지 않고 정복자들을 받아들였다.

마침내 페르시아 제국의 최정점인 페르세폴리스에 도착한 알렉산드로스는 그곳에서 황금으로 만든 천개 밑의 옥좌에 앉았다. 그리고 수많은 재물들을 노새와 낙타에 실어 날랐다. 이로써 페르시아의 최대의 보물들이 알렉산드로스의 것이 되었다.

페르세폴리스의 화려한 왕궁과 보물창고들은 병사들을 자극했다. 알

---

* 다리우스 1세에 의해 건설된 페르시아 최대의 도시. 이곳을 정복한 알렉산드로스는 축제와 주연을 베풀었다. 이때 '타이스'라는 아테네의 창녀가 아테네를 침입한 크세르크세스의 궁전에 불을 질러 원수를 갚으면 좋겠다고 말했다. 그러자 술에 취한 대왕이 직접 횃불을 들고 나섰고 병사들도 왕의 뒤를 따랐다. 이로써 웅장함과 화려함을 자랑하던 페르세폴리스 궁전은 사라져 버렸다.

렉산드로스의 허락이 떨어지자 마케도니아 병사들은 닥치는 대로 보물을 약탈하고 포로들을 학살했다. 원래부터 사람들에게 재물을 나누어 주기 좋아했던 알렉산드로스는 정복한 땅이 넓어질수록 더욱 많은 것을 나누어 주었다. 그는 무엇을 달라고 청하는 사람들보다 받으려 하지 않는 사람들을 오히려 더 싫어했다.

알렉산드로스의 어머니인 올림피아스는 이 일에 대해 편지를 자주 보냈다.

"측근들에게 상을 내리는 것은 마땅한 일이지만 전하는 그들의 세력을 왕처럼 크게 만들고 계십니다. 이제 그들을 따르는 자들은 많아지겠지만 전하를 따르는 자는 없을 것입니다."

알렉산드로스는 어머니의 편지에 대해 아무에게도 말하지 않고 비밀로 했다. 가장 친하게 지내는 헤파이스티온*이 우연히 그 편지의 내용을 알게 되자 자기의 반지를 빼 주면서 입을 막을 정도였다. 그리하여 왕의 측근들은 모두 온갖 부를 자랑하며 사치에 빠지고 낭비가 심해졌다. 왕은 그들을 온화하게 꾸짖었다.

"무서운 전쟁에서 오직 정복자만이 편하게 잠자리에 들 수 있다는 사실을 알았을 것이다. 태만은 노예의 습성이다. 따라서 그대들은 근면해야 하는데 어찌하여 망한 페르시아인을 본받느냐?"

---

* 알렉산드로스의 가장 친한 친구이며 조언자였다. 두 사람은 함께 교육을 받았는데 알렉산드로스는 자신보다 잘생기고 체격이 훌륭한 헤파이스티온을 아주 좋아했다. 고대 그리스에서는 동성애가 지극히 일상적인 일이었다.

알렉산드로스는 언제나 신하들에게 모범을 보였다. 위험에 빠졌을 때는 몸을 아끼지 않았으며, 신체를 단련시키는 데 게으르지 않았다.

"무엇보다 귀한 자신의 몸을 가꾸는 일을 귀찮게 생각하는 사람이 어찌 자신의 말을 보살피고 창과 투구를 손질할 수 있겠는가? 우리에게 정복당한 자들처럼 산다면 우리도 망할 것이다."

다리우스의 최후

알렉산드로스는 다리우스와의 마지막 일전을 벌이기 위해 군대를 이끌고 추격에 나섰다. 11일 동안 600킬로미터 이상을 달려야 하는 강행군이었다. 특히 물이 부족해 많은 병사들이 낙오하는 사태에 이르렀고 알렉산드로스도 사정은 마찬가지였다. 해가 쨍쨍 내리쬐는 한낮이 되자 도저히 앞으로 나아갈 수가 없었다. 그때 마침 물을 구하기 위해 떠났던 병사들이 가죽부대에 강물을 담아 노새에 싣고 왔다. 그들은 투구에 물을 가득 담아 제일 먼저 알렉산드로스에게로 가져왔다. 그러나 알렉산드로스는 물이 담긴 투구를 가만히 되돌려 주었다.

"너희들의 정성은 고맙게 받아들이겠다. 그러나 내가 이 물을 받아 마음껏 마신다면 그만큼 마시지 못하는 병사들이 있지 않겠느냐?"

그 광경을 지켜보던 병사들은 왕의 자제심과 넓은 마음 씀씀이에 크게 감동했다. 지쳐 있던 병사들은 긴 행군의 피로와 갈증을 모두 잊은

듯 용기백배하여 다리우스를 추격했다.

그 무렵 다리우스의 부하 장수인 베수스*가 반란을 일으켜 다리우스를 감금했다는 소식이 전해졌다. 알렉산드로스는 급히 말을 몰아 나갔다. 그가 적진 박트리아에 다다랐을 때 겨우 60여 명의 기병만이 그를 따라올 수 있었다. 베수스는 투창에 찔려 거의 죽기 직전에 이른 다리우스를 마차 안에 버리고 달아나 버렸다.

"이것이 내가 겪은 모든 불행 중에서도 가장 끔찍한 것이 될 것이다. 나의 어머니와 아내 그리고 딸들에게 베풀어 준 알렉산드로스의 은혜를 갚지도 못하고 죽게 되다니, 신들께서 나 대신 보답해 주실 것이라는 말을 꼭 전해 주시오."

자신을 찾아낸 알렉산드로스의 부하 장군에게 다리우스가 죽기 전에 남긴 유언이었다(BC 330년).

알렉산드로스는 자신의 외투를 벗어 다리우스의 시체를 덮어 주며 매우 슬퍼했다. 그는 다리우스의 유해를 그의 어머니에게 보내 성대히 장례를 치를 수 있도록 해 주었다.** 그 후 베수스를 체포한 알렉산드로스는 그의 사지를 갈가리 찢는 가장 무서운 형벌을 내렸다.

---

* 페르시아의 사트라프. 베수스는 샤루트 부근에서 다리우스 왕과 접전을 벌이다 그를 칼로 찔러 죽이고 페르시아의 왕위를 찬탈했다.

** 알렉산드로스와 다리우스가 만났다는 이야기와 다리우스가 알렉산드로스에게 페르시아 제국의 왕위를 물려줬다는 이야기를 뒷받침할 만한 역사적 자료는 없으며, 다만 전설로써 전해져 온다.

동방의 왕 그리고 갈등과 반목

다리우스가 죽자 병사들은 환호했다. 그들은 이제 전쟁이 끝났다고 생각했으며 고향으로 돌아갈 수 있다고 생각했다.

파르티아 지방으로 들어선 알렉산드로스는 병사들을 마음껏 쉬게 하고 자신은 그곳에서 처음으로 페르시아인의 옷을 입기 시작했다. 현지의 풍습을 인정함으로써 그 지방의 주민들을 동화시키려는 의도였다.

동방을 정복하는 동안 알렉산드로스는 스스로 동방의 생활풍습을 실천했다. 또한 아시아인들에게는 마케도니아의 풍습을 권하면서 두 문화를 융합시키려고 노력했다. 그 일환으로 아시아의 소년들에게는 그리스어를 가르치고 마케도니아식 훈련을 시켰다. 그뿐만 아니라 박트리아를 점령한 후 포로 중의 한 명이었던 록사나 공주와 결혼했다. 이것은 어느 정도는 정략적인 것이었지만, 록사나에게 반한 그는 그곳의 예법에 따라 모든 예식을 치렀다. 원주민들은 알렉산드로스가 자기들 가운데에서 왕비를 고르고 예를 갖춰 대하는 것을 보고 그의 통치를 자연스럽게 받아들일 수 있게 되었다.

왕이 페르시아 궁전에서 한가하게 시간을 보내자 부하들 사이에서는 소문이 돌았다.

"왕이 이제 마케도니아로 돌아가려고 한다."

이 소문을 들은 알렉산드로스는 자신과 함께 이 원정을 계속할 보병과 기병 등 최정예부대를 집합시키고 연설을 했다.

"여기에서 우리가 물러선다면 지금까지 이룩한 모든 것을 다시 페르시아인들에게 잃을지도 모른다. 떠나고 싶은 사람은 떠나도 좋다. 그러나 최강의 마케도니아를 만들기 위해서 우리의 원정은 계속될 것이다."

병사들은 기꺼이 왕을 따르겠다고 소리쳤다. 그러나 일부 병사들은 왕의 무모한 원정에 대해 불만을 갖기 시작했다. 또한 알렉산드로스의 측근 중 헤파이스티온과 크라테루스는 서로 생각이 달랐다. 헤파이스티온은 왕의 동방융합 정책을 찬성했으며, 크라테루스는 마케도니아의 풍속만을 고집하는 등 부하들 사이에 갈등이 생겨나기 시작했다.

마케도니아의 가신이었던 파르메니오의 아들 필로타스는 왕의 절친한 친구였다. 그러나 알렉산드로스를 암살하려는 음모를 미리 알고도 왕에게 고하지 않았다고 하여 사형에 처해졌다. 그리고 그의 아버지 파르메니오도 처형되었다. 파르메니오는 필리포스 2세를 도와 큰 공을 많이 세웠으며 누구보다도 적극적으로 알렉산드로스에게 아시아 정벌을 권했던 공신이었다. 왕의 잔혹한 행동을 지켜본 사람들은 차츰 왕을 두려워하게 되었다.

필로타스를 죽인 지 얼마 되지 않아 자신의 가까운 친구인 클리투스를 살해하는 일이 발생했다. 이것은 필로타스 때보다 더 참혹한 사건이었다.

그리스로부터 신선한 과일을 선물로 받게 된 알렉산드로스는 언제나 그랬듯이 자신의 친구들을 초청하여 과일을 나누어 먹으려 했다. 클리투스도 그중의 한 명이었다. 연회가 한참 진행되어 대부분의 참석자들이 술에 취하게 되자 누군가가 노래를 부르기 시작했다. 노래는 페르시아 군대에게 패배했던 한 장군을 조롱하는 내용이었다. 나이 든 장군들은 그 노래를 싫어했지만 알렉산드로스와 젊은 장군들은 오히려 더 기세를 올리며 목청껏 노래를 불렀다. 성질이 급하고 고집이 센 클리투스는 술이 만취된 상태에서 더 이상 참지 못하고 한마디 하고 나섰다.

"야만족에게 패한 장군들은 운이 나빴을 뿐, 지금 그들을 비웃고 있는 너희들과는 비교도 할 수 없는 훌륭한 장군들이었다!"

그의 말에 알렉산드로스가 농담으로 대꾸했다.

"장군은 비겁과 불운을 혼동하는 것이오. 장군의 말은 자기변명일 뿐이라오."

그러자 클리투스는 자리를 박차고 일어나 큰소리로 떠들기 시작했다.

"전하께서 경멸하는 이 겁쟁이가 그라니코스 전투에서 '신의 아들'이라는 분의 생명을 구했소이다. 그리고 전하께서 비웃는 마케도니아의 장수들도 전하를 위해 기꺼이 부상을 당했소. 그들의 상처와 죽음으로 위대한 대왕이 되셨음에도 전하는 스스로 아몬 신의 아들이라 칭하며 부왕이신 필리포스마저 부정하고 있소."

그의 말에 이성을 잃은 알렉산드로스는 창을 들어 클리투스를 찔렀다. 신음 소리와 함께 쓰러지는 클리투스를 보는 순간 정신을 차린 알렉산드로스는 자신이 저지른 끔찍한 일을 보고 크게 슬퍼했다. 자신의 행동을 후회하며 밤을 꼬박 새운 그는 다음 날도 하루 종일 슬피 울며 문밖으로 나오지 않았다. 측근들은 정신적인 혼란에 빠진 그를 달래기 위해 철학자들을 초빙하여 안정시켜줄 것을 부탁했다. 당시에 독특한 사상을 개척하고 있던 철학자 아낙사르코스는 대왕에게 이렇게 말했다.

"제우스신의 모든 행동이 정의이며 법인 것처럼, 권력을 가진 대왕께서 행하시는 모든 일들도 인간 세상의 정의와 법이라는 사실을 모르십니까?"

아낙사르코스의 논리는 왕의 슬픔은 덜어 주었지만 왕의 성격에는 좋지 않은 영향을 끼쳤다. 자신을 추스린 알렉산드로스는 그 후로 전보다 더 자주 법을 지키지 않는 성향을 보였으며 더욱 난폭해지기 시작했다.

아리스토텔레스의 조카인 칼리스테네스*는 평소에 왕이 페르시아식 의상을 입고, 페르시아 의식을 치르며 부하들에게도 페르시아식 예법을 강요하는 것에 불만을 표시하여 왕의 총애를 잃고 있었다. 이 시기에 왕을 살해하려는 음모가 발각되자 칼리스테네스는 이 사건의 배후로 지목되어 목숨을 잃었다.

끝이 없는 행군, 인도로 향하다

이제 알렉산드로스의 목표는 인도였다. 인도를 정복하기 위해서는

---

* 알렉산드로스의 궁정 역사가였다. 알렉산드로스를 신격화하는 데 가장 공헌을 한 인물이라고 할 수 있다. 그러나 그는 왕의 전제가 갈수록 심해지자 〈일리아스〉에 있는 문장을 인용해 불만을 나타냈다. "덕에 있어서 당신보다 훨씬 뛰어난 파트로클로스(아킬레우스의 친구)도 죽음에서는 벗어날 수 없었다."

험난한 산을 넘어야 했다. 그러나 페르시아에서 획득한 전리품이 너무 나 많았기 때문에 병사들의 행군이 제대로 이루어지지 않았다. 알렉산 드로스는 자신의 물건을 마차에 가득 쌓아놓고 불을 질렀다. 그리고는 측근들의 짐은 물론 병사들의 전리품도 모두 불사를 것을 명령했다. 이 것은 필요 이상의 과격한 조치였지만 대부분의 장병들은 열광적으로 함 성을 지르며 왕의 결정에 순순히 응했다. 왕은 이제 관용과 용서를 모 르는 무서운 징벌자로 변해 있었다. 그는 성의 수비를 맡겼던 측근 중 의 한 장수가 적군의 기습을 받고 도망쳐 오자 그 즉시 처형하도록 명했 다. 또 오르소다테스라는 원주민 장수가 반란을 꾀하자 직접 활을 쏘아 죽이기도 했다.

이 무렵 왕실의 경리장관이 옥수스 강가에서 왕의 천막을 치기 위해 땅을 파다가 맛과 향이 올리브유와 다를 바 없는 샘을 발견했다. 올리 브 나무가 자라는 지역이 아니었음에도 샘물이 너무나 부드럽고 시원하 였으며, 목욕을 하면 살결이 부드러워지고 광채가 났다.

"이 샘물은 바로 내가 신의 보호를 받고 있다는 가장 뚜렷한 징조다."

알렉산드로스는 신비한 샘을 발견했다는 소식을 듣고는 무척 기뻐했 으나 점술가들의 의견은 달랐다.

"이번 원정에서 영광스러운 승리를 얻을 수는 있지만, 천신만고 끝에 얻게 되리라는 징조입니다. 올리브유는 인간의 노고를 달래기 위해 신 이 주시는 선물이기 때문입니다."

그들의 말대로 알렉산드로스는 인도 원정에서 수많은 어려움과 위험을 겪어야 했다. 전투 중에 중상도 입었지만 가장 큰 어려움은 식량 부족과 예측할 수 없는 기후의 변화였다. 그러나 알렉산드로스는 용맹하게 전진하며 운명과 맞서 싸워 이기려 했다.

마케도니아인과 그리스인 외에 수많은 이민족들로 구성된 알렉산드로스의 원정군은 마침내 인도 깊숙이 진군했다. 인도의 여러 왕들 중 이집트보다 넓은 땅인 탁실레스*를 다스리는 왕이 있었다. 그의 영지는 자원이 풍부했으며 비옥했다. 지혜로운 왕으로 명망이 높은 그는 자신이 직접 사절단을 이끌고 알렉산드로스를 찾아왔다.

"대왕께서 우리의 물과 식량을 빼앗으러 오신 것이 아니라면 굳이 싸울 까닭이 있겠습니까? 만일 제가 많이 가지고 있으면 서슴지 않고 드릴 것이며, 만약 대왕께서 저보다 더 많이 가지고 계시다면 제가 받아도 좋지 않겠습니까?"

알렉산드로스는 그의 제안을 흔쾌히 받아들였다. 탁실레스 왕은 그에게 많은 선물을 주었으며 알렉산드로스는 그보다 더 많은 선물을 주었다. 왕의 측근들은 이 일을 탐탁치 않게 생각했지만 그 후로 인도인들은 알렉산드로스에 대해 좋은 감정을 갖게 되었다.

알렉산드로스 군대가 진군하는 데 가장 큰 골칫거리는 인도의 민병들이었다. 그들은 그 어떤 군대보다 용감히 전투에 임했으며 물러설 줄 모르는 용맹함을 지니고 있었다. 상대하기 어려운 민병들을 물리치기

---

* 헬레니즘 시대에 동양과 서양의 문화가 교류하는 중요한 도시였다. 알렉산드로스의 지배를 받고부터는 그리스어를 사용하기 시작했다.

위해 알렉산드로스는 속임수를 썼다. 우선 평화조약을 맺어 안심시킨 다음 물러가는 그들을 습격하는 것이었다. 마침내 골치 아픈 민병들을 전멸시킬 수는 있었지만 대의를 위해 신의를 지켜온 대왕으로서는 있을 수 없는 오점을 남기고 말았다.

민병들 못지않게 알렉산드로스를 곤란하게 만든 것은 인도의 철학자들이었다. 그들은 알렉산드로스에게 굴복하는 왕들을 비난하며 인도의 백성들이 반란을 일으키도록 끊임없이 선동했다. 알렉산드로스는 이들 철학자들을 잡아 전부 교수형에 처했다.

포루스 왕과 코끼리 부대

인도에서 가장 힘들었던 싸움은 포루스 왕(코끼리를 탄 모습으로 묘사되는 인도의 왕)과의 전쟁이었다. 그는 항복하기를 거부하고 알렉산드로스가 히다스페스 강(인더스 강 상류)을 건너지 못하도록 방어선을 구축했다.

포루스 왕은 코끼리 떼를 강가에 배치하여 알렉산드로스의 군대가 강을 건너는 것을 막고 경계를 늦추지 않았다. 며칠 동안 적의 동태만 살피고 있던 알렉산드로스는 태풍이 몰아치는 깜깜한 날을 택하여 정예의 기병과 보병을 이끌고 적진에서 멀리 떨어진 작은 섬으로 건너갔다. 그곳은 수많은 군사가 모여 있어도 밖에서는 보이지 않는 곳이었다. 그리고 무기를 손에 들고 가슴까지 차오르는 급류를 건너 강의 상류 쪽으

로 향했다. 그제서야 포루스의 코끼리 떼가 달려왔으나 알렉산드로스의
군사들은 코끼리 조련사들을 향해 창을 겨누었다. 조련사가 죽자 방향
을 잃은 코끼리 떼들은 거꾸로 인도군을 향해 돌진했으며 진지는 순식
간에 혼란에 빠지고 말았다. 악천후 속에 기습을 당한 포루스의 군대는
철저하게 궤멸되었다.

포루스는 생포되어 알렉산드로스 앞에 끌려 나왔다.

"내가 그대를 어떻게 대우해 주면 좋겠소?"

"왕답게."

"그 외에 더 원하는 것은 없소?"

"그 말속에 내가 원하는 것이 모두 포함되어 있소."

포루스의 용기에 탄복한 알렉산드로스는 그가 원래 다스리던 지역을
통치하도록 하고 부근의 지역도 정복하여 다스리도록 했다.

포루스와의 전투가 끝난 뒤 알렉산드로스의 애마 부케팔로스가 죽었
다. 왕은 애마를 기념하는 도시를 세우고 '부케팔로스'라 명명했다.

포루스와의 처참한 전투를 치른 후 마케도니아의 장군들은 차츰 왕
에 대해 불만을 갖기 시작했다. 더 이상 인도로 깊숙이 쳐들어가는 것
은 무모한 일이라고 생각했던 것이다. 그들은 갠지스 강을 건너려는 왕
의 계획에 맹렬히 반대했다. 알렉산드로스는 장군들의 반대에 대단히
노하여 천막 안에 며칠간 틀어박혀 나오지를 않았다.

"여기에서 철수하는 것은 그동안의 승리를 스스로 내던지고 패배를
인정하는 일이다."

그러나 측근들이 그를 위로하고 병사들마저 그의 막사 밖으로 몰려와 너무 오래 떠나 있던 고향으로 돌아가고 싶다고 탄원했다. 마침내 알렉산드로스는 철수 명령을 내렸다.

인도의 나체 철학자들

알렉산드로스는 마케도니아군에 반란을 일으키도록 선동하여 막대한 피해를 입혔던 나체 철학자 10명을 잡아들였다. 김노소피스트*라고 불리던 이들은 어떤 어려운 물음에도 가장 간결하고 적절한 답을 하는 것으로 유명했다.

"너희에게 문제를 내겠다. 그리고 서툰 답을 하는 자부터 차례로 처형하겠다."

알렉산드로스는 가장 연장자를 심판관으로 삼고 차례로 질문을 던졌다.

"산 자와 죽은 자 중 어느 쪽이 더 많으냐?"
"산 자입니다. 죽은 자는 존재하지 않기 때문이지요."

---

* 브라만의 제1계급으로 30년 동안 들판에서 도를 닦는 율법을 지켜야 했다. 인도의 성자들 가운데 가장 존경을 받았다.

"바다와 육지 중 어느 곳이 더 많은 짐승을 만들어 내느냐?"

"육지입니다. 바다는 육지의 일부일 뿐입니다."

"이 세상에서 가장 교활한 짐승은 무엇이냐?"

"아직 인간이 발견하지 못한 짐승입니다."

"왜 사바스를 선동하여 반란을 일으키도록 했느냐?"

"그가 명예롭게 살거나, 명예롭게 죽도록 하기 위해서였습니다."

"낮과 밤 중에 어느 것이 더 먼저 오느냐?"

"낮이 하루 먼저 옵니다."

다섯 번째 철학자는 알렉산드로스가 고개를 갸우뚱거리며 만족해하지 않자 즉시 설명을 덧붙였다.

"괴상한 질문에는 괴상한 답이 필요한 법입니다."

"어떻게 하면 많은 사람들로부터 사랑을 받을 수 있겠느냐?"

"절대 권력을 갖고 있으면서도 공포감을 주지 않는 것입니다."

"어떻게 하면 신이 될 수 있느냐?"

"인간이 할 수 없는 일을 하면 신이 될 수 있습니다."

"삶과 죽음 중 어느 것이 더 강한가?"

"삶입니다. 무서운 고생을 참아 내야 하기 때문이지요."

"인간은 언제까지 사는 것이 적당한가?"

"사는 것보다 죽는 것이 더 낫다고 생각될 때까지입니다."

알렉산드로스는 마지막으로 심판관을 맡고 있던 철학자를 바라보았다.

"누가 가장 서툰 대답을 했는지 결과를 발표하라."

"각각의 대답이 다른 대답들보다 서툴렀습니다."

"그렇다면 그런 판결을 내린 그대부터 죽어야겠구나."

그러자 심판관은 손을 내저으며 대꾸했다.

"그렇지 않습니다. 대왕께서 가장 서투른 대답을 한 자부터 먼저 죽이겠다고 하신 말씀이 거짓말이 아니라면요."

그의 기지에 찬 대답에 말문이 막힌 알렉산드로스는 그들에게 오히려 선물을 주고 풀어 주었다.

그 후 알렉산드로스는 인도의 성자들을 초청하여 그들의 이야기를 듣고자 했다. 그중에서 칼라노스(인도에서 가장 유명한 현인)라는 성자는 알렉산드로스에게 통치와 지배에 대한 모범을 제시했다.

알렉산드로스와 만난 그는 마른 소가죽을 땅에 깔고 가장자리를 밟으면서 돌았다. 한쪽 귀퉁이를 밟으면, 그 부분은 눌려졌지만 다른 쪽이 일어섰다. 그렇게 이곳저곳을 밟던 그는 마지막으로 가죽의 한복판에 섰다. 그러자 소가죽은 평평하게 펴지며 어느 곳도 일어서지 않았다. 이것은 왕은 왕국의 중앙에 위치하여 통치해야 하며 먼 변경을 돌아다녀서는 안 된다는 뜻이었다.

귀환 그리고 디오니소스 향연

알렉산드로스는 인더스 강의 지류를 따라 진군하여 해안(인도양)까지 나오는 데 일곱 달이 걸렸다. 해안에 도착한 그는 작은 섬에 상륙하여 신에게 제사를 지냈다. 그리고 앞으로 어떤 정복자도 자신이 정복한 땅보다 더 넓은 땅을 정복하지 못하도록 기도를 드린 다음 육로를 통해 귀환길에 올랐다.*

알렉산드로스의 군대는 질병과 나쁜 음식, 일사병 등으로 인해 그 수가 반 이상이나 줄어들었다. 게드로시아에 도착했을 때에야 겨우 식료품이 풍족해졌다. 알렉산드로스는 이곳에서 군대를 쉬게 한 다음 카르마니아 지방을 지나면서 7일 동안이나 큰 잔치를 벌였다.

알렉산드로스는 여덟 필의 말이 끄는 마차 위에서 측근들과 함께 밤낮으로 술을 마셨으며 화려하게 치장한 수레들을 뒤따르게 했다. 병사

---

* 알렉산드로스는 군대의 일부를 함대에 태워 페르시아 만의 연안을 따라 돌아가게 했다. 자신은 왔던 길로 되돌아가지 않고 히말라야 산맥과 사막을 통과하는 길을 선택하여 바빌로니아로 향했다.

들도 방패, 갑옷, 창들을 버리고 큰 항아리에 담은 술을 마시며, 춤추고 노래했다. 마치 주신 디오니소스를 찬미하는 행렬인 듯했다.**

게드로시아의 왕궁에 머물던 알렉산드로스는 그곳에서 앞서 배를 태워 보낸 부하들(네아르코스가 통솔하여 귀환할 함대로 지형을 탐사하는 임무를 맡음)과 합류했다. 그들의 항해담을 들은 알렉산드로스는 유프라테스 강을 따라 아라비아와 리비아를 돌아, 헤라클레스의 쌍기둥(오늘날의 지브롤터 해협)을 거쳐 지중해로 들어가겠다는 계획을 세우고 선단을 구성했다. 그러나 인도에서 겪었던 치열한 전투로 인해 전력이 약해진 군대는 이제 그의 안전마저도 보장할 수 없는 지경이었다. 게다가 원정을 떠나 있는 동안 식민지에서는 반란이 자주 일어났으며 각지의 장군과 총독들은 마치 자신들이 왕인 양 행세하여 왕국 전체가 음모와 모략으로 붕괴될 위기에 처해 있었다. 왕이 죽었다는 소문이 퍼지기도 했다.

알렉산드로스는 계획을 수정하여 해안을 따라 연안의 부족을 정벌하도록 명령하고, 자신은 육지를 따라 행군을 계속하면서 그동안 부정을 저지른 장군들을 처단하리라 마음먹었다. 그래서 수사 총독의 아들 옥시아르테스를 직접 창으로 찔러 죽였으며, 키루스 왕의 무덤을 도굴한 자를 붙잡아 사형에 처했다.

키루스 왕의 무덤에는 다음과 같은 비문이 있었다.

** 훗날 조각가들과 화가들은 알렉산드로스 대왕의 귀환을 디오니소스신이 그리스로 돌아오는 모습으로 재현시켜 왕을 더욱 신격화시켰다.

행인이여, 그대가 누구이며 어디서 왔는지
— 그대가 올 줄을 내 알고 있었나니 —
나는 페르시아 왕국을 건립한 키루스.
내 몸을 덮고 있는 이 작은 땅을 탐내지 말라.

이 비문을 읽은 알렉산드로스는 인간사의 덧없음과 무상함을 느끼고 그리스어로 새겨 둘 것을 명했으며, 그의 무덤을 복원하라고 지시한다.

그 후 알렉산드로스는 갈수록 술 마시는 횟수가 늘기 시작했으며 수많은 연회를 베풀고 술 마시기 시합을 벌였다. 어찌나 격렬하게 술을 마셨는지 시합에 참가했던 사람들 중 41명이나 죽는 일도 벌어졌다.

그는 수사에 이르러서는(BC 324년) 많은 마케도니아 병사들과 페르시아 여인들을 결혼시키고 자신도 다리우스의 딸인 스타리라와 결혼했다.* 그리고 결혼 피로연을 성대하게 열었다. 9천 명의 사람들을 초대했으며, 이들에게 술을 따르기 위해 각각 금으로 만든 술잔을 하사했다. 또한 그들의 부채를 탕감해 주는 등 엄청난 돈을 물 쓰듯 했다. 메디아의 엑바타나에 머물고 있을 때에는 그리스의 연예인 3천 명을 불러 연극과 제사에만 몰두했다.

그 무렵 왕이 가장 아끼던 친구 헤파이스티온이 열병에 걸려 죽게 되었다. 왕은 이 일로 너무나 상심하여 완전히 이성을 잃을 정도가 되어

---

* 알렉산드로스는 마케도니아 귀족계급과 페르시아의 결합으로 자신의 지배권을 유지하려 했다. 그러나 이 같은 정책으로 마케도니아인과 페르시아인이 동등해지는 것에 대한 불만이 싹트기 시작했다.

버렸다. 그는 헤파이스티온의 죽음을 슬퍼하며 모든 말과 노새의 갈기와 꼬리털을 잘라 버리고, 무능한 의사들을 죽여 버렸으며 모든 음악을 금지시켰다. 그것으로도 분을 참지 못한 그는 슬픔을 달래기 위해 코사이족과 전쟁을 일으켰다. 그리고 남자는 전부 죽여 부족의 씨를 말려 버리는 등 잔악한 행위를 일삼았다. 그 후 알렉산드로스는 바빌론으로는 가지 말라는 점술가들의 권고에도 불구하고 바빌론으로 진격하였다(BC 323년). 도시에 들어서자 까마귀 떼들이 성벽 위에서 싸우고 있었다. 또한 제사를 지냈는데 제물로 쓴 짐승의 간엽(뼈, 혈관, 심장 따위)이 나오지 않았다. 이 모든 것을 불길한 징조라고 생각한 왕은 차츰 신의 가호에 대한 신념을 잃게 되었다.

그는 서서히 주변 사람들을 의심하거나 사소한 일에도 공포심에 사로잡히게 되었다. 마음이 불안해지면 점술가들을 불러 제사를 지내고 주연을 베풀었다. 그의 주변에는 수많은 점술가들이 모여들었지만 그는 마음의 평안을 얻지 못했다. 시간이 갈수록 그의 마음속은 비겁함과 어리석음으로 가득 차게 되었다.

그러던 어느 날 알렉산드로스는 화려한 연회를 베풀고 난 후 목욕을 마치고 잠자리에 들었다. 그러나 또 다른 연회를 준비한 부하 장군이 초청하자 그곳으로 가 밤새 술을 마셨다. 연회는 그다음 날까지도 계속되었다. 그러다 갑자기 심한 열과 갈증에 시달리며 헛소리를 하기 시작했다. 그리고 며칠 동안 열병에 시달리다 세상을 떠났다. 33세의 젊은 나이였다.

알렉산드로스가 죽은 뒤 몇 년 후부터 독살설이 흘러나오기 시작했다. 알렉산드로스의 어머니 올림피아스는 안티파트로스의 아들 이올라스가 왕을 독살했다고 폭로하며 그를 처형했다. 그리고 그의 무덤을 파헤쳐 유골을 바람에 날려 버렸다.

　아리스토텔레스가 안티파트로스와 공모하여 왕을 독살했다고 믿는 사가들도 있다. 그러나 이를 뒷받침할 만한 증거를 찾지는 못했다.

헬레니즘 시대, 병법의 천재 피로스

Pyrrhus

BC 319~272년

● ● ●

거듭되는 시련

그리스 북서부의 도시국가 에페이로스를 세운 사람은 몰로시아 최초의 왕 파이톤이라고 한다. 그러나 또 다른 설에 의하면 도도나에 유피테르 신전(에페이로스에 있는 제우스의 고대 신전)을 세운 데우칼리온과 피라가 몰로시아인들과 함께 에페이로스 지방에 정착해서 세웠다고도 한다. 훗날 아킬레우스의 아들 네오프톨레모스가 이곳을 정복하고 식민시를 세웠으며 그의 후손들이 나라를 다스렸다. 그러나 후대의 왕들이 폭정을 일삼아 에페이로스는 보잘것없는 변방의 소국으로 머물러야 했다. 이 나라 출신 중 처음으로 그리스 전역에 명성을 떨친 사람은 타리파스 왕이었다. 그는 일찍부터 그리스의 앞선 문화를 받아들이고 법질서를 마련함으로써 왕국의 기틀을 잡았다.

피로스는 타리파스의 후손인 아이아키다이의 아들로 태어났다. 피로스가 아직 강보에 싸여 있을 때 아이아키다이의 폭정에 시달리던 몰로시아인들이 반란을 일으켰다. 아이아키다이를 몰아낸 몰로시아인들은 새로운 왕을 추대하고 아이아키다이 왕을 지지하던 사람들은 모두 처형했다. 다행히 피로스는 아이아키다이의 측근들에 의해 이웃나라로 도망칠 수 있었다. 간신히 목숨을 건진 피로스는 일리리아의 글라우키아스 왕에게 보내졌다. 글라우키아스는 아이아키다이와 원수지간인 카산드로스(알렉산드로스의 후계자 중 한 사람)가 두려워 아이를 어떻게 처리해야 할지 쉽게 판단을 내리지 못하고 있었다. 이때 엉금엉금 기어다니던 피로스가 왕궁에 있던 신의 제단 한 귀퉁이를 잡고 일어섰다.

"걷지도 못하는 어린아이가 신전을 붙들고 일어서는 것을 보니 좋은 징조임에 틀림없다."

글라우키아스는 피로스를 왕비에게 건네주며 다른 아이들과 함께 왕가의 한 가족으로 기르도록 했다. 나중에 카산드로스가 사람을 보내 큰

● **데우칼리온과 피라**

데우칼리온은 인간에게 불을 훔쳐다 준 프로메테우스의 아들이다. 그는 에피메테우스와 판도라의 딸 피라를 아내로 맞아 평화롭게 살고 있었다. 어느 날 제우스가 올림포스의 신들을 모아 놓고 온갖 사악한 짓을 하고 있는 청동족들을 일시에 없애 버리기 위해 지상에 대홍수를 일으키라고 명했다. 프로메테우스는 데우칼리온에게 방주를 만들라고 미리 일러 주었고, 홍수가 닥친 후 오직 두 사람만이 살아남았다. 그들은 테미스 여신의 신전에 가 간절히 기도했고 "눈을 가리고 어머니(대지의 여신 가이아)의 뼈를 어깨 너머로 던지라"는 명령을 받았다. 이들은 눈을 가린 채로 산중턱의 돌멩이를 주워 어깨 너머로 던졌다. 그러자 데우칼리온이 던진 돌멩이는 남자가, 피라가 던진 돌멩이는 여자가 되었다. 이렇게 태어난 이들이 바로 헬레네, 즉 그리스인의 조상이다.

돈을 줄 테니 피로스를 돌려 달라고 했지만 그는 한마디로 거절했다.

글라우키아스는 피로스가 열두 살이 되었을 때 에페이로스로 쳐들어가 그에게 왕위를 되찾아 주었다. 피로스는 왕다운 모습이라기보다는 사람들에게 공포심을 느끼게 하는 외모였다. 사람들 사이에는 흰 수탉을 제물로 바친 다음,* 피로스 왕의 오른발로 비장(위)을 누르면 아프던 비장이 감쪽같이 낫는다는 소문이 돌았다. 그처럼 그의 오른쪽 엄지발가락에 신적인 효험이 있다는 말이 떠돌았다. 왕은 아무리 비천한 사람이라 할지라도 자신에게 병을 고쳐 달라고 찾아오면 거절하지 않았다. 또한 왕이 죽은 후 시신을 화장하였으나 발가락은 타지 않고 고스란히 남았다고 한다.

데메트리오스와의 동맹

피로스가 왕위에 오르고 몇 년이 지나자 에페이로스 왕국은 안정을 되찾게 되었다. 그 무렵 한때 같이 자랐던 글라우키아스의 아들이 결혼을 하게 되었다. 피로스는 결혼식에 참석도 하고 여행도 할 겸 잠시 나라를 떠나 있었다. 그러자 그가 왕궁을 비운 틈을 타 몰로시아인들이 다시 반란을 일으켜 피로스의 측근들을 몰아내고 네오프톨레모스를 새

---

* 그리스인들은 의술의 신 아스클레피오스에게 수탉을 바치는 관습이 있었다. 죽은 사람까지도 살려낸다 하여 많은 이들이 그를 숭배했다.

왕으로 내세웠다. 불시에 나라를 빼앗기고 오갈 데가 없게 된 피로스는 자신의 매형인 데메트리오스 1세(BC 336~283년)**를 찾아가 기회를 엿볼 수밖에 없었다.

피로스는 데메트리오스와 함께 입소스 대전***에 참가했다. 피로스는 나이는 어렸지만 마주치는 적을 모두 물리치며 그 용맹함으로 이름을 떨쳤다. 그러나 데메트리오스는 이 전쟁에서 패하여 결국 프톨레마이오스 1세(BC 367~283년)****와 휴전을 하게 되었다. 그리고 피로스는 평화협정을 담보하는 인질로 이집트의 알렉산드리아로 끌려가게 되었다.

피로스는 자신보다 신분이 낮거나 능력이 부족한 사람들에게는 관심을 보이지 않았지만 자신보다 뛰어난 사람에게는 환심을 사기 위해 노력했다. 그는 자신의 이해관계에 따라 처신하는 데 탁월한 능력이 있었다. 이집트에 머무는 동안 그는 프톨레마이오스의 왕비 베레니케가 많은 사람들의 존경을 받으며 막강한 권한을 지니고 있음을 알아차렸다. 사냥을 하거나 군사훈련을 할 때 그는 자신의 용맹함을 한껏 과시하며 왕비와 그 주변 사람들로부터 찬사를 받았다. 그리고 프톨레마이오스의 딸인 안티고네를 아내로 맞이했다. 그녀는 더없이 좋은 아내였다. 안티고네의 적극적인 도움으로 충분한 자금을 확보한 그는 군대를 모집하

** 알렉산드로스의 후계자 중 한 사람인 안티고노스 1세의 아들. 아버지가 죽자 마케도니아의 지배권을 두고 리시마코스, 프톨레마이오스, 피로스, 셀레오코스와 경쟁하게 된다.

*** BC 301년 알렉산드로스 사망 후 그의 후계자 자리를 놓고 일어난 전쟁. 이 전쟁 후 알렉산드로스의 대제국은 마케도니아, 시리아, 이집트 3왕국으로 분리되었다.

**** 알렉산드로스 휘하의 장군으로 있다가 대왕 사후에 이집트의 프톨레마이오스 왕조를 세웠다.

고, 왕위를 되찾으려 에페이로스로 진격했다.[*]

몰로시아인들이 내세운 네오프톨레모스 왕의 학정에 시달리고 있었던 에페이로스의 백성들은 피로스의 귀환을 열렬히 환영했다. 하지만 피로스는 네오프톨레모스가 주변의 나라들과 동맹을 맺고 자신에게 대항할 것을 두려워했다. 그래서 네오프톨레모스를 쫓아내지 않고 두 사람이 함께 에페이로스를 통치하기로 협정을 맺었다.

에페이로스의 두 명의 왕

에페이로스를 공동으로 통치하던 두 왕은 점점 사이가 나빠졌다. 시간이 지날수록 백성들 사이에서 네오프톨레모스를 제거하라는 원성이 높아졌고 두 사람 사이의 시기심도 늘어만 갔다. 그 무렵 네오프톨레모스의 측근인 겔로가 피로스의 시종인 미르틸루스에게 접근했다.

"그대가 피로스 왕에게 불만을 품고 있다는 사실을 알고 있소. 그를 독살한다면 그에 대한 보답은 우리 왕께서 충분히 하실 것이오."

미르틸루스는 겔로의 제안에 대해 적극적인 태도로 나섰다.

"당신의 계획에 따르겠소. 내가 피로스를 독살한 후의 일이나 잘 준

---

[*] 헬레니즘 시대의 왕비들은 엄청난 부와 지위를 누렸다. 그들의 의견은 왕의 결정에 영향력을 미칠 수 있었으며 군사적, 정치적 힘을 가지고 있었다. 왕위 계승자가 없을 때는 직접 통치를 하기도 했다.

비하시오."

겔로를 안심시킨 미르틸루스는 피로스에게 달려가 독살 음모를 낱낱이 고했다. 피로스는 아무 눈치도 못 챈 것처럼 행동하며 자신을 독살하려는 음모에 대해 더욱더 많은 증거를 확보하려 했다. 겔로와 네오프톨레모스는 모든 상황이 계획대로 진행되는 줄 알고 기쁨에 들떠 방심하게 되었다. 때가 되길 기다리던 피로스는 에페이로스의 장군들과 귀족들 그리고 백성들이 자신을 지지한다는 확신이 서자 가차 없이 네오프톨레모스와 그의 세력을 제거해 버렸다.

왕권을 확고하게 굳힌 피로스는 서서히 자신의 야심을 드러내기 시작했다. 그는 이웃나라들의 정세를 살피며 자신의 영토를 확장시킬 기회를 엿보고 있었다. 때마침 마케도니아에서 카산드로스의 아들 안티파테르가 어머니를 죽이고 동생 알렉산드로스(알렉산드로스 대왕과 다른 인물)를 추방하였다. 알렉산드로스는 피로스를 찾아와 도움을 청했다.

"기꺼이 당신을 도와드리겠소. 우리가 도와주는 대가로 마케도니아의 두 도시와 점령지 세 곳을 에페이로스에 넘겨주시오."

궁지에 몰린 알렉산드로스는 그 요구를 수락했고, 피로스는 군대를 이끌고 자신이 대가로 받을 지역부터 공략하여 점령한 후 안티파테르의 본거지를 공격하기 시작했다.

안티파테르로부터 지원병을 요구받은 리시마코스 왕(BC 355~281년)**

** 알렉산드로스 대왕 사후 트라키아 지방을 지배했다. 데메트리오스와 마케도니아 지배권을 두고 다투다가 승리했으나 BC 281년 리디아의 셀레우코스에게 살해 당했다.

은 자신의 군대를 보내는 대신 한 가지 계략을 꾸몄다.

"피로스는 프톨레마이오스 왕의 부탁이라면 절대로 거절하지 못할 것이다. 그에게 프톨레마이오스가 쓴 것처럼 꾸민 편지를 보내거라."

그들이 보낸 거짓 편지의 내용은 안티파테르에게 돈을 받고서 군을 철수시키라는 것이었다.

"프톨레마이오스 왕께서는 언제나 '아버지로부터 아들에게, 건강을 빌며…'라는 인사말을 쓴다. '프톨레마이오스 왕이 피로스 왕에게, 건강을 빌며…'라고 써 있는 이 편지는 분명 리시마코스가 조작한 것이다."

피로스는 그것이 리시마코스가 조작한 편지임을 금세 알아차렸지만 일단 큰 싸움을 필하는 것이 유리할 것이라 생각하고 리시마코스에게 휴전협정을 맺자고 제안했다.

마케도니아와의 전쟁

알렉산드로스의 일이 피로스에게 유리한 상황으로 진전될 무렵 예기치 않은 일이 발생했다. 뒤늦게 알렉산드로스를 돕겠다고 나섰던 데메트리오스가 그를 살해하고 자신이 마케도니아의 왕이라고 선포했던 것이다. 한때는 가까운 사이였지만 테살리아 지방을 사이에 두고 빈번히 충돌을 일으켰던 두 사람은 마침내 전쟁을 피할 수 없는 지경에 이르렀다. 대제국을 건설하려는 야심을 품고 있던 이들은 서로에게 피할 수 없는 장애물이었던 것이다. 데메트리오스가 먼저 에페이로스를 공격했고 피로스는 즉시 군대를 이끌고 그와 맞서기 위해 출정했으나 두 사람은 길이 엇갈려 마주치지 못했다.

마케도니아의 중심지까지 진격한 피로스는 판타우쿠스와 마주치게 되었다. 그는 데메트리오스의 진영에서 가장 용맹한 장군이었다.

"두렵지 않다면 일대일로 싸워 승부를 가리는 것이 어떻겠소?"

당대의 어느 왕보다 용맹하다고 자처하던 피로스는 판타우쿠스의 제안에 두말하지 않고 대열을 박차고 나가 그와 일전을 벌였다. 처음에 두 사람은 창을 가지고 싸웠으나 승부가 나지 않자 다시 칼을 들고 접전을 벌였다. 피로스가 먼저 상처를 입었지만 곧바로 반격하여 판타우쿠스의 허벅지와 목에 상처를 입히고 넘어뜨렸다.

"지난날 그대로부터 받은 은혜를 생각하여 죽이지는 않겠소."

피로스가 칼을 높이 치켜들며 자신의 승리를 선언하자 에페이로스의 병사들은 함성을 올리며 적을 쳐부수기 시작했다. 나이 든 마케도니아의 병사들은 피로스의 용맹한 모습에 감탄하며 과거에 대제국을 건설했던 알렉산드로스 대왕에 버금가는 장수라고 칭찬했다. 마케도니아의 병사들은 그에게 진 것에 대해 원통해하지 않았으며 오히려 존경과 숭배의 마음을 갖게 되었다.

전술과 무술의 명장

피로스는 항상 전쟁과 관련된 것에만 온 신경을 집중했고, 늘 새로운 전술을 연구하고 개발했다. 그 밖의 것은 아무리 중요한 일이어도 관심을 두지 않았다. 피로스가 구사했던 병법이 얼마나 뛰어났는가는 그의 회고록과 전술에 관해 쓴 저술을 보면 알 수가 있다.

피로스는 전쟁에 임해서는 용맹무쌍했지만 성품은 본래 온화했다. 또한 은혜는 반드시 갚아야 한다고 생각하는 사람이었다. 돈은 죽은 다음에라도 후손이 대신 갚을 수 있지만 은혜는 은인이 살아 있을 때 갚지 못하면 소용없다고 여겼던 것이다.

한편으로 그는 너그러움과 여유를 지닌 왕이기도 했다. 암브라키아에 머물고 있을 때 피로스를 심하게 욕하고 다니는 자가 있었다. 신하들은 그를 추방하라고 권했다. 그러나 피로스는 이렇게 말하였다.

"차라리 내 곁에서 욕하는 것이 낫지, 온 세상을 돌아다니며 욕하는 것이 좋겠소?"

또 한번은 몇몇 병사들이 술에 취해 피로스에 대한 욕을 하다가 잡혀왔다.

"너희가 나에 대해 욕을 했다고 하던데, 그것이 사실이냐?"

피로스가 심문하자 술에 취한 병사들 중 한 명이 대답했다.

"그렇습니다. 모두 사실입니다. 그리고 술을 조금 더 마셨다면 더 심한 욕을 했을 것입니다."

이 말을 들은 피로스는 크게 웃으며 그들을 풀어 주도록 했다.

피로스는 아내인 안티고네가 죽은 후 정치적인 이유로 여러 명의 아내를 맞았으며 자식들도 많이 두었다. 그는 자식들을 잘 훈련시켜 훌륭한 군인으로 만들었다. 아들들이 아직 어렸을 때 왕위를 어느 아들에게 물려줄 것인지를 묻는 말에 피로스는 간단하게 대답했다.

"칼을 가장 훌륭하게 쓰는 아들에게 물려줄 생각이오."

그의 말은 오이디푸스가 자신의 아들들에게 '제비뽑기 대신 칼로 유산을 가르도록 한다'고 했던 비극적인 상황과 유사하다. 그러나 당시 사람들은 피로스의 모습과 용맹함, 전술기법에서 알렉산드로스 대왕의 모습을 보았다고 하나같이 입을 모았다.

입소스의 후예들과의 경쟁

마케도니아와의 싸움에서 승리를 거둔 피로스는 열렬한 환영을 받으며 에페이로스로 돌아갔다. 에페이로스 백성들은 그에게 영광을 바치는 의미로 '독수리'라는 칭호를 주었다.

얼마 후 데메트리오스가 위독하다는 소식을 들은 피로스는 돌연히 마케도니아를 공격했다. 마케도니아 사람들은 거의 아무런 저항도 하지 않고 피로스에게 속속 투항해 왔다. 금방이라도 마케도니아 전체가 정복될 것 같았다. 그러나 위기를 맞은 데메트리오스가 자신의 모든 병력을 모아 사생결단으로 대항하자 피로스는 최후의 결전보다는 휴전을 택했다.

데메트리오스는 피로스와 휴전협정을 맺는 대신 10만의 병사와 500척의 군함을 준비하며 병력이 약한 주변국들을 압박했다. 그 위세에 눌린 주변 국가의 왕들은 피로스에게 편지와 사신을 보냈다.

"데메트리오스의 군대가 이번 전쟁에서 승리하여 그 힘이 막강해지도록 내버려 두는 것은 어리석은 일이오. 그는 곧바로 당신을 치려 할 것이오. 지금이야말로 마케도니아를 점령할 수 있는 유일한 기회라 할 수 있소."

그들은 피로스를 설득한 후 군대를 일으켰다. 그러고는 마케도니아의 여러 지역을 공격하며 데메트리오스의 전쟁 준비를 방해했다.

피로스는 마케도니아를 공략하기 시작했다. 데메트리오스는 다른 지역을 방어하기에 바빠 피로스에 대한 방비를 소홀히 하고 있었다.

공격을 시작한 그날 밤 피로스의 꿈에 알렉산드로스 대왕이 나타났다. 병석에 누워 있던 알렉산드로스 대왕은 피로스에게 도움을 주겠노라는 약속을 했다.

"병석에 누워 계신 대왕께서 어떻게 저를 돕겠다는 말씀이십니까?"

알렉산드로스 대왕은 명마에 올라타며 마치 길을 안내하는 듯이 앞서며 말했다.

"내 이름으로 너를 도와주겠다."

꿈에서 깨어난 피로스는 용기백배하여 마케도니아 남부의 주요 도시인 베로이아를 점령하고 군 본부로 삼았다. 그리고 주변의 여러 지방에 자신의 부하 장군을 보내 공격하도록 했다.

베로이아가 함락되었다는 소식을 들은 데메트리오스는 군대를 즉시 베로이아로 돌렸다. 그러나 피로스의 진영에 가까이 왔을 때 그는 백성들의 마음이 돌아서고 있다는 것을 알게 되었다.

"데메트리오스는 사치스럽고 포악한 왕이다. 반면에 피로스 왕은 포로로 잡힌 우리들에게 얼마나 잘해 주고 있는가. 피로스 왕이야말로 진정한 전사이며 도저히 이길 수 없는 명장이다. 시민들을 아끼고 군인을 사랑하는 피로스를 우리의 왕으로 모셔야 한다."

이러한 소문을 듣자 데메트리오스의 병사들도 크게 동요되었다. 피로스를 찾아가 엎드려 항복하며 그를 왕으로 모시겠다고 맹세하는 병사들이 차츰 늘어만 갔다. 어떤 병사들은 데메트리오스를 향해 이제 그만 항복하고 왕위를 내놓는 것이 좋을 것이라고 말하기도 했다. 군부에서 반란이 일어나기 직전이라는 것을 직감한 데메트리오스는 재빨리 병사의 차림으로 변장하고 도망쳐 버렸다. 피로스는 칼 한 번 휘두르지 않고 적의 진지를 정복하고 많은 사람들의 환호 속에 마케도니아의 왕위에 오르게 되었다.

끝없는 싸움

피로스가 마케도니아의 왕위에 오르자 마케도니아의 북부를 공략하던 리시마코스가 자신의 몫을 요구했다.

"데메트리오스를 내쫓고 마케도니아를 점령할 수 있게 된 데에는 분명 나의 공도 있소이다. 그러니 마케도니아의 일부를 내게 넘겨주시오."

피로스는 마케도니아인들이 자신에게 얼마나 충성할 것인지에 대해 확신을 가질 수 없었다. 그는 리시마코스의 제안을 받아들여 마케도니아의 몇몇 지방과 도시를 넘겨주었다.

그러나 이것은 끝없는 싸움의 시작일 뿐이었다. 인간의 야심은 한이 없는 것이어서 바다와 하늘 그리고 사람이 살지 않는 사막까지 다 준다해도 충족될 수 없기 때문이다. 더구나 원대한 야심을 품고 있는 왕들이 지배하는 두 나라가 가까이에 이웃하고 있는 한 평화를 기대하기란 불가능했다. 그들은 세상에 떠돌아다니는 화폐처럼 흔하게 '평화'를 말했지만 그것이 정의를 뜻하는 것은 아니었다. 그들은 언제나 전쟁 상태에 있는 것을 편안해했으며 정의롭다고 생각했다.

마케도니아에서 패배한 후 피로스와 평화협정을 맺게 된 데메트리오스는 시리아를 정벌하기 위해 아시아로 떠났다. 피로스는 데메트리오스가 원정을 떠나자마자 테살리아인들을 선동하여 반란을 일으키게 했다. 그리고 자신도 군대를 이끌고 그리스에 있던 데메트리오스의 점령지들을 공략했다.

"마케도니아인들은 전쟁을 하고 있어야만 문제를 일으키지 않는다."

피로스는 전쟁만이 마케도니아인들의 충성을 유지하는 방법이라고 생각했고, 그 자신도 전쟁을 하지 않고는 가만있지 못하는 성격이었다. 결국 아시아로 원정을 떠난 데메트리오스는 도저히 다시 재기할 수 없을 정도로 패하고 말았다. 리시마코스로서는 경계해야 할 적이 한 명 없어진 것이었다. 리시마코스는 즉시 피로스를 공격했다. 그는 피로스 군의 보급로를 차단하여 피로스를 곤경에 빠뜨린 후 온갖 방법을 동원하여 마케도니아의 동족애를 충동질했다.

"나는 알렉산드로스의 친구이며 진정한 마케도니아 사람이다. 나를 왕으로 삼는 대신 마케도니아의 종이었던 자의 후예를 왕으로 섬기는 것은 있을 수 없는 일이다."

그의 선동은 적중하여 많은 마케도니아 병사들이 그의 진영으로 넘어갔다. 사태가 불리하게 돌아간다는 것을 알아차린 피로스는 할 수 없이 병사들을 이끌고 마케도니아를 떠나 에페이로스로 돌아왔다(BC 283년). 피로스는 자신이 마케도니아를 얻었을 때와 똑같은 방법으로 마케도니아를 잃게 되었다. 한때는 자신을 왕으로 섬기던 백성들이 이제는 그를 버린 것이다. 그러나 자신들의 이해 관계에 따라 왕을 배신하는 백성들을 나무랄 수는 없었다. 백성들의 이와 같은 행동은 왕들의 행태를 보고 배운 것이기 때문이다.

로마의 등장과 피로스의 대결

피로스는 마케도니아를 잃었으나 에페이로스를 다스리며 평화롭게 살 수 있었다. 그러나 그는 〈일리아스〉에 묘사된 아킬레우스처럼 편안하게 살 수 없는 사람이었다.

'아, 슬프고 나른하기 짝이 없구나.
전투를 갈구하여 전쟁에만 몰두하니……'

끊임없이 분쟁거리를 찾고 있던 피로스에게 마침내 기회가 찾아왔다. 그리스의 식민시이며 이탈리아 반도 남쪽의 부강한 도시인 타렌툼*과 로마 사이에 전쟁이 벌어졌던 것이다. 타렌툼은 경제적으로는 부유했지만, 이탈리아 반도를 정복하며 세력을 넓히고 있던 로마에 대항할 만한 군대가 없었다. 그들은 이웃나라의 왕들 중에서 가장 한가한 시간을 보내고 있으며 용맹하기로 이름난 피로스에게 전쟁을 대신해 달라고 부탁했다.**

---

* BC 8~6세기경 스파르타인들이 세운 식민도시. 천연의 항구도시로 오랫동안 번영을 누렸으며 본국 그리스가 쇠퇴하는 동안에도 계속 번영했다. 그리스와 정치적 유대관계 없이 독자적인 체제를 유지했다.

** 알렉산드로스 대왕의 정복으로 헬레니즘 문명은 지중해 동쪽을 지배했지만 그의 갑작스러운 죽음은 지중해 서쪽으로의 진출을 좌절시켰다. 알렉산드로스의 후예라 칭송받은 피로스의 타렌툼 진출은 대왕이 이루지 못한 지중해 서쪽 정벌의 업적을 이어받는 것이었다. 그리고 그것은 새로운 문명을 만들어 내고 있던 로마와의 충돌을 야기했다.

156

타렌툼에는 피로스를 끌어들이는 것을 반대하는 사람들도 많았다. 그러나 정치인들은 로마와 평화협정을 맺을 경우 자신들의 지위가 불안해질 것이 두려워 피로스를 끌어들이기 위해 온갖 수단을 다 동원했다. 결국 타렌툼의 정치인들은 전쟁에 반대하는 세력을 누르고 피로스에게 사절단을 보냈다.

"로마의 야만인들로부터 그리스를 지켜 내기 위해서는 피로스 왕처럼 용맹하며 경험 많은 장군이 필요합니다. 우리는 2만의 기병과 35만의 보병을 제공하고 최선을 다해 돕겠습니다."

그들이 제시한 조건은 피로스를 자극하기에 충분했으며 에페이로스의 군인들도 원정대를 보내는 일에 동조했다. 그러나 에페이로스 전체가 전쟁을 원했던 것은 아니었다. 이즈음 에페이로스에는 대웅변가 데모스테네스에게 웅변을 배워 뛰어난 웅변술로 이름을 날리던 키네아스가 있었다. 그는 에우리피데스의 시구가 진리라는 것을 웅변으로 보여 주는 사람이었다.

정복자가 창과 칼로 이룩할 수 있는 일이라면
그것이 무엇이든
말[言語]로도 충분히 이룩할 수 있다.

피로스는 '내가 무력으로 얻은 도시보다 키네아스의 말로 얻은 도시가 더 많다'고 할 정도였다. 키네아스는 이탈리아 원정 준비로 바쁜 피로스를 찾아왔다.

"전하, 로마는 대단히 호전적인 나라라고 합니다. 만약 그런 나라를 물리칠 수 있게 된다면 그 다음에는 무엇을 하실 생각이십니까?"

"물을 필요도 없는 말이 아닌가. 로마를 정복하게 된다면 그리스인이건, 다른 야만인들이건 우리에게 저항할 수 있는 나라는 더 이상 없는 것이 아닌가. 그렇다면 이탈리아는 우리의 차지가 되는 것이지."

피로스의 말을 묵묵히 듣고 있던 키네아스는 잠시 후 다시 물었다.

"그럼 이탈리아를 정복하신 다음에는 무엇을 하시렵니까?"

피로스는 키네아스가 묻고자 하는 것이 무엇인지를 알 수 없었다.

"이탈리아 옆에는 아주 부유한 시칠리아가 있지 않은가? 그곳은 지금 온 나라가 혼란에 빠져 있으니 손에 넣기에 수월하지 않겠는가?"

"그렇지요. 그럼 시칠리아를 정복한 다음에는?"

"인간에게 승리를 안겨 주는 것은 오직 신만이 하시는 일이지만 지금까지 이야기한 것은 더 큰 정복의 서막에 지나지 않는 것이오. 그러니 계속해서 카르타고와 리비아도 정복해야겠지. 이 나라들을 모두 정복한다면 우리에게 덤빌 자는 하나도 없을 것이오."

"그렇겠지요. 그렇게 된다면 마케도니아와 그리스 전체를 지배하시게 되겠지요. 그러면 그다음에는 무엇을 하시렵니까?"

피로스는 크게 웃으면서 대답했다.

"그야, 편안히 쉬면서 날마다 즐거운 이야기나 나누지 뭐……."

그러자 이렇게 이야기를 끌어온 키네아스는 말했다.

"전하는 지금도 편안히 쉬면서 즐거운 이야기를 나누실 수 있습니다. 아무런 노력과 고통 그리고 위험 없이도 이미 그렇게 할 수 있는데 무엇 때문에 고생을 하시려고 합니까?"

대화를 통해 키네아스는 피로스에게 전쟁에 대해 다시 생각해 보는 계기는 만들어 주었지만 그의 정복욕을 버리게 하지는 못했다.

천하태평인 타렌툼 사람들

피로스는 3천 명의 군사와 키네아스를 먼저 타렌툼으로 보냈다. 그리고 자신은 타렌툼에서 보내 준 선박에 코끼리 20마리, 기병 2만, 보병 2만, 궁수 5백 명을 싣고 출항했다. 타렌툼으로 가던 피로스의 군대는 바다 한가운데에서 심한 풍랑을 만나 배가 난파되었다. 간신히 타렌툼에 도착했을 때, 피로스에게는 코끼리 2마리와 약 2천 명가량의 병사만이 남아 있었다.

타렌툼에 도착한 피로스는 그곳 사람들의 태평한 분위기에 놀랐다. 그들은 전쟁은 자신들과 상관없는 일이라는 태도로 지내면서, 무조건 피로스가 잘 싸워 줄 것이라고 생각하고 있는 듯했다. 특별한 조치가 필요하다고 느낀 피로스는 제일 먼저 공연장과 목욕탕 그리고 운동장을 폐쇄했다. 그리고 모든 연회를 금하고 이에 응하지 않은 사람들에게는 엄한 벌을 내렸다. 일부 사람들은 이러한 조치에 화를 내며 도시를 떠나 버리기도 했다.

피로스의 원군은 아직 도착하지 않았는데 로마의 장군 라이비누스가 이끄는 군대가 루카니아 부근까지 쳐들어왔다. 피로스는 판도시아와 헤라클레아로 나아가 두 도시 사이에 있는 평야에 총지휘 본부를 세웠다. 로마군은 강 건너편에 진을 치고 있었다. 피로스는 질서정연한 로마군의 진영을 보고 깜짝 놀랐다.

"흠, 야만인으로만 알고 있었는데 군기를 보니 그렇지도 않은 것 같군. 싸움은 얼마나 잘할까?"

적의 진영을 살펴보다 불안함을 느낀 피로스는 동맹군이 다 도착할 때까지 기다리기로 결정했다. 그러나 로마군은 동맹군이 오기 전에 공격을 시작했다.

로마의 보병과 기병이 동시에 강을 건넜다. 강을 건넌 로마군은 방패를 든 기병을 선두로 하여 열을 맞추어 서서히 공격해 왔다. 피로스는 전군에 명령을 내리고 자신이 직접 군대를 지휘했다. 휘황찬란한 갑옷을 입고 선두에서 적과 맞붙어 싸우는 그의 모습은 로마군에게 두려움을 주기에 충분했다. 병법의 천재답게 피로스는 몸소 적과 싸우면서도 전체의 전황을 정확하게 읽고 있었다. 따라서 전세가 기우는 쪽에는 신속하게 병사들을 증원시켜 상황을 유리하게 이끌었다.* 밀고 밀리는 공

---

* 피로스가 사용한 전술은 공격해 오는 로마군의 좌우를 코끼리 떼로 기습한 다음, 기병대가 로마군의 배후로 돌아가 포위하는 것이었다. 피로스는 앞장서서 싸우면서도 시시각각으로 변하는 전투의 전모를 누구보다 먼저 파악하는 능력이 있었다.

160

방을 펼치던 전투는 코끼리에 의해 판가름이 났다. 이 전투에서 처음으로 코끼리를 본 로마군의 말들이 겁에 질려 병사들을 태운 채로 마구 도망치는 바람에 로마군은 순식간에 혼란에 빠졌다. 피로스는 이 혼란을 틈타 많은 수의 적군을 물리칠 수 있었다.

로마의 손실도 대단했지만 피로스 측의 피해도 만만치 않았다. 게다가 피로스는 상당수의 정예부대까지 잃었다. 그러나 피로스는 로마군이 버리고 간 진영을 점령하고 로마와 동맹을 맺고 있던 주변 지방을 차례차례 정복하면서 로마를 압박해 들어갔다. 로마에서 60킬로미터쯤 되는 곳까지 진격했을 때에야 동맹군이 그를 돕기 위해 도착했다.

지중해의 강자 로마의 승리

로마는 피로스와의 전쟁에서 지고 돌아온 집정관** 라이비누스를 해임하지 않았다. 그들은 로마군이 약해서 진 것이 아니라 적군인 피로스 장군이 뛰어났기 때문이라고 생각했다. 그래서 대규모의 군대를 모아 피로스와 다시 싸우려는 의지를 굳혔다.

적군의 규모에 당황한 피로스는 로마에 사절을 보내 휴전협정을 맺으려고 시도했다. 피로스는 키네아스를 대표로 삼아 사절단을 파견했

** 로마의 정치체제는 집정관, 원로원, 민회에 의한 공화정 체제였다. 로마는 2명의 집정관을 뽑아서 군사, 행정의 최고 지휘권을 주었으며 속주를 통치할 수 있게 했다. 임기는 1년이다.

다. 키네아스는 로마의 지도자들에게 피로스가 보내는 선물을 전달하며 설득하려 했다.

"피로스 왕께서 바라시는 것은 로마와의 우정과 타렌툼의 안전뿐이오. 협정이 맺어지면 아무 대가 없이 포로들을 돌려줄 생각입니다."

처음에는 아무런 반응을 보이지 않던 로마의 원로원들은 강대해진 피로스를 겁내는 시민들의 의견에 동요되어 휴전을 표결에 부치려 했다. 이때 이탈리아 제패를 위해 아피아 가도*의 건설을 처음으로 주장했던 아피우스 클라우디우스가 반대하고 나섰다. 그는 나이가 들어 기력이 쇠해 있었으며 눈도 보이지 않을 정도였다. 그러나 그는 병약해진 몸을 이끌고 원로원에 들어섰다.

"존경하는 원로원 여러분, 나는 눈이 멀게 된 것을 무척이나 슬퍼했습니다. 그런데 지금은 귀가 먹지 않은 것을 슬퍼합니다. 지금 로마가 수치스럽게도 휴전을 하려고 한다는 소식을 들었기 때문입니다. 우리의 조상들은 알렉산드로스가 로마에 쳐들어온다 해도 문제없이 격퇴시킬 수 있다고 장담했던 사람들이었습니다. 그때의 정기는 다 어디로 갔습니까? 여러분들은 지금 한때 알렉산드로스의 졸개에 지나지 않았던 몰로시아인을 두려워하고 있습니다. 그는 마케도니아도 지키지 못했던 사람입니다. 그런 그와 로마가 휴전을 한다면 많은 로마의 적들이 로마를 마음껏 비웃을 것입니다."

---

* 군사적인 목적으로 건설된 로마의 도로. 이탈리아 전 국토를 연결한다. BC 145년에는 소아시아에서 페르시아의 수도까지 이르렀다.

그의 웅변에 감동한 로마인들은 키네아스의 제안을 거절하기로 결의했다.

"피로스 왕이 군대를 이끌고 이탈리아에서 물러난다면 동맹국으로서 대우해 주겠지만 그대로 눌러앉아 있겠다면 전력을 다해 싸울 것이오."

키네아스는 협상을 진행하는 동안 로마인들의 생활방식을 유심히 관찰하고 로마인들의 통치방식을 이해하려 노력했다. 그리고 피로스에게 돌아갔을 때 자신이 보고 들은 것을 전했다.

"로마에는 원로원이라는 많은 왕들의 모임이 있습니다. 또한 시민들은 마치 레르나의 히드라**와 같아서 지난번에 물리친 병력의 두 배나 되는 엄청난 군대를 동원하고 있습니다."

그 무렵 피로스의 시의(궁중 의사) 중 한 명이 피로스를 독살하겠다는 내용을 담은 편지를 갖고서 로마를 방문했다.

"피로스 왕을 독살해 더 이상 전쟁이 나지 않도록 하겠소. 그것에 대한 보답만 적절하게 해 주시오."

그러나 용맹함과 정직함으로 명성을 얻고 있던 로마의 집정관 파브리키우스는 즉시 피로스에게 편지를 보냈다.

"왕께서는 자신의 적이 누구이고, 친구가 누구인지를 모르고 계시는 것 같습니다. 여기에 동봉한 편지를 읽으시면 왕께서는 선한 사람들과 싸우고 있으며, 악하고 믿지 못할 무리들과 친하게 지내고 있다는 사실을 깨닫게 될 것입니다. 이 사실을 알려드리는 것은 암살과 음모로 전

** 헤라클레스가 물리친 머리가 아홉 개인 뱀. 머리를 하나 자르면 그때마다 배로 늘어났다.

쟁을 끝내고 싶지 않기 때문입니다."

파브리키우스의 편지를 받은 피로스는 자신을 제거하려던 시의를 처형한 후 로마에 대한 보답으로 포로들을 돌려보내고 다시 휴전을 제의했다. 그러나 로마는 음모에 가담하지 않은 것에 대한 보답으로는 너무 과하다고 생각하여 자기들 진영에 붙잡혀 있던 포로들을 석방했다. 하지만 피로스가 에페이로스로 돌아가지 않는 이상 휴전에는 응하지 않겠다고 했다.

로마군과 다시 전쟁을 하게 된 피로스는 두 번이나 로마군을 물리쳤다. 그러나 전투를 하면 할수록 피로스의 손실도 커져만 갔다. 전투가 끝난 다음 한 측근이 승리에 대해 축하 인사를 하자 피로스는 이렇게 응수했다.

"로마군과 다시 한 번 싸워 이렇게 이기다가는 우리는 완전히 망하고 말 것이오."

피로스가 이끌고 온 군대에는 자신의 친구들과 동료 장군들도 있었다. 그러나 이제 그들은 모두 전사했으며 본국에는 더 이상 지원해 줄 군대도 없었다. 게다가 동맹군들도 하나둘씩 대열을 이탈하고 있었다. 반대로 로마는 더욱 많은 군사들을 보충하며 전쟁의 결의를 다지고 있었다. 피로스로서는 너무나 불리한 상황이었다.

새로운 전쟁터 시칠리아

이처럼 어려운 상황에 빠져 있을 때 피로스에게 새로운 희망과 목표가 생겼다. 먼저 카르타고*의 침입과 학정으로 시달리고 있던 시칠리아에서 사절단을 보내왔다.

"시라쿠사(시칠리아에 세워진, 그리스 식민도시)를 비롯한 세 도시를 드릴 테니 카르타고를 내쫓아 주십시오."

그와 동시에 그리스로부터도 사절단이 왔다.

"프톨레마이오스 왕이 갈리아인과 싸우다 전사했습니다. 지금이야말로 마케도니아의 왕이 될 수 있는 좋은 기회입니다."

피로스는 한꺼번에 두 가지 좋은 일이 생긴 것에 대해 불평하면서 카르타고와 가까운 시칠리아로 가기로 결정했다. 시칠리아에서는 만반의 준비를 해 놓고 피로스가 오기만을 기다리고 있었다. 피로스는 보병, 기병, 군선 등을 이끌고 카르타고군을 공격했다.

피로스는 병력도 많고 가장 강한 에릭스를 공략하기에 앞서 완전무장을 한 채로 집결해 있는 군대 앞으로 나갔다.

"이번 전투에서 아킬레우스의 후손답게 전승을 하여 대군을 지휘할 진정한 장군임을 증명하게 된다면, 헤라클레스신을 위해 운동경기 대회를 열고 제사를 지내도록 하겠다."

---

* BC 6세기경 지중해를 중심으로 한 해상권을 장악했다. 시칠리아를 둘러싸고 약 3세기 동안 그리스인과 충돌을 되풀이했으나 피로스의 개입으로 지배권을 잃게 된다.

그의 말이 끝나자 피로스의 군대는 공격 나팔 소리를 드높이며 에릭스로 진격했다. 피로스군의 기세에 눌린 적들은 사방으로 도주하기 시작했다. 피로스는 누구보다도 먼저 성벽 위에 올랐다. 그가 지나치는 곳에는 칼에 찔린 시체가 즐비했으며 그 모습을 본 적군들은 겁에 질려 도망치기에 바빴다. 피로스의 용맹함은 '모든 미덕 중에서 오직 용기만이 신과 통하는 길'이라는 호메로스의 말이 진리임을 증명하는 듯했다. 그는 도시를 함락시킨 후 헤라클레스 신에게 가장 성대한 제사를 올리고 운동회를 개최했다.

피로스는 멈추지 않고 메세네로 진격하여 카르타고와의 본격적인 전쟁에 돌입했다. 그러자 기세에 눌린 카르타고인들은 휴전을 제의했다.

"휴전을 해 주신다면 공물을 바치고 선박도 제공하겠습니다."

그러나 피로스는 카르타고가 시칠리아에서 완전히 철수하지 않는 한 휴전은 이루어질 수 없다고 했다. 처음부터 그의 목표는 시칠리아가 아니었던 것이다. 그의 진정한 목표는 카르타고를 정복하는 것이었다. 그는 이 원정을 위한 전쟁 물자를 확보하기 위해 시칠리아의 여러 시들을 억누르기 시작했다. 그는 차츰 전제군주적인 성향을 드러냈다.

그리스의 식민도시들은 서서히 피로스의 태도에 불만을 품게 되었다. 다른 대안이 없었으므로 피로스에게 복종하긴 했지만 차츰 피로스를 원수처럼 생각하게 되었으며, 심지어는 카르타고와 다시 동맹을 맺으려는 움직임도 생겨났다. 도처에서 반란이 일어났으며 피로스를 쫓아내려는 세력이 점점 그 힘을 키워 가고 있었다.

이때 타렌툼에서 급한 소식이 전해졌다.

"로마의 공격으로 인해 전멸하기 직전입니다. 이제 도시를 지킬 수 없는 지경에 이르렀으니 빨리 돌아오십시오."

그리스인들로부터 미움을 받고 있던 피로스는 시칠리아를 정복하려던 계획을 포기하고 허겁지겁 이탈리아로 철수할 수밖에 없었다. 그는 시칠리아를 떠날 때 섬을 돌아보며 측근들에게 말했다.

"로마인과 카르타고인들을 위해 훌륭한 전쟁터를 남겨 두고 간다."

그리고 오래지 않아 그의 말대로 되었다고 한다.*

잇따른 원정의 실패

군선을 타고 타렌툼으로 건너오는 동안 피로스는 카르타고군의 추격을 받아 많은 병력을 잃었다. 게다가 그를 앞질러 이탈리아에 도착해 있던 마메르티네군의 공격을 받아 많은 피해를 입고서야 타렌툼에 도착할 수 있었다.

타렌툼에 도착한 피로스는 쉴 새도 없이 로마와의 전투를 준비했다. 피로스는 자신의 군대를 둘로 나누었다. 한 부대는 루카니아로 보내어 그들이 로마군에게 원군을 보내지 못하게 막았다. 또한 자신은 로마의 마니우스 쿠리우스를 맞아 싸우기 위해 말벤툼(베네벤토)으로 진격했다.

---

* 로마와 카르타고 간에 세 번에 걸쳐 일어난 포에니 전쟁을 말한다(BC 264~146년).

피로스는 동이 트기 전에 로마군을 기습할 생각으로 밤중에 길을 나섰다. 그러나 도중에 부하들이 길이 잃는 바람에 많은 시간을 허비했으며 말벤툼에 도착했을 때는 날이 훤히 밝고 말았다. 로마군은 이미 피로스의 전술을 파악하고 있었으며 더 이상 코끼리도 두려워하지 않았다. 피로스가 미처 진형을 갖추기도 전에 마니우스는 공격을 시작했다. 전세는 로마군에게 유리하게 진행되었다. 설상가상으로 피로스가 우려하던 로마의 원군이 도착하자 피로스는 급히 후퇴해야만 했다.

전투는 로마군의 승리로 끝났다. 피로스를 물리친 로마는 지상에서 제일 강한 나라라는 명성을 얻게 되었으며 마침내 이탈리아 반도를 통일하고 시칠리아까지 정복할 수 있게 되었다.

피로스는 6년에 걸친 이탈리아와 시칠리아 원정에 실패하고 에페이로스로 돌아갔다. 그는 최고의 명장으로 이름을 떨쳤지만 헛된 욕심과 비현실적인 미래의 포부에 매달려 현재를 소홀히 했다. 그리고 그 대가를 톡톡히 치렀다.

역사가 안티고노스는 그를 한마디로 이렇게 평가했다.

"장기에 비유하자면 피로스는 차車는 잘 쓰지만 졸卒은 쓸 줄 모르는 사람과 같다."

이탈리아와 시칠리아 원정을 실패한 피로스에게 남은 병사는 보병 8천에, 기병 5백 명뿐이었다. 그러나 그는 여전히 전쟁을 통해 모든 일을 해결하려고 했다. 갈리아인들이 그의 뜻에 동조하자 피로스는 즉시 마케도니아를 공격했던 것이다. 마케도니아는 데메트리오스의 아들인 안티고노스가 왕위에 올라 통치하고 있었다.

　마케도니아군과 맞선 피로스는 자신의 운을 믿고 혼란에 빠진 적의 본진을 향해 나아갔다. 적들은 제대로 맞서 싸우지도 못하고 무너졌다. 마케도니아 장군들도 자신들의 병사를 이끌고 피로스에게 투항해 왔다. 안티고노스는 해안 쪽에 남아 있는 자신의 도시로 도망갔다. 피로스는 계속해서 해안에 있는 여러 도시들도 점령했다. 그리고 갈리아인들을 수비대로 삼았다. 그러나 갈리아인들은 본래 거친 민족이었다. 그들은 정복민들을 학대했으며 약탈을 일삼았지만 피로스는 그들의 그런 만행을 묵인했다.

그리스에서 마지막 전투

　마케도니아인들의 불만은 점점 높아졌고 안티고노스가 여전히 왕위를 내놓지 않은 상태임에도 피로스는 또 다른 전쟁을 하기 위해 원정을 떠났다. 스파르타인 클레오니무스가 피로스를 찾아와 스파르타의 왕위를 계승할 수 있도록 도와 달라고 요청했던 것이다. 왕위를 물려받기로 되어 있던 클레오니무스는 성질이 난폭하여 백성들로부터 신망을 잃고 있었다. 마침내 자신의 조카가 스파르타의 왕이 되자 격분한 그는 피로스에게 스파르타를 치도록 요청했던 것이다.

　피로스는 보병 2만 5천, 기병 2천, 코끼리 24마리의 대군을 거느리고

스파르타로 향했다. 그에게는 또 다른 야망이 있었다. 스파르타가 있는 펠로폰네소스 반도를 정복하고 싶었던 것이다.

피로스는 메가라폴리스에 도착하여 스파르타의 사절단들을 만났다.

"나는 안티고노스의 억압으로부터 이 도시를 해방시키기 위해 온 것이오. 또한 나의 아들들을 스파르타식으로 훈련시켜 이 시대의 가장 훌륭한 왕으로 만들 생각이오."

이 말을 듣게 된 사절단들은 기분이 좋을 수밖에 없었다. 그들은 피로스 일행을 정중하게 맞았다.

사절단을 따라 스파르타 영토로 들어간 피로스는 전쟁 선언도 하지 않은 상태에서 약탈을 하기 시작했다. 스파르타인들이 항의하자 피로스는 이렇게 대답했다.

"내가 알기로는 스파르타인들이야말로 어떤 일을 계획할 때 사전에 이야기하지 않는다고 들었소."

그러자 사절단 중에서 한 사람이 이렇게 응답했다.

"만약 왕께서 신이라면 잘못이 없는 우리에게 해를 끼치시지는 않겠지요. 그러나 사람이라면 왕보다 더 강한 사람이 있을 것입니다."

스파르타인들은 그리스인 중에서도 가장 강하고 전투에 익숙한 민족이었다. 남녀를 막론하고 피로스에 대항하여 너무나 용감히 싸웠다. 결국 피로스는 스파르타와의 전투에서 아들을 잃었다. 그리고 자신도 아르고스에서 적의 진지 한복판에서 싸우다 말에서 떨어져 정신을 잃었다.

처음에 사람들은 그를 알아보지 못했지만 안티고노스의 부하 조피루스가 그를 알아보고 달려가 칼을 쳐들고 목을 베려고 했다. 피로스는 두 눈을 매섭게 뜨고 조피루스를 쏘아보았다. 피로스의 무서운 눈초리에 질려 벌벌 떨고 있던 조피루스는, 그가 적진에서 더이상 저항할 수 없다는 걸 안 후에야 겨우 그의 목을 내려칠 수 있었다(BC 272년).

로마인이 가장 두려워한 명장 한니발

Hannibal

BC 247~183?년

• • •

복수심으로 무장한 한니발

한니발의 아버지는 카르타고의 위대한 장군 하밀카르 바르카스였다. 당시 카르타고는 로마와 전쟁 중이었으며,* 제1차 포에니 전쟁의 패배로 로마에 대해 적개심을 품고 있었다.

제1차 포에니 전쟁을 겪은 한니발의 아버지 하밀카르는 히스파니아(에스파냐)로 이주하면서 9살 된 한니발을 데리고 갔다. 이때 하밀카르는 아들을 바알 신전으로 데리고 가 '로마에 복수를 하겠다'는 맹세를 하게 했다.

하밀카르는 히스파니아의 은광을 개발하여 막대한 재원을 확보하고

---

* 이탈리아의 중부에 위치한 로마는 BC 500~240년경 서지중해 지역으로 진출하려는 신흥세력이었다. 카르타고는 BC 800년경부터 바다를 장악하며 부를 쌓은 강대국으로 북아프리카 지역을 거점으로 히스파니아, 시칠리아로 세력을 넓히고 있었다. 두 나라 간에 세 차례의 전쟁이 일어나는데, 이것이 포에니 전쟁이다. 1차는 BC 264~241년, 2차는 BC 218~201년, 3차는 BC 149~146년 동안 계속되었다. 제2차 포에니 전쟁을 가리켜 '한니발 전쟁'이라고 부르기도 한다.

히스파니아를 정복하기 시작했다.** 그러나 한니발이 열여덟 살이 되던 해 하밀카르가 죽자 카르타고는 그의 사위 하스드루발을 후계자로 삼아 뒤를 잇게 했다. 하스드루발은 히스파니아의 동남부를 장악하여 '신카르타고(오늘날의 카르타헤나)'라는 도시를 세우고 바르카 가문의 거점으로 삼는 등 세력을 확장했다. 그러나 하스드루발이 자신의 노예에게 살해되자, 한니발은 정식으로 히스파니아의 총독으로 임명된다(BC 226년).

스물여섯 살이었던 한니발은 군대를 지휘할 충분한 능력을 갖춘 젊은이였으며, 카르타고는 그에게 군사 지휘권을 주었다. 한니발은 히스파니아의 공주 이밀케와 결혼하여 히스파니아의 지배권을 확실히 하는 한편, 에브로 강 주변의 부족들을 평정했다.*** 그는 아버지 앞에서 했던 맹세를 실행에 옮길 준비를 했다. BC 219년, 한니발은 로마의 지배하에 있던 사군툼(스파니아에 세운 그리스의 식민도시)을 공격함으로써 로마와의 전쟁을 시작했다. 당시 사군툼은 카르타고에 대항하기 위해 로마와 동맹관계를 유지하고 있었다. 따라서 사군툼에 대한 공격은 로마에 대한 선전포고와 다름없었다. 로마는 한니발에게 사절을 보내 사군툼 침략에 대해 항의했다. 그러나 한니발은 이를 무시하고 8개월에 걸친 포위전으로 사군툼을 함락시켰다.

** 이베리아 반도는 금과 은, 구리, 철을 비롯하여 포도주, 올리브 등이 풍부한 곳이었다.

*** 제1차 포에니 전쟁에서 로마에 패배한 카르타고는 BC 226년 히스파니아의 에브로 강 이북은 침략하지 않겠다고 로마와 협정을 맺은 바 있다.

알프스에서 갈리아까지

사군툼이 함락되자 로마는 마침내 카르타고에 선전포고를 했다. 이로써 로마와 카르타고 간에 제2차 포에니 전쟁이 시작되었다. 한니발은 일부 병력을 동생인 하스드루발에게 주어 히스파니아와 북아프리카 지역을 지키게 하고 이탈리아를 향해 출발했다. 그의 군대는 9만 명의 보병과 1만 2천 명의 기병, 그리고 상당수의 코끼리 부대로 이루어져 있었다. 한니발이 히스파니아를 정복할 것이라고 생각하고 있었던 로마는 한니발이 바다가 아닌 육로, 즉 피레네 산맥으로 향하고 있다는 뜻밖의 소식을 듣게 된다.

로마의 장군 푸블리우스 코르넬리우스 스키피오(? ~ BC 211년)*는 카르타고 군대가 피레네 산맥의 부족들을 제압하고 론 강으로 진격하자 그제서야 한니발이 알프스를 넘으려 한다는 것을 깨달았다. 그는 급히 히스파니아와 시칠리아를 수비하려던 로마의 군대를 이탈리아 북부로 불러들였다.

론 강에 이른 한니발은 일단 그곳에서 벌목한 나무로 뗏목을 만들어 병사들을 이동시켰다. 그러나 물살이 세기로 유명한 론 강을 넘었을 때 한니발의 군대는 출발했을 때보다 1만 명 이상이 줄어 있었다. 이번에

---

* 제2차 포에니 전쟁에서 한니발에 맞섰지만 번번히 실패했다. 그러나 훗날 그의 아들, 스키피오(BC 236~184년)는 아프리카 자마 전투에서 한니발을 물리쳐 로마 최대의 영웅이 되었으며, '아프리카 누스'라는 칭호를 얻었다.

는 알프스 산맥을 넘어가다 그곳에 사는 여러 부족들의 공격을 받게 되었다. 특히 갈리아족의 게릴라식 공격은 한니발의 병사들을 공포로 몰아넣었다. 그들은 높은 곳에서 돌을 굴리기도 하고, 숨어 있다가 기습을 하기도 했다. 한니발은 알프스를 넘는 길에 대해서는 누구보다 갈리아족이 많이 알고 있으리라 생각했다. 그래서 갈리아족의 족장들을 회유하여 자신의 편이 되게 했으며 길잡이로 그들을 이용했다.

알프스 정상에서 내려가는 길은 눈과 추위로 더욱 위험했다. 얼어붙은 길이나 눈 속에서 미끄러지기도 했고, 종종 산사태로 길이 봉쇄되어 눈을 치우는 동안 발이 묶이기도 했다. 그러나 알프스에 들어선 지 15일째 되는 날 마침내 한니발의 군대는 이탈리아로 진입했다.

이탈리아 전쟁, 트레비아 강의 전투

알프스를 넘은 한니발의 부대는 로마군을 대적하기에 턱없이 부족했다. 한니발의 군대와 4개 군단(코르넬리우스가 이끄는 2개 군단과 셈프로니우스가 이끄는 2개 군단)으로 형성된 로마군은 포 강에서 대치했다. 두 나라 군대의 최초 접전은 티치노 강 서쪽 평원에서 벌어졌다. 이 전투에서 한니발의 누미디아 기병대의 활약으로 코르넬리우스는 심한 부상을 입었으며 로마군은 플라켄티아로 퇴각했다. 이때 한니발의 기병대에 포위된 코르넬리우스를 구출한 사람은 훗날 아프리카누스라고 불리게 된 그의 아들이었다.

셈프로니우스와 코르넬리우스의 연합군은 플라켄티아 남쪽의 트레비아 강 왼쪽에서 한니발과 다시 맞부딪쳤다. 로마군은 중앙의 중무장 보병으로 한니발군의 중앙을 돌파하는 전략을 썼다. 그러나 한니발의 코끼리와 기병부대*가 로마군의 양쪽 날개를 격파했으며 로마군 뒤쪽에 숨겨둔 병사까지 합세하여 로마군을 포위하여 강 쪽으로 밀어붙였다. 이 공격으로 포위된 3분의 2 이상의 로마군이 죽었고 1만 명 정도만이 간신히 중앙을 돌파하여 달아났다(BC 218년). 이 승리로 포 강 주변의 갈리아족과 리구리아족이 모두 한니발의 동맹군이 되었으며 카르타고군에 편입되었다. 그러나 혹독한 겨울을 보내는 동안 한니발은 눈병에 걸렸다. 그 후 한니발은 결국 한쪽 눈을 잃게 된다.

BC 217년 봄, 한니발이 이탈리아 중부 아르노 강까지 진격하자 로마는 다시 4개 군단을 출동시켜 맞섰다.

한니발은 로마의 동맹인 에트루리아 주변을 약탈하면서 아레초에 있던 플라미니우스를 자극했다. 플라미니우스는 세르빌리우스의 군대와 페루자에서 합류하여 한니발을 저지할 작전을 세웠다. 그러나 한니발의 전략은 두 군대가 합류하기 전에 적을 섬멸하는 것이었다. 한니발은 플라미니우스가 세르빌리우스의 군대와 합류하기 위해 반드시 거쳐야 할

---

* 역사가 폴리비오스에 의하면 한니발 군대 중에서 최고의 군대는 누미디아인 기마병이었다. 그들은 '고도로 훈련된 기마부대였으며 비상할 정도로 신체가 단련된 군대'였다. 로마의 장군들은 이후부터 기병대가 활동하기 어려운 산악 지대를 전장으로 선택했다. 당시 기병대는 전쟁의 승패를 좌우했다.

트라시메노 호수에 먼저 도착하여 지형을 살폈다. 호수의 북쪽 언저리와 맞은편의 언덕 사이에 아주 좁은 길이 있었는데, 호수의 습기 때문에 안개가 끼어 군대를 숨기기에 아주 좋았다. 게다가 로마군은 반드시 이 길을 통과해야 했다.

한니발은 언덕을 따라 길게 병사를 숨겼다. 그리고 플라미니우스의 군대가 지나가자 급습했다. 전투는 3시간 만에 끝났으며 대부분의 로마군은 카르타고군에게 죽임을 당하거나 호수에 빠져 전멸했다. 전투에서는 승리했지만 한니발의 카르타고군 역시 오랜 전쟁으로 병사의 수도 줄고 지쳐 있었다. 로마가 멀지 않았으므로 사나흘만에 로마에 들어갈 수 있었으나 한니발은 로마에 가지 않았다. 대신 이탈리아의 로마의 동맹 세력들이 로마에서 이탈하기를 기다리며 전력을 보충했다.**

파비우스와 한니발

플라미니우스가 전투에서 패했다는 소식이 전해지자 로마는 극도의 혼란에 빠져들었다. 시민들은 불안과 혼란이 가득 찬 이 시기에 국가의 위기를 극복할 독재관***을 선출하여 전권을 위임해야 한다고 생각했다.

** 한니발의 계획은 로마 동맹을 와해시켜 로마의 이탈리아 지배권을 빼앗는 것이었다. 따라서 그는 '이탈리아인들과 싸우려고 온 것이 아니라, 이탈리아인을 위해 로마와 싸우려고 왔다'고 주장했다.

*** 로마는 국가가 비상사태에 빠졌다고 판단되면 2명의 집정관 중에서 한 명을 독재관으로 선출하여 전권을 위임했다. 임기는 6개월이다.

"이 중대한 임무를 수행할 수 있는 역량을 갖춘 사람은 오직 파비우스*뿐이다."

파비우스는 만장일치로 독재관에 선출되었다. 전쟁을 수행할 수 있는 강인한 체력을 지니고 있으며, 동시에 자신감과 신중함을 갖춘 인물이라고 인정되었기 때문이었다.

독재관이 된 파비우스는 전쟁을 선포하고 루키우스 미누키우스를 기병대장으로 임명했다. 그리고 신에게 제를 올리며 병사들로 하여금 신의 가호를 빌고 적을 두려워하지 않는 용기를 얻게 했다. 또한 신의 뜻이 로마에 있다는 것을 믿도록 함으로써 적에 대한 공포심을 없애고 미래에 대한 희망을 갖게 했다. 그러나 파비우스 자신은 오직 스스로의 힘으로 승리를 거두겠다는 생각을 하고 있었다.

파비우스는 한니발과 한 번에 승패를 내리라 생각하지 않았다. 그는 한니발군의 식량과 기력이 떨어질 때까지 기다려 로마의 군사력이 우위에 있을 때 공격한다는 계획을 세웠다. 그리고 한니발의 진지가 내려다보이는 곳에 진을 치고 카르타고군이 움직이면 일정한 거리를 두고 따라다니며 금방이라도 공격할 듯한 기세를 보였다. 따라서 한니발의 군대는 항상 경계태세를 갖추어야 했다. 이 때문에 로마군 중에는 그의 용기를 의심하는 병사들도 있었다. 그러나 한니발은 파비우스의 전술을 눈치채고 있었다.

"우리 카르타고군에는 용맹함으로 무장된 군사들이 있지만 병력과 식량은 부족하다. 파비우스는 그것을 간파하여 시간을 끌고 있다."

한니발은 끊임없이 기회를 엿보며 로마군을 전투에 끌어들이기 위해 안간힘을 썼다. 하지만 자신의 전술에 대해 확고한 심념을 가진 파비우스는 조금도 흔들리지 않았다. 그러나 성격이 불같은 기병대장 미누키우스는 참지 못했다. 그는 당장 한니발 군대와 싸울 것을 주장하며 병사들을 선동했다. 병사들은 한니발을 따라다니기만 하는 파비우스를 '한니발의 졸개'라며 조롱하기에 이르렀다. 그중에서도 미누키우스는 산꼭대기만을 골라 주둔하는 파비우스를 조롱했다.

"독재관께서는 이탈리아가 적군에게 짓밟히고 약탈당하는 것을 구경하려고 산꼭대기에 자리를 잡으시는 것입니까? 아니면 저 아래 세상일에는 관심이 없으셔서 군대를 구름과 안개 속에 감추는 것입니까?"

미누키우스의 조롱을 듣고 있던 파비우스의 측근들도 한니발과 맞붙어 싸울 것을 권했다. 그러나 파비우스는 단호하게 답했다.

"중상모략과 조롱이 두려워 신념을 바꾼다면 더 큰 바보가 되는 것이오. 나라를 위해 두려움을 갖는 것은 수치가 아니지만 사람들의 조롱이 무서워 전략을 바꾸는 것은 독재관으로서 할 일이 아니오."

파비우스의 황소작전과 한니발의 황소작전

파비우스의 지연작전이 계속되는 동안 한니발은 자신의 군대를 평지로 이동시켜 휴식을 취하게 하고 식량도 보충할 생각으로 길 안내자에게 카시눔으로 안내하라고 명령했다. 그런데 안내자는 한니발의 말을 잘못 알아들었는지 카실리눔(현재 카푸아 근처의 도시)으로 안내했다.

캄파니아의 경계선인 이 지역은 강이 마을 한가운데를 가로지르는 산악지대로, 사방이 산으로 둘러싸여 있었으며 하나 있는 골짜기만이 바다를 향해 트여 있었다. 하구는 물이 넘쳐 발이 푹푹 빠지는 늪지대였고 물결이 너무 거세 배를 댈 수도 없는 곳이었다. 그곳의 지형을 익히 알고 있었던 파비우스는 한니발의 군대가 이곳을 지나는 것을 보고 이때야말로 공격할 시기라고 생각했다. 파비우스는 4천 명의 병력으로 퇴로를 막은 다음 주변 언덕에 병사들을 배치한 후 한니발군의 뒤쪽을 공격하도록 했다.

한니발은 위험에 빠졌다는 것을 금방 알아차리고는 길을 잘못 안내한 자를 처형했다. 적군에게 완전히 포위되었음을 알게 된 한니발의 병사들은 공포에 사로잡혀 이미 기가 꺾인 상태였다. 그러나 한니발은 한 가지 묘책을 생각해 냈다. 한니발의 진영에는 짐수레를 끄는 소가 2천 마리 정도 있었다. 한니발은 소의 뿔에 마른 나뭇가지를 매달아 두고 밤이 되기를 기다렸다. 밤이 되자 나뭇가지에 불을 붙인 다음 소를 적의 진영으로 천천히 몰아가도록 하고 병사들은 그 뒤를 따르도록 했다.

182

소들은 처음에는 천천히 움직였다. 이 광경은 마치 수많은 병사들이 횃불을 들고 전진하는 것처럼 보였다. 마침내 뜨거운 불기운이 소의 뿔까지 다다르자 소들은 미친 듯이 날뛰며 사방으로 흩어졌다. 그러자 주변의 나무로 불이 옮겨 붙어 순식간에 온통 불바다가 되었다. 사방에서 횃불이 다가오는 것을 본 로마군은 적군에게 포위당한 것으로 착각했다. 그들은 진지를 버리고 언덕 위의 본대로 황급히 달아났다. 한니발은 이때를 놓치지 않고 포위망을 뚫는 데 성공했다.

파비우스는 놀란 소들이 로마군의 진영으로 뛰어드는 것을 보고서야 한니발의 계략에 속았다는 것을 알아차렸다. 그러나 파비우스는 혹시나 복병들이 있을 것을 염려하며 진지 안에서 날이 밝기를 기다렸다. 날이 밝았을 때 한니발의 군대는 이미 아펜니노 산맥을 넘어 사라지고 없었다. 파비우스는 뒤늦게 한니발의 뒤를 쫓았다. 그러나 한니발은 그에 대비하여 군대의 뒤쪽에 히스파니아 병사들을 배치했다. 이들은 산악 전투 경험이 많은 아주 발빠른 군사들이었다. 무거운 갑옷으로 중무장한 로마군은 이들을 당할 수 없었다. 파비우스는 결국 추격을 포기하고 말았다. 이 전투에서의 실패로 파비우스는 로마로 소환되었다. 파비우스는 자신의 지휘권을 미누키우스에게 넘겨주면서 간곡하게 말했다.

"내가 없는 동안에는 절대로 한니발과 전투를 벌여서는 안 된다."

그러나 미누키우스는 파비우스의 충고를 무시하고 즉시 공격 준비에 들어갔다. 마침 한니발의 군대가 식량을 구하기 위해 뿔뿔이 흩어졌다는 정보를 입수한 미누키우스는 즉시 적을 습격하여 아군의 피해 없이 승리를 거두었다. 미누키우스의 승전보를 들은 로마인들은 모두들 파비우스를 비난했다. 그러나 파비우스는 조금도 흔들림이 없었다.

"다시 돌아가면 명령을 어긴 미누키우스를 처벌하겠습니다."

독재관에게는 그럴 수 있는 권한이 충분히 있었다. 사람들이 감히 두려워 입을 열지 못했으나 호민관 메틸리우스가 미누키우스를 옹호하는 연설을 했다.

"용감하게 싸워 승리의 월계관을 받은 사람을 저버려서는 안 됩니다. 파비우스를 해임하고 진정으로 나라를 구할 수 있는 사람을 독재관으로 뽑아야 합니다."

그의 연설은 많은 사람들의 마음을 움직였으나 파비우스를 해임시키지는 못했다. 대신 미누키우스도 독재관과 동등한 결정권을 갖게 했다. 파비우스의 정적들은 이 일이 파비우스에게 치욕적인 일이 될 것이라고 생각했다. 그러나 파비우스는 무모한 미누키우스를 믿고 있는 민중의 무지를 걱정할 뿐이었다. 그는 서둘러 전쟁터로 돌아갔다.

로마의 적을 분명히 알라

미누키우스는 새로이 얻게 된 권력으로 인해 기고만장한 상태였다. 그는 전쟁터로 다시 돌아온 파비우스에게 군대의 지휘권을 하루씩 돌아가며 행사할 것을 요구했다. 파비우스는 그의 말을 거절하고 군대를 둘로 나누어 지휘하자고 제안했다. 그리고 자신은 제1, 4군단을 지휘하고 미누키우스에게는 제2, 3 군단을 주었다. 미누키우스는 자신 때문에 최고 권력을 가진 독재관의 위신이 깎였다는 것을 통쾌하게 생각했다.

파비우스는 미누키우스에게 조용히 충고했다.

"너의 적은 내가 아니라 한니발이라는 것을 잊지 마라. 언제나 로마의 안전을 먼저 생각해야 한다!"

그러나 젊은 미누키우스는 이러한 충고를 늙은이의 질투라고 생각하며 당장 군을 끌고 나가 다른 곳에 진을 쳤다. 한니발은 로마군의 진영에서 벌어지고 있는 이러한 움직임을 면밀히 살피고 있었다.

파비우스와 미누키우스의 군대 사이에는 언덕이 하나 있었다. 한니발은 그 언덕을 쉽게 점령할 수 있었지만 로마군을 유인하기 위한 미끼로 방치해 두고 있었다. 마침내 미누키우스의 군대가 파비우스의 통제를 벗어나게 되자 한니발은 드디어 때가 왔다고 생각했다. 한니발은 언덕 주변에 널려 있는 도랑과 구덩이 속에 복병을 숨긴 다음 몇몇 병사들을 내보내 미누키우스의 눈에 띄도록 했다.

그것이 한니발의 계략이라는 것을 눈치채지 못한 미누키우스는 전군를 동원하여 한니발을 공격했다. 미누키우스의 군대는 복병이 숨어 있는 곳을 지나쳐 한니발을 향해 돌진했다. 한니발은 이때를 놓치지 않고 잠복해 있던 군사들에게 공격 명령을 내렸다. 갑자기 후미를 덮친 복병들의 공격에 놀란 미누키우스의 군대는 혼란과 공포에 빠져 도망치기에 바빴다. 기세가 오른 한니발의 기병대는 도망치는 로마 병사들을 추격하여 마구 죽이기 시작했다.

파비우스는 산 위에서 이 모든 전황을 살펴보고 있었다. 그는 로마 병사들이 죽어 가는 것을 보며 탄식했다. 그리고 급히 깃발을 쳐들고 전 병사들에게 공격 명령을 내렸다.

"미누키우스의 군대를 구출하기 위해 출전한다. 그는 조국을 사랑하는 용감한 전사다. 비록 실책을 범했지만 지금은 그것을 탓할 때가 아니다."

파비우스의 군대가 나타나자 전세가 곧바로 역전되었다는 것을 알아차린 한니발은 재빨리 후퇴했다. 복병에 포위되어 꼼짝 못하고 당하고 있던 미누키우스의 병사들은 간신히 목숨을 건질 수 있었다.

한니발은 후퇴 명령을 내린 후 측근들에게 농담을 건넸다.

"내가 전에 말하지 않던가? 산꼭대기에 걸려 있던 구름이 언젠가는 우박과 천둥으로 변해 떨어질 거라고 말이야."

전투를 끝낸 파비우스는 병사들에게 들판에 널려 있는 전리품을 챙기도록 하고 자기 진영으로 돌아왔다. 미누키우스의 무모한 행동에 대해서는 어떤 비난도 하지 않았다. 미누키우스는 자신의 군대에게 파비우스의 진영으로 가 합류하라고 명령했다. 그리고 자신을 맞이하기 위해 막사 앞에 나와 있던 파비우스를 '아버지'라 불렀다.

로마의 정면승부

파비우스의 독재관 임기가 끝나자 로마는 새로운 집정관을 선출했다. 파비우스로부터 중책을 물려받은 집정관들은 그의 전략을 그대로 이어받아 한니발과 정면승부를 벌이지 않았다. 그들은 로마의 동맹국들이 한니발에게 합류하지 않도록 방어하는 데에만 주력했다.

그러나 귀족 출신은 아니었지만 백성들 사이에서 인기가 높았던 테렌티우스 바로가 집정관으로 선출되면서 상황은 급속히 달라졌다. 그는 경험이 부족한 데다가 성질은 불같이 급해 전쟁으로 모든 것을 끝내고 싶어 했다. 그는 대중 앞에서 연설할 때면 으레 파비우스를 비난하고 나섰다.

"파비우스 같은 사람이 장군으로 있는 한 로마에는 전쟁이 그칠 날이 없을 것입니다. 내가 전쟁터에 나서면 곧바로 적을 격퇴하여 이탈리아 전역에서 그들을 몰아낼 것입니다."

그는 일찍이 로마에서는 구경해 보지도 못했을 만큼의 대군을 끌어모았다. 8만 8천 명이라는 병력이었다. 군중은 엄청난 군대를 바라보며 이제 한니발을 물리칠 수 있겠다고 생각했으나 현명하고 연륜 있는 사람들은 불안해했다. 파비우스의 불안은 말로 표현하지 못할 정도였다.

파비우스는 또 한 사람의 집정관인 파울루스 아이밀리우스를 찾아갔다. 그리고 그에게 바로의 무모함을 제지하라고 말했다.

"로마의 안전을 생각한다면 바로가 계획하고 있는 한니발과의 전쟁을 막아야 하오. 바로가 성급하게 달려들면 패하고 말 것이오. 한니발에 대해서는 바로의 말보다는 내 말을 믿어야 하오. 1년 동안 싸우지 않고 그대로 내버려 두면 한니발은 저절로 무너질 것이오."

이에 파울루스는 이렇게 대답했다.

"나는 백성들로부터 형벌을 받느니 차라리 적의 창에 찔려 죽겠소. 그러나 조국이 이처럼 위태로운 상황이라면 당신 말을 믿겠소."

그는 바로를 설득하려고 전쟁터로 나갔지만, 오히려 그의 끈질긴 설득에 넘어가 자신의 생각을 꺾고 말았다. 결국 두 사람은 하루씩 교대로 지휘권을 행사하기로 결정했다.

고대 역사의 최대 전투 칸나이 전투

BC 216년 초여름, 로마가 대대적인 군단을 구성하는 동안 한니발은 남쪽으로 이동했다. 그리고 아우피두스(오판토) 강변에 있는 칸나이(오늘날의 몬테디칸네) 마을을 공격하여 식량을 확보한 다음 전선을 구성했다. 한니발의 카르타고군을 뒤쫓던 바로의 로마군도 칸나이 평야를 가운데 두고 진영을 구성했다. 새벽이 되기를 기다리던 바로는 자신의 막사 위에 붉은 윗옷을 내걸어 전투 신호를 내렸다. 카르타고군은 바로의 대담함과 두 배 가까이 되는 엄청난 군대의 규모에 기가 질려 있었다. 그러나 로마군의 진영을 살펴보던 한니발은 조금도 놀라지 않고 측근들에게 농담을 건네며 여유를 보였다. 적진을 살피기 위해 떠났던 한니발과 장군들이 웃으며 돌아오는 것을 본 병사들은 적군이 형편없기 때문일 것이라 생각하여 사기가 충천해졌다.

한니발은 전투에 임하기 전에 몇 가지 전략을 세워 군대를 배치했다. 우선 지리적 위치를 이용해 거센 바람으로 일어나는 심한 먼지가 로마군을 향하도록 했다. 그리고 가장 강한 부대는 좌우에 배치하고 약한 부대를 중앙에 전진 배치하여 로마군을 끌어들이는 역할을 맡겼다. 이렇게 시작된 전투는 과연 한니발의 전술대로 진행되었다. 로마군은 전진 배치되어 있던 한니발의 중앙군을 공격하기 시작했다. 한니발의 중앙군은 일부러 도망가는 척하며 로마군을 유인했다. 로마군이 자신의 계획대로 추격해 오자 한니발은 좌우 주력군을 움직여 로마군을 둘러쌌다. 이후 한니발의 기병대가 로마군의 배후를 막으면서 완전히 포위된 로마군은 카르타고군에게 닥치는 대로 죽임을 당했다.

로마는 이 전투에서 어마어마한 피해를 입었다. 사상자가 5만 명, 포로가 4천 명, 전투가 끝난 다음 진지에서 붙잡힌 병사는 1만 명이나 되었다. 집정관 바로는 일부 보병과 기병을 이끌고 이웃도시 베누시아로 도망쳐 간신히 목숨을 건졌다. 이들 속에는 열아홉 살 된 코르넬리우스 장군의 아들 스키피오도 끼어 있었다. 스키피오는 이 전투에서 또 한 번 한니발의 전술을 체험했다.

칸나이 전투에서 대승리를 거둔 한니발의 측근들은 내친 김에 로마로 진격할 것을 주장했다. 하지만 어떤 이유에서였는지 한니발은 측근들의 말을 듣지 않았다.* 한니발의 부하 장군들은 한니발의 결정에 불만을 토해 냈다.

"승리하는 법은 잘 알고 계시지만 승리를 이용하는 법은 모르시는군요."

이 전투가 끝난 후부터 주변의 정세는 이전과는 전혀 다르게 돌아갔다. 그동안 한니발의 군대는 거점이 될 만한 도시를 한군데도 장악하지 못하고 있었다. 도적의 무리처럼 이곳저곳을 떠돌며 약탈만 일삼고 있던 카르타고군에게 이제 이탈리아의 부강한 도시들이 속속 투항해 왔다. 로마 다음으로 중요한 도시인 카푸아마저 한니발과 동맹을 맺자 주변 도시들도 로마의 세력에서 이탈하기 시작했다.

로마인들은 그제서야 자신들이 비겁한 사람이라고 비난했던 파비우스의 지혜와 미래를 내다보는 능력을 인정하기 시작했다. 파비우스는 확신에 찬 온화한 표정으로 사람들을 위로하며 상황을 수습했다. 그는 원로원을 소집하고 델포이로 사람을 보내어 신탁을 묻고, 로마시의 주요 통로에 보초병을 세워 시민들에게 용기를 내도록 격려했다.

한니발의 군대가 코앞에 있었으므로 로마시 전체가 공포에 사로잡혔다. 로마인들은 카르타고군이 금방이라도 로마를 휩쓸 것 같은 공포에 시달렸다. 다행스럽게도 한니발이 로마로 바로 진격하지 않고 군대를

---

* 로마 성벽을 바로 코앞에 둔 한니발은 로마로 향하지 않고 아드리아 해 쪽으로 군사를 돌려 이탈리아 남부로 향했다. 한니발이 로마 동맹 세력을 카르타고로 끌어들여 로마를 고립시키겠다는 전략을 세웠던 것으로 추측되나 이 전략은 실패하고 말았다.

이탈리아 남부로 돌려 로마의 동맹 도시들을 공략하기 시작하자 로마는 용기를 내 다시 군대를 소집했다.

당시 로마에서 가장 뛰어난 장군으로 손꼽혔던 사람은 파비우스 막시무스와 클라디우스 마르켈루스(시라쿠사를 함락시킨 로마의 장군)였다. 두 사람 다 뛰어난 명장이었으나 여러 가지 면에서 다른 점이 많았다.

한니발에 버금가는 용맹함을 지니고 있던 마르켈루스는 활동적이고 과감하여 정면승부를 즐기는 호방한 장수였다. 그러나 파비우스는 여전히 자신의 지연작전을 고수하며 한니발의 군대가 지칠 때까지 기다려야 한다고 주장했다. 따라서 로마인들을 두 사람을 가리켜 '파비우스가 로마의 방패라면, 마르켈루스는 칼'이라 표현했다. 즉 마르켈루스는 분연히 흐르는 급류처럼 한니발의 군대와 맞섰다면 파비우스는 조용히 흐르는 물결처럼 다가가 적의 군대를 지치게 했다.

반전의 시작, 로마의 승리

칸나이 전투 이후 한니발은 성격이 전혀 다른 로마 장군 두 명을 대적하며 어려운 싸움을 벌여야만 했다. 또한 한니발은 당시 본국인 카르타고로부터 전혀 지원을 받지 못했다. 보급선이 지날 수 있는 항로를 로마군이 지키고 있었기 때문이었다. 따라서 한니발은 지구전을 벌이며 식량을 확보하는 데 주력하면서, 카르타고의 보급선이 도착할 수 있는 항구를 확보하기 위해 이탈리아 중부 캄파니아의 도시 카푸아, 나폴리 등을 공략했다.

로마는 한니발을 대적하기 위해 마르켈루스와 파비우스를 투입했다. 용맹함을 자랑하던 마르켈루스는 한니발의 복병 전술에 말려들었지만 파비우스만은 좀처럼 한니발의 계략에 걸려들지 않았다. 파비우스는 로마의 동맹국들을 방어하고 한니발에게 투항한 도시들을 되찾으려고 했다. 그리고 전투에서는 직접적인 싸움은 피하되 적절한 거리를 유지하여 카르타고군이 항상 긴장 상태로 있게 만드는 전략을 썼다. 따라서 시간이 갈수록 카르타고군의 전투력은 약해져갔다.

병력이 약한 한니발은 로마군을 상대하기 위해 자신의 군사를 분산시킬 수도 없고, 집중된 병력으로 결정전을 벌일 수도 없는 상황이어서 점점 불리해졌다. 소규모 전투만 벌이던 한니발은 결국 카푸아를 포기하고 이탈리아 남부 최대의 항구 도시 타렌툼으로 향했다. 이후 한니발은 타란토를 거점으로 이탈리아 남부 도시들을 공략했으나 그러는 사이에도 여전히 본국 카르타고의 원조를 받지 못했다.

반면에 로마는 대대적인 군단을 형성했다. 하지만 한니발과는 정면으로 대적하지 않고 로마에서 이탈한 도시들을 수복하기 시작했다. 그리고 BC 211년에 카푸아를 포위했다.

카푸아가 포위되었을 때 한니발은 시라쿠사가 로마에 점령당했다는 소식을 들었다.* 이제 본국 카르타고와의 교류점인 카푸아는 한니발에

---

* 시라쿠사는 시칠리아 최대 도시로 로마와 카르타고의 전략적 요충지였다. 로마를 견제하기 위해 카

게 절대적으로 필요한 곳이 되었다. 그는 다시 군대를 카푸아로 향했다. 이때 한니발은 카푸아로 바로 가지 않고 카푸아에서 얼마 떨어지지 않은 로마 성벽으로 다가갔다. 강력하게 요새화된 로마의 성벽에 가까이 간 한니발의 군대는 로마인들이 바라보는 가운데 성벽 주위를 둘러쌌다. 로마 시민들은 한니발의 군대에 또 한 번 공포를 느껴야 했으나 파비우스만은 침착하게 한니발의 군대와 대적하지 말라고 충고했다.

결국 양쪽 군대는 소규모 접전만 되풀이했다. 한니발은 로마에 싸움을 걸어 로마군을 공략한 다음 카푸아를 탈환할 작정이었으나 끝내 로마와 제대로 싸워보지 못한 채 다시 이탈리아 남부로 회군해야 했다. 며칠 후 카푸아는 로마에 의해 점령되었다. 도시는 로마군에 의해 약탈당했으며 이후 로마의 속주가 되었다. 로마는 한니발과의 싸움에서 두 번째 승리를 거둔 파비우스를 열광적으로 맞았으며 시민들은 그의 아들을 집정관으로 선출했다.

아프리카누스 스키피오의 등장

로마에 선전포고한 지 9년째인 BC 211년, 전쟁은 지지부진한 상태로 계속되고 있었다. 한니발은 이탈리아의 남부에서 본국의 지원을 기다리

르타고가 시라쿠사로 군대를 보내자, 로마는 마르켈루스를 보내 시라쿠사를 함락시켰다(BC 211년).

며 소규모 전투만을 벌이고 있었고, 로마는 히스파니아를 공격함으로써 카르타고의 지원을 차단하여 한니발을 고립시키겠다는 전략을 세웠다. 이 전략은 로마의 젊은 장군 스키피오가 나타나면서 가능해졌다. 스키피오의 아버지 코르넬리우스 스키피오는 한니발과 티치노 전투에서 싸웠다. 그는 아버지 곁에서 카르타고와의 전쟁에 참여했으며 칸나이 전투에도 참여했다. 스물여섯 살이 된 스키피오는 용맹한 전사가 되어 있었다. 그는 늙은 원로원들을 상대로 카르타고와의 전투에 대한 자신감을 보이며 자신을 히스파니아 전선으로 보내 달라고 했다.

스키피오는 한니발의 가문이 세운 도시 카르타헤나를 공격 목표로 삼았다. 그는 이 도시의 해안 쪽을 일단 봉쇄한 다음 육지 쪽을 포위하여 기습적으로 공격했다. 작전은 성공하여 하루 만에 스키피오는 카르타고의 주요 거점 도시를 점령할 수 있었다. 그는 카르타고의 세력을 히스파니아 밖으로 몰아내고 히스파니아의 여러 도시와 나라들을 로마의 지배하에 두었다.

하스파니아가 공략되는 동안 이탈리아에서는 마르켈루스와 파비우스가 이끄는 로마군과 한니발이 이끄는 카르타고군이 쫓고 쫓기는 전투를 벌였다. 그러나 카르타고의 지원을 받지 못한 한니발은 이탈리아 내에서 차츰 고립되어 갔다. 히스파니아를 지키고 있던 한니발의 동생 하스드루발은 BC 208년 한니발을 지원하러 가기 위해 형이 넘어간 길을 따라 알프스를 횡단했다. 그러나 그의 군대는 북부 이탈리아의 메타우루스에서 로마군에게 전멸당하고 말았다(BC 207년). 동생의 군대와 합류하여 중부 이탈리아에서 세력을 만회하려던 한니발의 희망은 무산되고 말았다.

한니발은 자신의 병력을 이탈리아 남부 항구도시 브룬티움(브린디시)에 집결시키고 그곳에 남아 있는 동맹 세력의 지원을 받으며 로마의 압력에 버텼다. 그러나 4년을 넘기지 못했다.

한편 스키피오가 히스파니아를 정복했다는 소식에 로마의 시민들은 흥분했으며 아직 집정관이 될 나이에 이르지 못한 그를 집정관으로 선출했다. 스키피오는 한니발을 대수롭지 않게 생각했다. 그는 자신의 계획을 시민들에게 공표하고 동의를 얻으려 했다.

"한니발과 싸우는 것은 이제 노인들에게나 맡겨 두면 될 것이다. 나는 카르타고의 본토로 건너가 그곳을 점령하고 북아프리카 지역을 제압할 것이다. 그렇게 되면 한니발도 카르타고를 지키려고 할 것이다."

그러나 원로원에서 최고의 권위를 누리며 존경받고 있던 파비우스는 그것이 열정에 들뜬 젊은이의 무모한 계획이라며 반대했다. 파비우스는 스키피오가 전쟁 비용을 받지 못하도록 방해했으며, 로마의 젊은 청년들이 스키피오의 군대에 징발되는 것을 막기 위해 원로원과 시민들 앞에서 스키피오를 맹렬히 비난했다.

"스키피오가 로마군을 모두 이끌고 국외로 나간다면 이탈리아는 무방비 상태에 빠지게 된다. 로마시는 호시탐탐 기회를 엿보고 있는 적군의 손아귀에 쉽게 넘어갈 것이다."

파비우스의 주장은 로마의 시민들을 공포에 사로잡히게 했다. 결국 스키피오는 소수의 병력만을 이끌고 시칠리아로 향했다. 그리고 그곳에서 병사를 보충하여 아프리카 원정을 준비했다.

결정적 패배, 자마 전투

파비우스의 주장이 쓸데없는 기우였다는 것은 곧 증명되었다. 아프리카로 건너간 스키피오는 누미디아의 마시니사와 동맹*을 맺었다. 마시니사의 기병대는 당시로는 최상의 전력을 갖춘 기병대였다.

한니발이 없는 카르타고는 용병 없이는 어떤 전쟁도 치를 수 없는 곳이었다. 스키피오는 마시니사 기병대와 함께 누미디아 왕과 카르타고를 위협했다. 카르타고는 어쩔 수 없이 스키피오가 제시한 가혹한 조건**들을 받아들이고 휴전협정을 맺었다(BC 204~203년 겨울). 그리고 한니발에게 전령을 보내 이탈리아에서 돌아와 카르타고를 지키라고 했다. 귀환 명령을 받은 한니발은 이탈리아를 포기할 수밖에 없었다(BC 203년).

본국으로 향한 한니발은 카르타고군의 나머지 병력을 하드루메툼에 집결시켰다. 그리고 로마와 맺은 휴전협정을 파기했다.

---

* 아프리카의 서북쪽에 위치했던 고대 국가 누미디아는 카르타고와 동맹관계를 유지했다. 그러나 제2차 포에니 전쟁 때 왕자였던 마시니사는 스키피오의 회유에 넘어가 로마와 동맹관계를 맺고 왕위에 올랐다. 이후 누미디아는 로마의 속국이 된다.

** 로마는 카르타고의 자치를 인정하는 대신 히스파니아와 갈리아 지방에서 철수할 것, 누미디아의 왕 마시니사를 인정할 것, 그리고 전쟁 배상금 5천 탈렌트를 지불할 것을 요구했다.

한니발과 스키피오는 각기 자신들의 누미디아 동맹 세력과 합세하기 위해 바그라다스 강의 상류로 향했다. 두 나라의 군대는 자마에서 마주쳤다. 군사로는 한니발이 우세했지만 누미디아 기병대의 원조를 받지 못해 기병은 스키피오가 훨씬 우세했다. 한니발은 기병대 대신 코끼리 떼를 이용했으나 효과를 보지 못했고, 결국 2만 명의 병력을 잃고 자마 전투에서 패했다.

망명과 죽음

자마 전투 이후 카르타고는 로마와 강화조약을 맺었다. 카르타고는 아프리카 본토를 제외한 모든 곳의 지배력을 로마에 빼앗겼으며 로마의 승인 없이는 어디에서도 전쟁을 할 수 없었다. 또한 배상금과 더불어 해상권도 빼앗겼다.

마시니사의 추격에서 겨우 몸을 피한 한니발은 패배에 대한 비난을 받았지만 여전히 군 지휘권을 가지고 있었다. 그는 일단 카르타고의 경제력 회복을 위한 정책을 실시했다. 그러나 일부 정적들과의 사이는 점점 나빠졌다. 그가 끊임없이 로마에 복수할 생각을 하고 있었기 때문이다.

한니발은 시리아의 안티오코스 3세를 부추겨 로마에 대항하도록 했다는 혐의로 로마 당국에 고발당했다. 이에 한니발은 에페수스에 있는 안티오코스의 궁전으로 피신했다(BC 195년).

한니발은 로마와 전쟁 준비를 하고 있던 시리아의 왕 안티오코스의 함대를 지휘하며 로마군과 바다에서 싸웠다. 그러나 한니발이 이끄는 시리아의 함대는 팜필리아의 시데 앞바다에서 로마군에게 패하고 말았다. 안티오코스 역시 시리아로 상륙한 로마군과 마그네시아 평야에서 싸웠으나 패배했다(BC 190년). 이로써 시리아는 로마에 무조건 항복하게 되었다. 로마인들은 그에게 한니발을 넘겨 달라고 요구했다.

로마의 사절단이 안티오코스의 궁전으로 온다는 소식을 들은 한니발은 그곳에서 도망쳤다. 이후 한니발의 행적은 정확하지 않다. 지중해 섬 크레타에서 머물다가 흑해 연안의 작은 나라인 비시니아의 프루시아스 왕의 궁정으로 달아났으나, 로마군이 자신을 추격해 온다는 소식을 듣고 결국 그곳에서 자살했다고 전해질 뿐이다.

사치와 타락을 경계한 감찰관 카토

Marcus Porcius Cato Censorius

BC 234~149년

●●●

신인 정치가

마르쿠스 포르키우스 카토는 지방의 작은 농장에서 성장했다. 그의 조상 중에 로마에 널리 알려진 사람은 한 사람도 없었다. 카토는 로마의 정복전쟁에 여러 번 참전했으며 뛰어난 변론술로 로마의 정계에 입문한 자수성가형 인물이었다. 로마인들은 이런 사람들을 '신인'이라고 불렀다. 그의 이름은 본래 카토가 아니라 프리스쿠스였다. 그러나 로마인들은 지혜가 뛰어난 유능한 사람이라는 뜻으로 그를 카토Catus('Catus'는 현명하다는 뜻)라고 불렀다. 그러나 로마의 원로원에서 놀라운 언변술로 사람들을 사로잡는 카토를 싫어하던 한 시인은 그를 '회색 눈과 험상궂은 표정으로 누구에게나 퍼부어 대는……'이라고 조롱하기도 했다.

지방의 평범한 가문에서 태어난 카토가 로마의 정치계에 입문하기 위해서는 특별한 노력이 필요했다. 먼저 카토는 전쟁에 참가할 것을 대비하여 자신의 신체를 끊임없이 훈련시켰다. 또한 로마인들 사이에서 가장 인기 있는 기술인 변론술을 연마했다. 카토는 자신에게 변론을 부탁하는 사람을 위해서는 어디든지 달려갔다. 그리고 재판이나 분쟁을 해결해 준 다음 대가는 전혀 받지 않았다. 오로지 자신의 명예를 높이는 것으로 만족했다. 그러나 카토는 먼저 뛰어난 군인으로 인정받고 싶어 했다. 다른 나라와 계속해서 전쟁을 벌이고 있던 로마에서는 적을 물리친 유능한 장군이 가장 인기가 있었기 때문이다.

카르타고의 한니발이 이탈리아를 침공했을 때 카토는 처음으로 전쟁(제2차 포에니 전쟁)에 참가했다. 열일곱 살의 어린 나이였지만 카토는 적과 마주치는 것을 두려워하지 않았다. 특히 적군과 마주쳤을 때는 먼저 무섭게 호령하여 제압했다. 그는 나중에 이 방법이 효과가 있음을 알게 되자 다른 병사들에게도 그렇게 하도록 권했다.

카토가 참전한 또 다른 전쟁은 파비우스 막시무스가 한니발에게 빼앗겼던 타렌툼을 되찾을 때였다. 이 전쟁에서 카토는 네아르코스라는 사람과 사귀게 되었다. 그는 피타고라스 학파*에 속한 사람으로 플라톤처럼 정신적 자유를 위해서는 육신의 욕망을 초월해야 한다는 신념을 가지고 있었다. 카토는 그의 생각에 동조되어 이때부터 검소한 생활을 하게 되었다.**

---

* 에게 해의 사모스 섬 출신인 피타고라스가 만든 철학의 한 학파. 철저하게 외부와 단절된 채 수학을 연구했다. 음악과 철학을 통해 영혼을 구원한다는 종교적 신념을 가지고 있었다.

** 카토는 그리스의 예술, 문화, 철학 등이 로마인의 검소한 생활 태도를 해치게 될 것을 우려하여 그리스 문화 대부분을 거부했다. 그가 유일하게 받아들인 것은 피타고라스 학파의 생활 태도였다.

로마의 정치세계

카토의 농장 이웃에 로마의 명문가 출신 정치인 발레리우스 플라쿠스가 살고 있었다. 발레리우스는 자신의 주변에 유능해 보이는 사람이 있으면 끌어들여 자신의 정치적 세력으로 만들었다.

발레리우스는 하인들로부터 카토의 근면하고 검소한 생활과 공정한 태도에 대해 듣게 되었다.

"카토는 이른 아침에는 법정에 나가 사람들을 위해 변론을 하고, 농장으로 돌아와서는 하인들과 함께 일하고 똑같은 식사를 합니다. 그분은 언제나 공정하게 처신하고 절도 있는 생활을 합니다."

관심 있게 카토를 관찰하던 발레리우스는 그를 집으로 초대해 대화를 나누었다. 카토의 성품과 재능을 알아본 그는 카토에게 로마의 정계로 진출할 것을 권했다.

"나무는 넓은 곳으로 옮겨 심고 잘 가꾸어 주면 더욱 크게 자라는 법이오. 마찬가지로 당신에게도 자신을 잘 드러낼 수 있는 넓은 무대가 필요하오. 로마가 바로 그곳이요."

발레리우스의 권유로 로마로 진출한 카토는 곧 법정에서의 훌륭한 연설로 많은 지지자들을 얻게 되었다. 또한 발레리우스의 지원을 받아 군사위원이 되었으며, 이어서 재무관의 자리에 올랐다. 훗날 카토는 로마 최고의 관직인 집정관의 자리에까지 오르게 된다.

당시 로마에서 명성과 권세가 가장 높은 사람은 파비우스 막시무스였다. 카토는 그의 생활 태도와 인격을 존경했으며 모범으로 삼았다. 그 대신 파비우스의 정적이었던 스키피오에 대해서는 서슴없이 비판을 가했다.

카토는 스키피오가 리비아 원정을 떠날 때 재무관으로 따라갔다. 그는 스키피오가 병사들에게 전리품을 마구 나누어 주고 낭비를 일삼는 것을 지적하며 비난했다.

"내가 지금 걱정하는 것은 나라의 공금을 남용하는 것이 아닙니다. 내가 걱정하는 것은 검소한 생활을 하던 병사들에게 필요 이상의 재물을 주어 방종과 사치를 조장하는 것입니다."

그러자 스키피오는 대수롭지 않다는 듯이 대꾸했다.

"순조롭게 전승을 거두고 있는 로마 군대에 소심한 재무관은 필요 없다. 그대가 국가에 보고해야 하는 것은 돈을 어떻게 썼느냐가 아니라 로마가 전쟁에 이겼다는 사실이다."

로마로 돌아온 카토는 원로원에 출석하여 스키피오를 공격했다.

"그는 로마의 세금을 마구 낭비하고 있습니다. 작은 승리에 도취되어 연일 축제를 즐기고 있습니다."

원로원은 호민관*을 파견하여 사실 여부를 확인하도록 했다. 그리고 즉시 스키피오를 로마로 소환하라고 명령했다. 로마로 소환된 스키피오는 전혀 거리낌 없이 자신의 행동을 해명했다.

"전쟁 후의 휴식을 위해 잠시 기분 전환을 했을 뿐 군무를 소홀히 한

---

* 로마의 평민들을 위해 일하는 관리. 평민의 이익에 반하는 법에 거부권을 행사할 수 있었다.

적은 한 번도 없습니다."

조사단은 스키피오의 해명을 듣고 아무 문제가 없는 것으로 판단했다. 스키피오는 다시 카르타고군을 공격하기 위해 아프리카로 떠났다. 카토의 말은 힘을 잃은 듯했다.

유머로 청중을 압도하는 연설

그러나 카토의 공격은 원로원에서 빛을 발하기 시작했다. 스키피오를 공격하는 카토의 연설에 반한 로마 시민들은 그를 '새로운 데모스테네스'라 불렀다. 당시 정계로 진출하려는 로마 젊은이들에게 뛰어난 변론술은 최고의 목표였으므로 그의 인기도 치솟았다.

카토가 시민들에게 칭송을 받게 된 또 한 가지 이유는 그의 검소한 생활 태도였다. 로마는 거듭된 정복전쟁에서의 승리로 부강해졌다. 그리고 주변의 새로운 민족들과 문화가 유입되면서 점차 사치와 타락이 유행하기 시작했다. 그러나 카토는 로마의 다른 귀족들과 달리 과거 로마인들의 전통을 계승하려 했다. 몸소 일하며 소박한 생활을 하는 카토의 모습은 사치스러운 귀족들 사이에서 돋보이기에 충분했다.

카토는 스스로 100드라크마 이상의 값비싼 옷은 입은 적이 없다고 말했다. 또한 건강을 위한 최소한의 음식만을 섭취했으며, 자신의 집에 석회를 바르거나 화려하게 꾸미지 않았다. 그는 일 잘하고 튼튼한 노예가 쓸모 있다고 생각했으며 필요 없는 곳에 돈을 낭비해서는 안 된다고 강조했다. 또한 정원을 가꾸는 것보다는 밭을 갈고 가축을 기르는 것이 유용한 일이라고 했다. 그의 이러한 태도를 지나치게 인색한 태도라며 공격하는 사람들도 있었다. 그러나 카토는 생각을 바꾸지 않았다.

카토는 자신에게 매우 엄격했는데 이러한 태도는 공무를 볼 때도 마찬가지였다. 그는 국고에서 지불되는 돈 역시 매우 절약해서 사용했으며, 정복지를 통치할 때도 한결같은 태도를 보였다.

우아하면서도 위엄이 배어 있는 카토의 연설에는 그의 성격이 그대로 드러났다. 그의 연설에는 유머러스하지만 진실되고, 듣는 이들을 압도하는 열정이 있었다. 마치 플라톤이 소크라테스를 평할 때, "못생긴 바보처럼 보이며 누구에게나 무뚝뚝한 듯하지만 마음속에는 듣는 사람의 눈물을 자아내는 의미심장한 생각으로 가득 차 있다"고 한 것과 같았다. 어떤 인물의 성격은 그의 행동으로 짐작할 수도 있지만 그가 했던 말로도 판단할 수 있는 법이다. 카토가 로마 시민들에게 했던 연설을 보면 그가 어떤 인물이었는지 짐작할 수 있다.

"만약 로마가 미덕과 절제에 의해 강대하게 되었다면 타락하지 않도록 조심해야 할 것이며, 악덕과 비행으로 강국이 되었다면 이제는 그 버릇을 고치도록 합시다."

또한 카토는 로마인들의 군중심리를 양에 비유하여 이렇게 말했다.

"양은 혼자 있을 때는 말을 잘 듣지 않지만 무리로 있을 때는 양치기가 이끄는 대로 잘 따릅니다. 로마인들도 마찬가지입니다."

자신의 정적이 방종한 생활을 하고 있다는 이야기를 듣고 카토는 웃으며 말했다.

"저 사람의 어머니는 아들을 위해 오래오래 살라고 기도해 주는 것을 욕이라고 생각할 것입니다."

카토는 '나쁜 짓을 해서 벌을 면하기보다, 좋은 일을 하고도 보수를 받지 못하는 편이 더 낫다'고 말하곤 했다. 그런가 하면 식성이 까다로운 사람이 그와 친해지기를 원하자 한마디로 거절했다.

"심장보다 입이 더 민감한 사람과는 친해질 수 없소이다."

또 일생 동안 후회스러운 일이 세 가지 있다면서 이렇게 말했다.

"첫째는 아내에게 비밀을 말한 것, 둘째는 걸어서 갈 수 있는 곳을 배를 타고 간 것, 셋째는 하루 종일 일을 처리하지 않고 지낸 것이다."

스키피오와의 대결

카토는 자신을 후원하는 조력자 발레리우스 플라쿠스와 함께 집정관으로 임명되어 히스파니아에 파견되었다. 카토는 히스파니아 여러 지방의 반란을 군사력으로 제압했다. 그러나 때로는 회유책을 쓰기도 했다.

야만족의 습격으로 카토가 이끄는 로마군이 패할 뻔한 절대절명의 위기에 빠진 적도 있었다. 그러나 카토는 그 모든 위기를 극복하고 히스파니아의 전투에서 대대적인 승리를 거두었다.

카토는 뛰어난 장군이었다. 역사가 폴리비오스는 카토가 베티스 강 (가달키베르 강) 쪽에 있는 모든 도시를 하루만에 정복해 버렸다고 기록하고 있다. 카토 자신도 '내가 히스파니아에 있던 날보다 더 많은 수의 도시를 정복했다'고 자랑했다. 사실 그때 점령한 도시가 400개에 이르니 그의 말은 거짓이 아니었다.

카토의 병사들은 이 싸움에서 많은 전리품을 얻었다. 전쟁이 끝났을 때 카토는 모든 병사들에게 은 1파운드씩을 나누어 주었다.

"몇몇 로마인이 금을 가지고 귀국하는 것보다는 많은 사람이 은을 가지고 귀국하는 것이 더 좋다"는 것이 그의 생각이었다. 그러나 카토 자신은 먹고 마실 것 외에 전리품을 하나도 챙기지 않았다.

"전리품을 많이 챙기려는 사람들을 탓하고 싶지는 않다. 그러나 나는 재산에 욕심이 많은 사람과 다투기보다는 가장 용맹한 사람과 용기를 다투고 싶다."

카토는 이렇게 말하며 재물을 탐내지 않았을 뿐만 아니라 주변 사람들에게도 청렴하기를 권했다.

카토가 히스파니아의 반란을 성공적으로 제압하자 정적인 스키피오는 그의 성공을 시기하였다. 스키피오는 로마 원로원을 상대로 공작을 벌여 마침내 카토의 후임으로 히스파니아에 파견되었다.

카토는 로마로 회군하면서 라케타니아족을 정벌하고 이들에게서 600명의 로마 포로들을 돌려받았다. 그러나 카토는 그들을 사형에 처해 버렸다. 이들은 전쟁 중에 로마군을 이탈했던 병사들이었다.

스키피오는 카토의 이러한 처사에 대해 분노하며 비난을 퍼부었다.

"로마 병사들이야말로 많은 전장에서 공적을 쌓은 사람들이다. 나처럼 뛰어난 용맹성으로 무장한 무인이 가문의 힘으로 명성을 쌓으려는 사람들보다 우위에 있을 때, 로마는 진정 가장 위대한 국가로 거듭날 수 있을 것이다."

그러나 스키피오의 비난에도 불구하고 원로원은 카토의 공적을 인정했다. 카토는 성대한 개선식을 올리며 로마로 돌아왔다.

시리아 셀레우코스 왕조와 로마

당시 로마에서 집정관에 오르고 개선식을 한 사람이면, 대부분 공적인 생활에서 은퇴하여 사치와 향락에 빠져 사는 것이 보통이었다. 그러나 카토는 개선식을 치른 후에도 마치 처음으로 정계에 들어선 사람처럼 법정에서의 변론이나 군무를 전혀 게을리하지 않았다. 그는 새로이 선출된 집정관 티베리우스 셈프로니우스 그라쿠스의 자문관으로 다뉴브 강 및 트라키아 지방의 정벌에 참전했다. 또한 집정관 마니우스 아킬리우스와 함께 안티오코스 대왕*을 토벌하기 위한 그리스 원정길에

---

* 시리아 셀레우코스 왕국의 왕(재위 BC 223~187년). 로마가 카르타고와 전쟁을 벌이는 동안 소아시아 지방 및 파르티아, 인도에까지 세력을 떨쳐 스스로 대왕이라 칭했다.

올랐다.

안티오코스는 한니발만큼이나 로마의 사람들을 공포에 떨게 한 인물이었다. 그는 오리엔트(동방) 대부분을 점령하고 이제 오직 로마만이 유일한 적수라 생각하고 있었다. 그는 그리스를 로마로부터 해방시킨다는 명분으로 전쟁을 일으켰다. 그러나 로마는 이미 마케도니아로부터 그리스를 독립시킨 다음 군사권을 제외하고는 그리스 도시들의 자치를 허용하고 있었다.

안티오코스 왕이 군대를 이끌고 그리스에 도착했을 때 그리스는 많은 선동가들에 의해 심하게 동요되고 있었다. 집정관 마니우스는 그리스 각지에 사절단을 보내는 한편 티투스 플라미니누스(마케도니아의 왕 필리포스 5세를 제압한 로마의 장군)에게 반란세력들을 진압하도록 했다. 카토는 코린토스와 파트라에, 아에기움 등을 로마군으로 끌어들였다.

안티오코스와의 전쟁 중에 카토는 주로 아테네에 머물렀는데, 아테네에서도 카토의 연설은 명성이 자자했다. 카토는 고대 아테네인들의 미덕과 아테네시의 아름다움을 찬양한 것으로 유명했다. 그러나 실제로 카토는 그리스 문화에 심취해 있는 로마인들에 대해서는 신랄하게 비난하며 로마 고유의 전통을 지키려고 애썼다.

로마군과 안티오코스는 테르모필라이 산에서 마주했다. 안티오코스는 험한 절벽과 성벽으로 이루어진 천연의 요새에 진지를 구축했다. 그곳은 그야말로 난공불락의 요새였기 때문에 로마군은 정면으로 쳐들어갈 수가 없었다. 카토는 그 옛날 크세르크세스의 페르시아군이 산맥의 뒤를 돌아 그리스를 포위했던 것을 기억해 냈다.* 그는 한밤의 어둠을 이용하여 일부 부대만을 이끌고 산을 올라갔다. 산길이 너무나 험하여 도중에 길을 잃기도 했으나 결국 적의 진지 바로 위에 있는 절벽에 도착할 수 있었다.

카토는 날이 밝기를 기다렸다가 일단 적군 한 명을 잡아 군대의 병력과 동태를 파악했다. 그리고 적의 수가 얼마 되지 않는다는 것을 알게 되자 기습 작전을 폈다. 카토는 직접 앞장서서 우렁찬 함성으로 공격을 명령했다. 적군은 산꼭대기에서 갑자기 쏟아져 내려오는 로마군에 놀라 본진으로 후퇴하며 혼란에 빠져들었다. 그 사이에 적군의 본진과 정면으로 대치하고 있던 로마군 지휘관 마니우스는 계곡을 따라 공격하기 시작했다. 안티오코스는 우왕좌왕하던 중에 날아오는 돌에 맞아 앞니가 부러졌다. 고통을 참을 수 없었던 그는 말을 돌려 퇴각을 시도했다. 그렇지만 퇴각로는 좁은 습지이거나 험한 절벽뿐이었다. 결국 안티오코스의 군대는 자기들끼리 떠밀리고 짓밟히며 자멸해 버리고 말았다.

카토는 언제나 자신의 승리를 서슴없이 자랑했는데, 특히 이때의 공적을 자랑스럽게 생각했다.

"내가 적을 추격하여 죽이는 것을 본 사람들은 카토가 로마로부터 받은 은혜보다 로마가 카토로부터 받은 은혜가 훨씬 더 크다고 생각했을 것이오."

---

* 아테네 북서쪽에 있는 테르모필라이 계곡은 BC 480년 페르시아군과 그리스군의 충돌이 있었던 곳이다. 이곳에서 페르시아군의 기습을 당한 스파르타군은 전멸했다.

승리로 흥분한 집정관 마니우스는 카토를 굳게 껴안으며 외쳤다.

"나를 포함한 모든 로마 시민이 어떻게 당신의 크나큰 은혜에 보답해야 할까요!"

카토는 곧바로 로마로 돌아가 직접 승리의 소식을 전했다. 승전보를 접한 로마시 전체는 기쁨에 휩싸였다. 로마인들은 이제 로마를 이길 수 있는 나라는 이 지상에 없다고 생각했다.

부패한 정치인을 고발하다

전쟁에서 공을 세운 카토는 그 후 정치 활동에서 자신이 할 일은 부패한 정치인들을 비난하고 심사하는 일이라고 생각했다.

"죄를 지은 자들에게는 반드시 벌을 주어야 한다."

카토는 많은 사람들을 고발했으며 다른 사람들에게도 그렇게 할 것을 권했다. 그는 스키피오와 스키피오의 동생인 루키우스를 로마의 국고에 손실을 끼친 혐의로 주저 없이 고발하기도 했다.** 그러나 그 역시 정적들에 의해 수없이 고발당했다. 그들은 카토가 조금이라도 허점을 보이면 즉시 고발했고, 그 때문에 카토는 위험한 지경에 이른 적도 있

** 카토는 포에니 전쟁 중 시리아 왕에게 받은 배상금을 유용했다는 혐의로 스키피오 형제를 고발했다. 유죄 판결이 내려지진 않았지만 '아프리카누스'로 추앙받던 대(大) 스키피오의 영향력은 흔들리게 되었다.

었다. 카토는 정적들에 의해 거의 50회 정도 피소되어 법정에 서야 했다. 마지막으로 법정에 섰던 것은 86세 때였다. 이때 그는 유명한 말을 남겼다.

"다음 세대를 상대로 자기변명을 해야 하는 것은 쉬운 일이 아니로군."

집정관에서 사퇴한 지 10년째 되는 해에 카토는 감찰관 후보로 나섰다. 감찰관은 정치적으로 최고의 지위였다. 여러 가지 권한을 가지고 있었지만 그중에서도 특히 풍속과 시민들의 사생활을 감독하는 역할을 하고 있었다. 로마인들은 일상생활에서도 개인의 선택을 각자의 욕망에만 맡기는 것은 좋지 않다고 생각했다. 쾌락만을 추구하다 로마 고유의 전통적 규범으로부터 멀어지는 것을 막아야 한다고 생각했던 것이다.

로마인들은 귀족과 평민 중에서 각각 1명의 감찰관을 선출하여 시민의 일상적인 생활 즉 혼례, 가정사, 생활방식 등을 감독하게 했다. 감찰관들은 시민의 기강을 바로 세우고 옳은 길에서 벗어나지 못하도록 억제하는 역할을 맡았다. 따라서 군인들의 말을 빼앗을 수도 있으며 원로원 의원일지라도 문란한 생활을 하는 자는 고발하거나 제명할 권한도 있었다. 그 외에도 감찰관은 개인의 재산을 감독하거나 시민들의 호적도 관리하는 등 막강한 권한을 갖고 있었다.

카토가 감찰관에 입후보하자 영향력 있는 원로원 의원들은 대부분 반대하고 나섰다. 그들은 볼품없는 가문 출신의 사람이 로마에서 제일가는 명예와 권력을 가진 지위에 오르는 것을 대단히 모욕적인 일이라고 생각했다. 심지어 귀족인 자신들의 얼굴에 먹칠을 하는 일이라고까지 생각했다. 또한 사치를 즐기며 방종한 생활을 하던 이들은 대쪽 같은 성품의 카토가 감찰관의 지위에 오르는 것을 두려워했다.

원로원 의원들은 카토와는 전혀 다른 성격의 인물 7명을 후보로 내세웠다. 그들은 시민들이 카토처럼 엄격한 인물보다는 부드럽게 로마를 다스려 줄 사람을 원한다고 생각하고 시민들의 환심을 사려고 했다. 그러나 카토는 조금도 굽힘이 없었다. 그는 시민들을 향해 자신의 뜻을 더욱 분명하게 밝혔다.

"현재 로마의 정치는 철저한 혁신이 필요합니다. 만약 여러분들이 현명한 시민이라면 달콤한 감언이설보다 쓴소리를 선택해야 합니다. 대혁신을 감행할 수 있는 사람은 바로 나와 발레리우스 플라쿠스뿐입니다. 우리 두 사람은 지금 로마 곳곳에 만연한 사치와 타락을 근절시키고 로마에 유익한 일을 할 수 있을 것입니다."

로마 시민들은 참다운 가치가 무엇인지 알고 있었다. 그들은 위대한 지도자를 알아보는 혜안이 있었으므로 카토의 엄격함과 성실함을 두려워하지 않았다. 로마의 시민들은 듣기 좋은 소리만을 골라 하는 다른 후보들을 물리치고 카토와 발레리우스를 감찰관으로 선출했다.

원로원을 감찰하는 감시자

감찰관으로 선출된 카토는 자신의 동료인 발레리우스를 원로원 의장으로 임명했다. 그리고 원로원 의원들의 생활을 치밀하게 조사하여 원로원 자격이 없는 사람들을 여럿 제명했다. 그중에는 루키우스 퀸티우스도 포함되어 있었는데 그가 제명된 데에는 다음과 같은 이유가 있었다.

루키우스는 한 청년을 끔찍이 총애하여 그 청년에게 자신이 지닌 명예와 권력을 그대로 누릴 수 있도록 해 주었다. 루키우스가 어느 지방의 장관으로 부임하여 연회를 열게 되었을 때 그의 곁에서 한시도 떨어지지 않던 그 청년이 루키우스에게 이렇게 말했다.

"로마의 검투사 경기*에서 진짜로 사람이 죽는 것을 보고 싶었지만 경기 보는 것을 포기하고 이렇게 달려왔습니다."

그러자 루키우스는 아무 일도 아니라는 듯이 대답했다.

"그런 것이라면 여기서도 보여 줄 수 있지."

그리고 나서 그는 시종에게 사형수 한 명을 끌고 오도록 한 후 도끼로 그 죄수의 목을 치라고 명령했다. 루키우스의 이러한 행동은 불법적인 것이었다. 그러나 루키우스의 형 플라미니누스는 카토가 동생을 원로원에서 제명한 데 수치심을 느꼈다. 그는 카토에게 자신과 같은 명문

---

* 상대가 죽을 때까지 싸우는 결투로 로마 시민이 즐기는 최대 오락거리였다. 정치가들은 시민들의 지지를 얻기 위해, 일부 노예상들은 돈을 벌기 위해 대대적인 검투사 경기를 벌였다.

귀족에게 이러한 불명예를 준 이유를 설명하라고 요구했다. 카토는 연회에서 일어났던 사건을 설명했다. 루키우스는 그것이 사실과 다르다며 발뺌하려 했으나 카토가 정식으로 조사할 것을 요구하자 더 이상 속일 수 없다고 판단하고 해명을 포기했다. 이 일로 카토의 권위는 더욱 높아졌다.**

카토는 집정관에 선출되기로 되어 있던 마닐리우스를 제명한 적도 있었다. 밝은 대낮에 딸이 보는 앞에서 아내를 껴안았다는 것이 그 이유였다. 이때 카토는 자신은 벼락이 칠 때 외에는 아내를 껴안지 않으므로 유피테르신***이 벼락을 내릴 때 자신은 아주 행복한 사람이 된다는 재치 있는 논조를 펼쳤다. 카토는 이렇듯 유연하면서도 강직한 논조로 로마인들 사이에서 인기 있는 정치인이 되었다.

사치를 막아야 로마가 산다

카토가 실시한 여러 정책 중에서 시민들을 가장 힘들게 했던 것은 사치를 억제한 것이었다. 당시 로마에는 사치 풍조가 온 도시를 휩쓸고 있었다. 카토는 이러한 풍조를 막고 싶었으나 시민들을 정면으로 공격

** 루키우스가 티투스 플라미니누스와 형제간이었기 때문에 카토가 그를 제명했다고도 한다. 카토는 플라미니누스와 스키피오의 친그리스적인 성향을 아주 싫어했다.
*** 그리스 신화의 제우스신. 로마의 신으로 숭배되면서 주피터 혹은 유피테르라고 불렸다.

하기는 어렵다고 생각했다. 이 풍조를 근절하기 위한 우회적인 방법으로 카토는 사치품에 많은 세금을 부과하기 시작했다. 귀부인들의 의복이나, 장신구 등과 같은 물품 하나하나에 세금을 붙여 본래 값의 10배가 되도록 했던 것이다.

부를 과시하고 싶어하는 사람들은 이러한 정책이 부를 박탈하는 것이나 다름없다고 생각했다. 사치 때문에 많은 세금을 물어야 하는 사람들과 세금이 무서워 사치를 할 수 없게 된 사람들은 카토를 원망했다. 그러나 카토는 이러한 비난에 전혀 개의치 않고 더욱 엄하게 정책을 실시했다. 그는 공공수로에서 개인의 주택이나 정원으로 물을 끌어들이는 것*을 금지시켰으며, 공유지에 들어서 있던 건물들은 부숴 버렸다. 또한 공공 토목공사의 시공비를 인하했다.

이에 플라미니누스를 중심으로 카토의 정책에 반대하는 사람들이 생겨나기 시작했다. 원로원에서는 카토가 계약을 맺은 신전과 공공건물의 입찰에 대해 벌금을 부과했다. 또한 공금으로 원로원 아래 포룸(집회장이나 시장으로 사용된 공공광장)에 세운 공회당인 바실리카(사방이 트이고 좌우에 원기둥이 늘어선 공공건물)에 대해서도 비난이 대단했다. 그럼에도 카토의 감찰관으로서의 업적은 많은 시민들의 호평을 받았다. 건강의 여신 신전에 있는 카토의 초상에는, 카토가 군인으로 세운 업적에 대한 언급은 없고 다음과 같은 문구가 새겨져 있다.

---

* 로마인들은 목욕 문화를 즐겨 도시 곳곳에 대규모 목욕탕이 있었다. 일부 부유한 귀족들은 개인 소유의 욕실을 갖추려고 했다.

"악습에 빠져 있던 로마를 훌륭한 지도력으로
이끌어 정상으로 되돌려 놓았다."

카토는 여러 가지 면에서 많은 이들의 모범이 되었고 존경을 받았다. 당시의 사람들은 잘못을 저지른 사람에게 '카토가 아니니 그럴 수밖에 없다'고 말하는가 하면, 카토를 서투르게 흉내 내는 사람을 '왼손잡이 카토'라고 불렀다. 중대한 일을 결정해야 하는 원로원에서도 카토가 없을 때는 결정을 연기했다가 그가 나타나면 의견을 물었다. 이렇게 카토는 사회적으로 절대적인 권위를 지니고 있었으며 가정적으로도 존경을 받았다. 카토는 아내에게는 좋은 남편이었으며 아들에게는 훌륭한 교육자였다. 그는 검소한 생활을 했지만 돈을 버는 것을 경시하지는 않았다. 따라서 가족을 위해서 돈 버는 일에도 열심이었다. 그는 돈 많은 여자가 아니라 좋은 가문의 여자와 결혼했다. 그리고 아내와 아이들을 때리는 자는 가장 깨끗하고 성스러운 것에 손을 대는 무식한 사람이라고 생각했다. 그는 원로원의 훌륭한 정치가가 되는 것보다 좋은 남편이 되고 싶다고 하면서 이렇게 말했다.

"철학자 소크라테스를 존경해야 할 이유가 한 가지 있다면 그것은 악처와 어리석은 자식들을 끝까지 자애롭게 대해 주었다는 것이다."

그리스 문화를 거부하다

카토가 노년에 이르렀을 때 많은 그리스의 철학자들이 로마로 건너 왔다. 아테네 학파의 카르네아데스와 스토아 학파*의 철학자 일행도 로 마로 파견되었다. 로마의 젊은이들은 이들의 강연을 듣기 위해 모여들 었으며 그들의 명성은 날로 높아졌다. 특히 카르네아데스의 인품에 매 료되는 로마의 젊은이들이 나날이 늘어 갔다.

"그리스의 한 천재가 젊은이들의 마음을 사로잡아 그들로 하여금 다 른 모든 쾌락을 버리고 철학에만 빠져들게 했다."

로마에는 이러한 소문이 퍼졌으며 대부분의 시민들은 젊은이들이 그 리스의 철학과 사상, 문화를 연구하고 유명한 학자의 가르침을 받는 것 을 좋게 생각했다. 그러나 카토는 로마에 그리스 철학이 유행하는 것을 좋아하지 않았다. 그는 젊은이들이 군사적인 명예를 얻기 위해 노력하 기보다는 언변만을 중요하게 여기게 될까 봐 걱정했다. 마침내 이 철학 자들의 연설을 원로원에서까지 로마어로 번역하여 돌려 읽을 정도에 이 르자, 카토는 어떤 구실을 붙여서든지 그들을 로마에서 쫓아내야겠다고 생각했다. 그는 원로원에 나가 이렇게 비난했다.

"그들은 하는 일도 없이 로마에 머물며 젊은이들을 동요시키고 있지

---

* BC 3세기에 키프로스 섬 출신인 제논이 창설한 철학의 유파. 준엄한 도덕주의와 엄격한 의무의 준 수를 역설했다. 카토는 그리스 문화를 거부했지만 스토아 학파의 엄격함은 카토의 사상과 일치하는 점이 있었다. 스토아 학파는 로마에서 더욱 번성하게 된다.

않은가? 그들을 자기 나라로 돌려보내 로마의 청년들이 예전처럼 법률과 정치, 군사에 전념하도록 해야 한다."

카토는 철학자 카르네아데스를 반대한 것이 아니었다. 그는 로마인으로서의 긍지를 내세워 그리스의 철학과 문화 자체를 거부한 것이다. 따라서 소크라테스에 대해서도 별로 좋지 않게 평가했다.

"그는 저잣거리를 방황하는 수다쟁이일 뿐이며 자신만의 방법으로 아테네의 독재자가 되려는 음모를 꾸미고 있다. 그는 로마의 미풍양속을 파괴하고 시민들에게 법에 어긋나는 사상을 주입시키고 있다."

소크라테스 학파에 대해서도 조롱했다.

"소크라테스의 제자들은 공부만 하다가 늙어 죽게 될 것이며, 저승에 가서도 웅변술이나 구사하려고 할 것이다."

카토는 로마가 그리스 문화에 지나치게 물들면 망하게 될 것이라고 주장했다. 그러나 역사는 카토의 불길한 예언이 틀렸다는 것을 증명했다. 막강한 국력을 갖추게 된 로마는 그리스의 문화를 흡수하여 자신들의 것으로 만들었기 때문이다.**

카토가 싫어한 것은 그리스 철학만이 아니었다. 그는 그리스 출신의 의사도 믿지 않았다. 그는 히포크라테스(고대 그리스의 의사)가 페르시아 왕에게 초빙되어 갔을 때 야만족들을 위해서는 절대 헌신하지 않겠다는 맹세를 했다고 믿었다. 그래서 자신의 아들에게도 의사들을 믿지 말라

** 국가에 대한 의무, 엄숙함을 중요시하던 로마인은 화려하고, 도시적이며, 예술적인 그리스 문명에 차츰 빠져들기 시작했다. 결국 로마는 그리스 문명의 계승자가 되었다.

고 했으며, 스스로 만든 처방전을 가지고 있을 정도였다고 한다. 이러한 카토의 처방에 문제가 있었기 때문인지 그의 아내와 아들은 병으로 죽었다. 하지만 카토는 노년에 이르러서도 활력이 넘쳤으며, 기운이 왕성해 아주 젊은 여자와 새로 결혼하여 아들까지 낳을 정도였다.

최후까지 카르타고를 경계하다

카토는 나이가 들어서도 한순간도 정치 활동을 게을리하지 않았던 사람이다. 로마의 영웅으로 칭송받던 스키피오가 말년에 로마가 자신의 공을 잊어버렸다고 분노하며 현실 정치에서 떠나 버렸던 것과는 정반대였다. 카토는 죽을 때까지 영원한 정치인이었다. 카토는 도시를 떠나 시골에 살면서도 이웃 주민들과 함께 식사를 하고 책과 연설을 통해 훌륭한 시민의 덕목에 대해 의견을 나누었다. 그러나 카토의 진정한 마지막 정치 활동은 카르타고를 멸망시킨 것이었다.

카르타고가 스키피오에 의해 정복된 제2차 포에니 전쟁 이후, 카토는 카르타고의 실정을 조사하기 위해 아프리카에 파견된 적이 있었다. 전쟁에서 패배하고 로마와 강화를 맺은 카르타고는 지중해 지역의 지배권을 상실했으며 로마에 막대한 배상금을 물어야 했다. 그러나 카토의 눈에는 카르타고가 로마의 원로원들이 생각하는 만큼 피폐해 보이지 않았다. 카르타고에는 여전히 인적, 물적 자원이 풍부했으며 사기가 왕성해 보였던 것이다. 또한 경제적으로도 로마와 충분히 겨룰 수 있을 만큼 풍족해 보였다. 카토는 로마에 원한을 품고 있는 카르타고가 놀랄 만한 속도로 국력을 회복하고 있는 것이 두려웠다.

"카르타고의 패배와 불행은 그들의 힘을 죽였다기보다는 그들이 전쟁에 대해 무지했었다는 것만을 깨닫게 해 주었을 뿐이다. 누미디아와 싸우고 있는 카르타고는 로마에 다시 대항하는 것이나 다름없다.* 그들을 빨리 멸망시키지 않으면 로마는 또다시 환란에 빠지게 될 것이다."

카토는 이렇게 말하면서 미리 준비해 온 잘 익은 무화과 열매를 살짝 떨어뜨렸다. 원로원 의원들은 열매가 유난히 크고 아름다운 것을 보고 깜짝 놀랐다.

"이 탐스러운 과일이 나는 나라는 로마에서 바닷길로 사흘밖에 걸리지 않는 거리에 있습니다."

이후부터 카토는 다른 사항으로 원로원에서 발언을 할 때도 마지막에 언제나 한마디를 덧붙였다.

"카르타고는 반드시 없애 버려야 합니다."

그러면 스키피오는 언제나 이렇게 대답했다.

"카르타고는 내버려 두어야 합니다."

스키피오는 로마의 시민들이 전쟁에서 이긴 후 걱정거리가 없어지자 원로원의 명령에 잘 따르지 않는다고 여겼다. 그래서 오히려 카르타고

---

* 누미디아는 제2차 포에니 전쟁 이후 카르타고가 로마의 동의 없이 전쟁을 할 수 없다는 것을 알고 빈번하게 카르타고의 영토를 침범했으며, 이는 제3차 포에니 전쟁의 원인이 되었다.

의 위협을 그대로 두는 것이 시민들을 경계할 수 있는 좋은 방법이라고 생각했다. 카르타고는 결코 로마를 정복할 정도의 힘이 없으며 단지 약간의 위협이 될 정도라고 생각했기 때문이었다. 그러나 카토는 로마인들이 승리에 도취되어 원수를 갚을 기회만을 노리고 있는 카르타고를 방임하는 것은 위험천만한 일이라고 경고했다.

"로마는 공포를 제거하고 정치적 혁신에만 온힘을 기울여야 합니다."

결국 로마는 카르타고와의 세 번째 전쟁(제3차 포에니 전쟁)을 일으켰다. 그러나 카토는 이 전쟁이 시작된 후 얼마 되지 않아 세상을 떠났다.

죽기 전에 그는 군사 지휘관으로 출정한 어떤 인물이 큰 공을 세웠다는 소식을 들었다. 그는 호메로스의 시를 인용하며 그 젊은이가 이 전쟁을 종결지을 인물이라는 것을 예언했다.

"그 사람만이 유일하게 지혜를 가지고 있으니

다른 사람은 모두 그의 그림자에 지나지 않는다."

그는 바로 소小 스키피오*였다. 결국 소 스키피오는 카르타고를 초토화시킴으로써 카토의 예언을 증명했다. 카르타고의 파괴는 역사상 유례가 없을 정도로 처참했다. 그러나 카토는 소원이었던 카르타고의 종말을 확인하지 못하고 눈을 감는다.

---

* 대(大) 스키피오의 양손자. 본래는 아이밀리아누스 가문의 사람이었으나 대 스키피오의 양손자로 입적되었다. 제3차 포에니 전쟁에서 카르타고를 완전히 멸망시켰다.

카토는 말년에 연설집을 비롯하여 역사서 등의 저술활동을 활발히 했다. 농사를 짓거나 절약을 통해서만 돈을 벌 수 있다고 생각했던 카토는 영농법에 관심이 많았다. 카토가 남긴 영농법에는 과자를 만드는 법, 과일을 저장하는 법까지도 기술되어 있었다.**

** BC 160년경에 쓰여진 카토의 《농업론》은 라틴어로 쓰여진 최초의 산문집이다. 라틴문학의 발전에 영향을 끼쳤다.

로마 역사상 최고의 통치자 카이사르

Julius Caesar

BC 100~44년

・・・

마리우스와 술라의 시대

율리우스 카이사르(영어식으로는 '줄리어스 시저')가 태어난 율리우스 가
문은 귀족계급에 속해 있었지만 카이사르 이전에는 뛰어난 인물이 없었
다. 그러나 어머니는 훌륭한 가문 출신이었으며, 고모 율리아는 당대의
실력자인 마리우스(BC 157?~86년)의 아내였다.

카이사르는 어렸을 때 라틴어와 그리스어에 뛰어난 갈리아인 스승에
게서 교육을 받았다. 또한 소년시절부터 강인한 군인이 되기 위한 훈련
을 받았다. 외모는 뛰어나지 않았지만 두뇌는 명석했으며 성격은 냉철
했다.

당시 로마는 대외전쟁에서 명성을 얻은 술라(BC 138~78년)(원로원파)
가 정권을 장악하고 있었다. 자신의 세력을 확장한 술라는 정적인 마리
우스의 추종자(민중파)들을 모조리 암살하고 그들의 재산을 몰수했다.

카이사르는 집안에서 정해 준 약혼자가 있었으나 17세 때 파혼하고

마리우스의 후계자였던 킨나의 딸 코르넬리아와 결혼했다. 또한 공직에 선출될 나이가 되지 않았는데도 민회의 사제직 선거에 출마하여 술라의 견제를 받기 시작했다.* 술라는 코르넬리아를 협박하여 카이사르와 이혼하도록 강요했다. 그러나 코르넬리아가 자신의 요구를 거절하자 술라는 그녀의 재산을 몰수하고 카이사르를 암살하려 했다.

어떤 사람이 17세밖에 되지 않은 어린 카이사르를 죽일 필요가 있냐고 묻자 술라는 이렇게 대답했다.

"지금은 비록 어린아이에 지나지 않지만 그 속에는 여러 명의 마리우스가 숨어 있소."

신변의 위험을 느낀 카이사르는 즉시 로마를 떠났다. 여러 지방을 떠돌며 숨어 다니던 중 그는 바다에서 가장 잔인한 해적으로 유명한 킬리키아 해적들에게 잡혀 포로가 되었다. 해적들은 그에게 20탈렌트를 내면 석방해 주겠다고 했다.

"너희들이 잡은 사람이 누구인지를 모르는 모양이구나. 내 몸값으로 50탈렌트를 내마."

카이사르는 부하들을 친지에게 보내 돈을 마련해 오도록 하고 자신은 해적들과 함께 생활했다. 그는 한 달 정도 감금되어 있었지만 인질이라고 할 수 없을 정도로 거리낌 없이 행동했다. 오히려 해적들과 함께 군사훈련도 하고, 시를 낭독하거나 연설을 하기도 했다. 해적들은 그러

* 카이사르는 마리우스의 혁명에 참여한 귀족 킨나의 딸 코르넬리아와 결혼함으로써 공공연히 자신의 입장을 밝혔다. BC 83년 술라는 동방 정복전쟁을 끝내고 로마로 돌아와 정치주도권을 잡았다.

한 카이사르를 적대하기는커녕 오히려 재미있어 했으며 그의 연설에 매료되기도 했다.

마침내 보석금이 도착하여 석방된 카이사르는 즉시 밀레투스로 가서 군사들을 모아 해적들을 습격했다. 해적을 소탕하고 재물은 모두 전리품으로 챙긴 카이사르는 그 지방의 총독인 유니우스란 사람에게 일부 포로들을 데리고 가 처벌하도록 요청했다. 그러나 총독은 처벌보다 전리품에만 관심을 가졌다. 이에 카이사르는 로마의 공직자가 아니었음에도 해적들을 직접 교수형에 처해 버렸다. 그즈음 로마에서는 술라의 세력이 쇠퇴하기 시작했다. 사람들은 카이사르에게 로마로 돌아올 것을 권유했다.

군중의 심리를 읽다

카이사르는 로마로 돌아가면서 잠시 로도스 섬에 들렀다. 아폴로니우스라는 사람에게서 변론술을 배우기 위해서였다. 아폴로니우스는 당대 최고의 웅변가로 명성을 떨치고 있던 키케로(BC 106~43년)를 가르친 스승이었다. 카이사르는 본래부터 정치적 연설에 능숙했지만 이곳에서 공부하며 키케로 다음가는 웅변 실력을 갖추게 되었다. 그러나 그가 진정으로 추구한 것은 정치가와 군인으로서 제1인자가 되는 것이었다. 따라서 카이사르는 이후 변론보다는 군사 원정과 정치적 활동에 전념했다.

로마로 돌아온 카이사르는 식민지 총독으로 나가 있을 때 비리를 저지른 돌라벨라(마케도니아 총독을 지낸 집정관)를 탄핵하는 것으로 정치 생활을 시작했다. 비록 이 재판에서 돌라벨라는 무죄판결을 받았으나 카이사르는 그 후로 이어진 탄핵과 변론을 통해 시민들 사이에서 이름이 알려지기 시작했다.

카이사르는 언제나 사람들에게 친절하게 대했으며, 부드러운 태도로 많은 사람들의 호감을 얻었다. 또한 향연과 잔치를 베풀어 시민들을 즐겁게 해 줌으로써 자신의 세력을 서서히 넓혀 갔다. 그의 정적들은 그가 마음껏 뿌려 대는 금품이 떨어지면 인기도 시들해질 것이라 생각하여 그다지 견제하지 않았다. 그러나 카이사르의 세력이 아무도 대적할 수 없을 만큼 커지고 있으며 독자적으로 로마 전체의 변혁을 꾀할 수 있을 정도라는 사실을 곧 알아차리게 되었다.

카이사르의 정치적 태도에 가장 먼저 의혹의 눈길을 보낸 사람은 웅변가 키케로였다. 키케로는 친절하고 부드러운 카이사르의 태도 속에 숨겨져 있는 그의 엄격함과 냉정함을 간파했다. 키케로는 원로원 중심의 로마 공화정이 카이사르에 의해 변질될지도 모른다는 생각을 하기 시작했다. 그러나 확신할 수는 없어 이렇게 말하기도 했다.

"몇 올 안되는 머리를 온갖 정성을 다해 다듬거나 한 손가락으로 긁고 있는 사람이 정말 로마를 뒤엎겠다는 야심을 품고 있을까요?"*

키케로의 염려에도 카이사르를 지지하는 사람들은 점점 늘어나기 시

---

* 대머리였던 카이사르는 이를 감추기 위해 월계관을 쓰고 다녔다고 한다. 카이사르의 애인이었던 클레오파트라가 그를 위해 탈모 치료제를 개발했다는 기록도 있다.

작했다. 군사 호민관(로마의 군단을 지휘하는 고위 장교)으로 출마하여 카이우스 포필리우스와 경쟁했을 때는 시민들의 지지에 힘입어 압도적인 표차로 당선되었다. 또한 카이사르는 마리우스의 아내이며 자신의 고모인 율리아가 죽었을 때 그녀를 위한 장례 행렬을 이끌었다. 이때 술라에 의해 반역자로 선고받은 마리우스와 킨나의 초상을 들고 나와 공공연하게 그들을 찬양할 기회를 만들었다. 로마의 정치인들은 카이사르의 당돌한 행동을 비난했다. 그러나 마리우스를 추모하는 일반 시민들의 심리를 사로잡은 그의 연설은 로마 시민들의 지지를 끌어내기에 충분했다.

카이사르는 아내가 죽자 폼페이우스(BC 106~48년)*의 먼 친척인 폼페이아와 재혼했다. 그리고 로마의 속주인 히스파니아 지역의 재무관으로 근무한 다음 로마로 돌아왔다.

정치적 행보의 첫걸음

BC 65년 카이사르는 도로와 공공건물을 관리하는 공직인 안찰관(아이딜리스)에 선출되기 위해 여기저기에서 돈을 빌렸다. 그는 낭비가 심했지만 그 대가로 값비싼 것을 거두어들일 줄 알았다. 이때 빌린 돈이

---

* 일찍부터 술라 아래에서 명성을 떨친 로마의 장군. 스파르타쿠스의 노예 반란 진압, 동방 원정 등 빛나는 군사적 성과를 거두어 카이사르가 등장하기 전까지 원로원의 지지를 받으며 로마에서 가장 세력이 컸다.

무려 1,300탈렌트였다고도 한다. 카이사르는 아이딜리스에 선출되자 막대한 돈을 들여 로마의 건축물들을 장식했고 각종 행사와 운동 대회를 열어 시민들을 즐겁게 해 주었다. 이 때문에 로마 시민들은 카이사르에게 더 높은 직책과 영광을 기꺼이 주고 싶어 했다.

당시 로마의 정치는 술라파와 마리우스파가 대립하고 있었다. 술라는 자신의 정적인 마리우스파를 철저하게 추방시켰다. 따라서 술라가 죽은 이후에도 마리우스의 세력은 과거의 힘을 회복하지 못했다. 그러나 카이사르는 마리우스파를 자신의 정치세력으로 규합하기 시작했다.

카이사르는 어느 날 밤 아무도 모르게 마리우스의 초상과 승리의 여신상을 카피톨리노 언덕(로마인들이 가장 신성하게 여긴 언덕)에 세워 두었다. 날이 밝자 초상은 찬란한 황금색 빛을 발했다. 사람들이 초상을 보려고 몰려들었으며 그들은 마리우스의 영광을 다시 끄집어 낸 카이사르의 용기에 탄복하였다. 마리우스파를 비롯한 많은 사람들이 카이사르를 지지하며 카피톨리노 언덕에 모여들었다. 사태가 심각해지자 원로원은 회의를 소집하여 카이사르를 탄핵했다.

"그동안 암암리에 활동하던 카이사르가 이제는 공공연히 공성기로 로마를 공격하려고 한다."

카이사르는 스스로를 변호하기 위해 나섰다. 그의 연설은 원로원을 승복시켰으며 시민들은 더욱 그를 숭배하게 되었다. 대중적인 인기를 실감한 카이사르는 대사제(로마시 전체의 종교의식을 주재하는 제사장)에 입후보했다. 37살이었던 카이사르는 마침내 자신의 정치적 목적을 향해 나아가기 시작한 것이다. 대사제의 자리에는 원로원 의원 중에서도 가장 세력이 강한 사람들이 출마했다. 당신 원로원에서 제일 당선이 유력하던 카툴루스는 카이사르가 적지 않은 빚을 지고 있다는 것을 알고 많은 돈을 주겠다고 하면서 후보 사퇴를 권유했다. 그러나 카이사르는 그의 제안을 한마디로 거절했다.

"비록 내가 빚으로 망할지라도 선거는 절대 포기할 수 없다."

마침내 선거 당일이 되어 집을 나서는 아들을 향해 어머니가 눈물을 흘리며 격려하자 카이사르는 비장한 목소리로 대답했다.

"어머니, 오늘이 지나면 저는 대사제가 되어 있거나, 아니면 망명자가 되어 있을 것입니다."

선거는 치열했으나 결국 카이사르의 승리로 끝났다(BC 63년). 원로원과 귀족들은 카이사르가 민중을 선동해 어떤 일을 벌일지 아무도 알 수 없다며 공포에 사로잡혔다. 그리고 키케로에게 카틸리나 역모 사건*을 변호한 카이사르를 제대로 공격하지 못했다며 맹렬하게 비난했다. 이 역모 사건에 가담한 인물들에게 사형을 내리려는 원로원과 키케로를 향해 카이사르는 이렇게 변론했다.

"이토록 신분과 가문이 훌륭한 로마의 젊은이들을 재판도 하지 않고 사형에 처하는 것은 정의롭지 않습니다. 사형선고는 이 사건이 마무리

---

* 카틸리나는 로마 사회에 불만을 품은 귀족, 빈민, 술라 휘하의 퇴역군인들의 지지를 받아 집정관에 출마했으나 키케로에게 패했다. 그리고 변란을 도모했다는 이유로 로마에서 추방되었다. 카틸리나 사건의 탄핵을 주도한 키케로는 나머지 음모자들을 처형해야 한다고 주장했다.

될 때까지 보류하는 것이 좋을 것 같습니다."

카이사르의 연설은 위력적이었을 뿐만 아니라 정의롭다고 생각되어 대부분의 사람들이 카이사르의 의견에 찬성했다. 자신의 의견을 철회한 원로원도 있었다. 그러나 결국 이들에게는 사형이 선고되었다. 키케로와 카토(소 카토)는 카이사르도 이 사건과 관련이 있는 것이 아닌지 의심했다. 원로원에서 오랫동안 카이사르를 붙잡고 있자 이 사건의 결과를 기다리던 민중은 원로원 건물을 포위했다. 금방이라도 혁명이 일어날 것 같은 분위기에 원로원과 키케로는 공포에 휩싸였다. 그들은 카이사르야말로 민중의 마음에 불을 당길 수 있는 횃불과도 같은 존재라는 것을 의식하게 되었다.

명예보다는 실리

BC 62년에 카이사르는 법무관**으로 선출되었다. 카이사르가 법무관에 재위하는 동안 귀족들이 두려워했던 어떠한 소요사태도 일어나지 않았다. 다만 카이사르의 집안에 불미스러운 일이 생겼다. 푸블리우스 클로디우스라는 명문의 젊은 귀족과 카이사르의 아내인 폼페이아 사이에 좋지 않은 소문이 퍼진 것이다. 소문이 나자 카이사르는 즉시 폼페이아

** 로마의 관리들은 일반적으로 재무관 →안찰관 →법무관 →집정관 →감찰관 순으로 공직에 선출됐다.

와 이혼해 버렸다.*

"내 아내라면 한 치의 의혹도 없는 여자라야만 합니다."

법무관의 임기를 끝낸 카이사르는 로마의 속령인 히스파니아의 총독으로 임명되었다. 그러나 채권자들의 빚 독촉 때문에 로마를 떠날 수 없게 되었다. 카이사르는 당시 로마의 최고 부자인 크라수스**에게 도움을 청했다. 폼페이우스와 정치적으로 대립하고 있던 크라수스는 카이사르의 정치적 지원이 필요했다. 크라수스가 채권자들에게 빚보증을 서주자 카이사르는 히스파니아로 떠날 수 있었다.

히스파니아로 이동하면서 알프스 산맥을 넘을 때였다. 아주 가난해 보이는 부족을 지나치면서 부하 한 명이 카이사르에게 농담을 건넸다.

"이런 곳에서는 서로 정치를 하겠다고 경쟁하는 일은 없겠지요?"

그러자 카이사르는 정색을 하면서 말했다.

"나라면 로마에서 제2인자가 되느니 차라리 이곳에서 제1인자가 되고 싶다."

또한 히스파니아에 있을 때 카이사르는 알렉산드로스의 전기를 읽다가 갑자기 눈물을 흘렸다. 주변 사람들이 깜짝 놀라 까닭을 물었다.

"지금 내 나이에 알렉산드로스는 페르시아를 정복하고 대국을 건설

---

* 카이사르는 원로원에 고발된 클로디우스의 증인으로 나가 이 사건에 대해 전혀 모른다고 말했으나 아내와는 이혼해 버렸다. 클로디우스는 무죄로 석방되었으나 자신을 탄핵한 키케로에 대해 평생 원한을 품게 되었다.

** BC 70년 폼페이우스와 함께 집정관으로 취임. BC 60년부터 폼페이우스, 카이사르와 함께 제1차 삼두정치를 주도했다.

했는데 나는 아직 아무것도 해 놓은 것이 없으니 너무 슬픈 일이지 않느냐?"

제1인자, 정복자가 되겠다는 야심을 품은 카이사르에게 히스파니아는 너무나 작은 곳이었다. 카이사르는 그곳에서 병사들을 모으고 군대를 편성해서 주변 부족들을 정복하기 시작했다. 카이사르는 정복지의 여러 부족들을 화합시키기 위해 노력했는데 특히 채권자와 채무자 사이를 조정해 주었다. 채무가 청산될 때까지 채권자들은 해마다 채무자 소득의 3분의 2만을 취하고, 나머지 3분의 1은 본인에게 남겨 두도록 했다. 이러한 조치는 현지에서 카이사르의 명성을 드높였으며 영지를 떠날 때쯤 카이사르 자신도 부자가 되어 있었다. 또한 병사들의 재산도 늘어났으므로 그들은 카이사르를 '대장군'이라 부르며 충성을 맹세했다.

새로운 변화를 모색하다

다음 해에 갈리아에서 임기를 끝내고 카이사르는 로마로 귀환하게 되었다. 그때 로마에서는 마침 집정관(콘술)*** 선거가 있었다.

당시 로마에는 개선식을 하려는 사람은 개선식 전에 시내에 들어와

*** 로마 집정관의 임기는 1년으로, 40세 이상이어야 입후보할 수 있었다. 재임도 가능했다. 원로원과 군인만이 선출될 수 있었으며, 이들은 시민들을 위해 연회를 베풀거나 개인 소유의 재산이나 능력을 발휘하여 대규모 건물을 지어 시민들의 환심을 샀다.

서는 안 된다는 규정이 있었다. 또한 집정관에 입후보하려는 자는 시내에 머물고 있어야 한다는 규정도 있었다. 카이사르는 원로원에 사람을 보내 개선식을 하고 싶으므로 시내에 들어갈 수는 없지만 집정관 선거에는 출마하겠다는 뜻을 전달했다.

카토(소 카토)는 법에 어긋난다는 이유로 카이사르의 의견을 강력하게 반대했다. 카토는 원로원 의원들이 이미 카이사르에게 매수됐다는 사실을 알아차리고 지연작전을 펼쳤다. 그는 카이사르의 안건을 처리하지 못하게 하기 위해 원로원에서 하루 종일 연설을 했다. 결국 카이사르는 개선식을 단념하고 로마로 들어와 집정관에 입후보했다. 그 후 카이사르는 여러 가지 정치적인 수완을 발휘하기 시작했다.

먼저 로마에서 가장 세력이 큰 폼페이우스와 크라수스를 화해시키는 일부터 시작했다. 카이사르는 두 사람의 정치적인 힘을 결합시켜 원로원을 중심으로 하는 로마 귀족들의 세력을 약화시키려고 했다. 카이사르는 비밀리에 두 사람과 정치적인 결탁을 하는 데 성공한다.* 그리고 크라수스와 폼페이우스의 협조하에 로마 최고의 직위인 집정관에 당선되었다(BC 60년). 또 한 사람의 집정관으로는 칼푸르니우스 비불루스가 선출되었다.

---

* 이것이 이른바 제1차 삼두정치이다. 삼두정치는 공식적인 정치 형태는 아니었다. 다만 은연중에 세 명의 권력자가 로마의 정치를 좌우하게 되었다는 의미를 가지고 있다.

카이사르와 원로원의 대결

카이사르는 집정관에 취임하자 시민들과 병사들의 지지를 받기 위해 식민시 건설과 토지분배령(로마의 국유지를 분배하는 것)**을 제안했다. 카이사르의 예상대로 원로원에서 이 제안을 강력히 반대하고 나섰다. 원로원을 공격할 구실을 찾고 있던 카이사르는 민회(평민집회)로 달려 나가 호소했다.

"원로원은 너무나 교만하고 완고합니다. 이제 나를 지지해 줄 사람은 바로 로마 시민들뿐입니다!"

폼페이우스와 크라수스를 대동하고 민회에 나간 카이사르는 두 사람에게 공개적으로 이 법안에 찬성하는지를 물었다. 두 사람은 한결같이 토지분배령을 지지한다고 대답했다.

"이 법안을 막기 위해서라면 칼을 들겠다는 사람들이 있습니다. 두 분께서 이 법안이 통과될 수 있도록 저를 도와주십시오."

두 사람은 기꺼이 도와줄 것을 약속했다. 특히 폼페이우스는 한마디 더 덧붙였다.

"칼을 들고 나서는 사람이 있다면 나는 칼과 방패를 들고 싸울 것이오."

폼페이우스의 과격한 언사에 귀족들은 분노했지만 시민들은 열렬한

** 카이사르는 폼페이우스의 병사들에게 땅을 분배해 주겠다는 약속과 폼페이우스의 동방지배권을 승인하겠다는 약속을 했다.

환호를 보냈다. 결국 토지분배령은 카이사르의 계획대로 통과되었다.[*]
동료 집정관인 비불루스도 집정관으로서 거부권을 행사했지만 역부족
이었다. 그는 카토와 함께 포룸에 나갔다가 오히려 생명의 위협을 느끼
게 되었으며 자신의 임기 동안 바깥출입을 거의 하지 않았다.

폼페이우스는 포룸에 무장한 군인들을 배치하고, 카이사르가 제안한
법령들을 통과시켰다. 또한 카이사르에게 알프스 쪽의 갈리아키살피나
[**] 지방과 일리리쿰을 영지로 주고 4개 군단을 5년간 통치할 수 있는 권
한을 주었다.

카이사르의 정치적 수완에 휘말린 원로원의 세력은 급속도로 약해지
기 시작했다. 카이사르는 자신을 강력하게 반대하던 카토와 키케로를
이탈리아에서 추방시킨 다음 자신의 영지로 떠났다. 그전에 카이사르는
자신의 아내와 불미스러운 사건을 일으킨 귀족 청년 클로디우스를 평민
계급으로 만들어 호민관으로 선출했다. 이는 그가 로마를 떠나 있는 동
안 원로원과 키케로를 견제하기 위해서였으나 다소 비난을 받을 수 있
는 정치적 행동이었다.[***]

---

* '호르텐시우스 법'이 생기기 전에는 원로원만이 법률을 제정할 수 있었다.

** 이탈리아 북부에서 알프스 산맥 사이에 이르는 거대한 영토.

*** 카이사르는 자신의 딸 율리아를 약혼자와 파혼시키고 폼페이우스와 결혼시켰다. 그리고 자신은 피
소의 딸인 칼푸르니아와 결혼한 다음 장인인 피소를 다음 해 집정관으로 삼겠다고 약속했다. 이러
한 일련의 정치적 결탁에 대해 카토는 맹렬히 공격했다. 일부 귀족과 평민들도 이러한 카토의 주장
을 존중하고 따랐다.

이탈리아 북부에서부터 갈리아까지

카이사르는 부하들로부터 절대적인 지지와 충성을 받았다. 그들은 카이사르를 위해서라면 어떤 위험도 두려워하지 않았다. 병사들의 이러한 용맹함과 명예심은 카이사르의 지도력 때문이었다. 카이사르는 자신의 병사들에게 명예와 포상을 아낌없이 나누어 주었다. 적을 정벌하고 얻게 된 재물은 절대로 자신이 취하지 않고 병사들을 위해 비축해 두었다. 또한 어떤 위험 앞에서도 체력의 한계를 넘어서는 용맹함을 보여줌으로써 부하 병사들로부터 절대적인 신뢰를 얻었다. 카이사르는 선천적으로 허약해 보이는 신체였으며 간질병 증세까지 있었다. 그러나 신체적으로 불리한 조건을 훈련으로 극복하는 모습을 보여 주었다. 항상 노천에서 잠을 잤으며, 식사는 간소하게 하고 쉬지 않는 행군으로 몸을 단련했다. 특히 어렸을 때부터 말을 다루는 솜씨가 뛰어나 말 잔등 위에서 뒷짐을 지고서도 전속력으로 달릴 수 있을 정도였다.

폭풍우가 심하게 부는 어느 날 카이사르는 자신의 병사들과 함께 한 가난한 농부의 집으로 피신하게 되었다. 그곳에는 겨우 한 사람 정도 잘 수 있는 방밖에 없었다. 카이사르는 자신의 부하 중 한 명에게 그곳에서 자도록 명령했다.

"명예라면 가장 용감한 자에게 양보해야 하지만, 안전한 자리는 가장 약한 자에게 양보해야 한다."

그리고 자신은 다른 부하들과 함께 처마 밑에서 폭풍우를 피했다.

카이사르가 갈리아(오늘날의 이탈리아 북부에서 독일 서부와 프랑스, 벨기에에 해당하는 지역)에서 치른 첫 번째 전쟁은 헬베티아족과 티구리니족과의 전투이다. 헬베티아족은 게르만족*의 침입으로 자신들이 살던 땅과 촌락을 모두 불사르고 이동하기 시작했다. 30만 명의 부족이 이동을 시작하면서 로마 군대와 충돌하게 되었다. 이들 부족은 절반 이상이 전사였다. 병력 수에 있어서도 로마에 뒤지지 않았다. 이들은 짐차로 방어 진지를 구축하고 아이들과 여자까지 합세하여 저항했기 때문에 정복하기 어려웠다.

갈리아에서의 두 번째 전쟁은 아리오비스투스(수에비족의 족장)가 이끄는 라인 강 동쪽의 게르만족과의 싸움이었다. 이들은 로마와 동맹을 맺었지만 틈만 나면 갈리아를 점령할 기회를 노리고 있었다. 카이사르는 부하 장군들, 또는 귀족 출신의 젊은이들을 모아 놓고 갈리아 원정을 단순히 돈벌이 정도로만 생각하고 있다면 당장에 로마로 돌아가는 것이 좋을 것이라고 말했다.**

"나는 오직 한 군단(제10군단)만 이끌고 이들 야만족들을 정벌할 것이다. 왜냐하면 내가 상대하려는 적은 과거에 위대한 마리우스 장군이 격파한 야만족보다 강한 적도 아니고, 나 또한 마리우스 장군보다 못한

---

* 라인 강 동쪽에 살면서 BC 2세기부터 로마의 갈리아 원정군과 충돌했다. 훗날 아시아 훈족의 침입으로 게르만 민족의 대이동이 개시되면서 유럽 각지에 부족국가를 형성한다.

** 초기 로마의 군사제도는 자원입대하는 시민군이었다. 그들은 전쟁이 끝나면 시민으로 돌아가 농사를 지었다. 그러나 차츰 계약에 의한 지원병으로 대체되었으며 지위관에게 충성하고 토지를 제공받거나 로마 시민권을 받았다.

장군이 아니기 때문이다."

카이사르의 대단한 야망에 병사들은 환호를 보냈으며 반드시 승리하겠다는 신념으로 그의 뒤를 따랐다.

카이사르의 군대가 전진하고 있다는 소식에 아리오비스투스와 그의 군사들은 동요했다. 로마군의 사기는 하늘을 찌를 듯했으며 게르만군의 무녀들의 예언은 불길했기 때문이다.

카이사르는 만반의 준비를 갖추고 게르만이 먼저 공격해 오도록 유도했다. 마침내 두 군대가 맞붙었다. 로마군의 사기에 밀린 게르만군은 라인 강 지역으로 후퇴하였다. 로마는 도망치는 적군을 용서하지 않았기 때문에 들판은 게르만군의 시체로 가득했다. 게르만의 족장 아리오비스투스는 겨우 목숨을 건져 패잔병을 이끌고 라인 강 너머로 돌아갔다.

카이사르는 전쟁 중에도 자신의 진지는 로마에서 멀지 않은 포 강 유역으로 정했다. 그리고 전투가 없을 때는 자신을 찾아오는 사람들과 만나 그들의 요구를 들어주기도 하고 전리품으로 얻은 재물로 인심을 쓰는 등 정치적인 수완을 발휘했다. 그러나 전쟁이 일어나면 바로 전쟁터로 달려 나갔다. 갈리아에서 가장 규모가 큰 벨가이족 수만 명이 반란을 일으켰을 때도 카이사르는 갈리아로 달려갔다. 벨가이족은 로마의 맹공을 받고 섬멸되었고 이후 갈리아의 많은 부족들이 카이사르에게 항복했다. 그러나 깊은 산속에 사는 호전적인 네르비족만은 6만 대군이 끝까지 저항했다. 한때 이들의 저항에 부딪혀 카이사르의 기병대가 무너지고 보병 군단이 포위되기도 했다. 그러나 카이사르는 직접 방패를 들고 적진으로 뛰어들어가는 용맹함으로 전세를 역전시킬 수 있었다. 결국 전투에는 이겼으나 로마군도 심한 타격을 받았다. 그러나 네르비족은 살아남은 전사가 거의 없었다.

카이사르의 군대가 갈리아 지역 곳곳에서 대승을 거두었다는 소식이 로마로 전해지자 원로원은 15일 동안 신에게 제사를 올리고 축제를 벌이기로 했다. 카이사르의 승리는 일찍이 유래가 없을 정도의 대승을 거두었기 때문이다. 갈리아의 수많은 부족들은 오랫동안 로마인들에게 위협적인 존재였다. 이들을 진압한 카이사르의 승리는 한층 더 빛이 났으며 그로 인해 민중의 지지는 더욱 확고해졌다.

제2차 삼두정치와 게르만

갈리아 지역을 어느 정도 평정한 카이사르는 다시 포 강 유역으로 돌아왔다. 그리고 로마를 주시하면서 여러 가지 정치 활동을 펼쳤다. 카이사르는 공직에 입후보하려는 사람들을 위해 금전적인 지원도 해 주었는데 그의 지원으로 당선된 정치인들은 원로원 안에서 카이사르의 세력을 키우는 일이라면 수단과 방법을 가리지 않고 앞장섰다.

마침내 카이사르의 지원을 받으려는 명문 귀족들이 그의 영지를 속속 찾아왔다. 폼페이우스, 크라수스를 비롯하여 사르데냐의 총독, 히스파니아의 총독들이 방문했으므로 마치 로마의 원로원을 옮긴 것 같은 착각이 들 정도였다.

한편 이탈리아에서 추방되었던 카토와 키케로는 다시 로마로 복귀하며 카이사르의 반대 세력을 모색했다. 특히 키케로는 폼페이우스를 해군 총사령관으로 임명하여 그의 허영심을 부추기면서 자신들의 세력권으로 끌어들였다. 그러나 카이사르를 지지하는 원로원은 새로운 결의안을 통과시켰다.

"폼페이우스와 크라수스를 다음 해의 집정관으로 임명하고 카이사르는 군자금 지원을 받아 갈리아를 5년 더 통치한다."

카이사르로부터 많은 금품을 받고 있던 사람들이 원로원을 압박하여 카이사르에게 군자금을 지원하도록 한 것이었다. 원로원은 무거운 부담에도 이러한 결의를 할 수밖에 없었다. 이때 카토는 반대 세력에 의해 회의에 참석하지 못하도록 키프로스 섬에 파견되어 있었다. 이와 같은 결의안을 반대하는 의원들은 원로원을 뛰쳐나가 시민들에게 호소했지만 소용이 없었다. 시민들은 오히려 카이사르에게 박수를 보내고 있었다.

로마는 다시 삼두정치 체제가 유지되었으며 원로원의 지지를 받으며 카이사르는 갈리아에 있는 자신의 군대로 돌아갔다. 게르만족이 라인 강을 건너 갈리아로 이동하고 있다는 소식이 전해졌기 때문이다. 이제 카이사르는 게르만족의 땅을 정복한 최초의 로마 장군이 되려는 야심을 품었다.

카이사르는 라인 강에 다리를 건설해 게르만 영토로 건너가야겠다고 결심했다. 라인 강은 폭이 넓었을 뿐만 아니라 물살도 셌다. 그러나 카이사르는 10여 일 만에 다리를 완성했다. 이 다리를 통해 라인 강을 건너온 로마군에게 저항하는 게르만 부족은 없었다. 게르만족 중에서 가장 용맹하다는 수에비족도 로마군의 위세에 눌려 깊은 산속으로 숨어버렸다.

게르만족을 정벌한 카이사르는 정복전쟁을 멈추지 않았다. 그는 약간의 군대를 이끌고 도버 해협을 건너 브리타니아(오늘날의 영국)까지 원정에 나섰다. 대서양을 건너 정벌에 나선 장군은 로마 역사상 그가 처음이었다. 게다가 브리타니아는 당시 역사가들 사이에서도 존재 여부에 대해 논란이 일던 곳이었다. 카이사르의 브리타니아 정벌은 로마의 영토를 미지의 세계로까지 확장한 셈이었다.

카이사르는 두 번씩이나 브리타니아 섬으로 건너가 전투를 벌여 승리를 거두었다. 그러나 그곳은 너무 가난하여 약탈할 것이 거의 없었기 때문에 특별한 소득은 없었다. 다만 그곳의 왕을 인질로 잡고 로마에 조공을 바치게 한 다음 돌아왔다.

갈리아 전쟁의 위기

브리타니아 원정에서 돌아온 카이사르에게 슬픈 소식이 전해졌다. 폼페이우스에게 시집간 딸(율리아)이 아이를 낳다가 사망했다는 것이었다. 로마의 위태로운 정국은 카이사르와 폼페이우스의 인척관계를 바탕으로 평화가 유지되고 있었기 때문에 사람들은 그들의 동맹관계가 깨지는 것을 두려워했다. 사람들은 율리아의 장례를 군신 마르스 광장에서 성대하게 치렀다.

이러한 와중에 카이사르의 갈리아 영지에 위기가 닥쳤다. 카이사르는 엄청나게 늘어난 병사들을 여러 곳에 분산시켜 겨울을 나도록 해야 했는데 갈리아인들이 곳곳에서 반란을 일으켰던 것이다. 반란군의 총사령관은 베르킨게토릭스(아르베르니족의 족장)였다. 베르킨게토릭스는 군대를 분산시켜 여러 곳에서 공격했다. 그리고 로마 북쪽의 아르노 강까지 쳐들어왔다. 그의 목적은 로마에서 카이사르의 반대파가 세력을 확장하고 있을 때 갈리아 전역에서 반란을 일으키려는 것이었다.

카이사르는 반란이 일어났다는 소식을 접하자 엄동설한의 혹한에도 질풍노도와 같은 속도로 알프스를 횡단하여 적의 진지로 진격했다. 카이사르의 군대는 도저히 인간으로서는 막을 수 없는 군대처럼 보였으므로 카이사르와 마주친 적군들은 전의를 잃었다. 카이사르는 아무리 험준한 곳이라도 신속하게 군을 이끌고 나타났다. 그리고 곧바로 적의 심장부 가까이로 다가갔다.

마침내 카이사르는 베르킨게토릭스의 본대가 있는 알레시아를 포위했다. 알레시아에는 성내에만 17만의 병사들이 있었으며 외곽에는 각지에서 모여든 갈리아 병사 30만이 집결해 있었다. 따라서 카이사르는 적군에게 포위되는 위험한 상황에 빠지게 되었다. 그러나 카이사르는 알레시아 전투에서 전쟁사에 빛나는 대담한 작전을 펼쳤다. 그는 로마군 안팎에 두 겹으로 된 어마어마한 방벽을 쌓도록 했다. 그리고 방벽 너머로는 수많은 장애물들을 설치해 놓았다.

로마군 바깥쪽에 있던 갈리아군은 몇 번이나 기세 좋게 로마군을 공격했지만 몇 겹으로 둘러친 방책을 쓰러뜨리지는 못했다. 한동안 수비에만 치중하던 카이사르는 한순간에 공격 태세를 갖추어 배후를 공격함으로써 알레시아를 지원하기 위해 몰려온 수많은 갈리아 병사들을 삽시간에 격퇴시켰다. 이 전투가 얼마나 신속하게 소리 없이 진행되었는지 반대쪽 성벽을 지키고 있던 로마군도 전투가 일어난 것을 모르고 있을 정도였다. 아우성과 울음소리 그리고 전리품들이 운반되는 것을 보고서야 전투가 있었다는 것을 알아차릴 정도였다.

성 안에서 이 광경을 지켜보던 베르킨게토릭스의 병사들은 완전히 기가 꺾이고 말았다. 외부와는 완전히 단절된 상태에서 성안에서 농성하는 동안 식량도 거의 바닥이 난 갈리아족은 극심한 혼란에 빠져들었다. 결국 갈리아군의 총사령관인 베르킨게토릭스는 스스로 성을 빠져나와 무장을 벗어 던지고 카이사르에게 항복했다. 반란군들은 노예가 되었으며 베르킨게토릭스와 지휘관들은 로마로 압송되었다. 그리고 BC 46년 카이사르의 개선식 때 처형되었다.

로마의 역사를 바꾼 내전

카이사르는 라인 강 왼쪽의 갈리아 지방을 BC 58~50년에 걸쳐 정복하고 그곳을 효율적으로 통치했다. 갈리아 전쟁 이후 로마는 이탈리아 북부의 광대한 영토를 지배하는 거대한 제국이 된다.

갈리아족과 치열한 전쟁을 치르면서도 카이사르는 폼페이우스를 계속 견제하고 있었다. 그것은 폼페이우스도 마찬가지였다. 마침 삼두정치의 거두 중 한 사람인 크라수스가 파르티아에서 죽게 되자* 두 사람의 정치적 알력은 표면화되기 시작했다. 폼페이우스는 카이사르의 세력을 자기가 키워 주었다고 생각하여 얕보고 있었다. 그러나 카이사르는 갈리아에 있으면서도 폼페이우스를 꺾을 준비를 하고 있었다.

카이사르는 갈리아 전쟁에서 승리하여 폼페이우스의 명성과 걸맞은 세력을 갖추게 되었다. 그것을 이용하여 로마의 정치적 혼란의 원인이 폼페이우스 때문이라며 비난하기 시작했다. 당시 로마의 정치인들은 뇌물로 관직에 오르는 것을 부끄러워하지 않을 만큼 부패해 있었다. 투표장은 언제나 활과 칼, 투석이 난무하여 피로 물들었으며 로마는 거의 무정부 상태나 다름이 없었다.

"설령 독재자일지라도 로마의 혼란 상태를 끝내 줄 사람이 필요하다."
사람들은 폼페이우스가 그런 일을 해 내기에 가장 적합하다고 생각했

---

* 삼두정치의 지도자 중 한 명이었던 크라수스는 시리아의 총독으로 동방을 통치했으나 시리아 동쪽의 대국 파르티아 정복에 실패했다.

다. 폼페이우스는 겉으로는 그러한 제의를 거절하고 있었지만 실제로는 누구보다도 단독 집정관이 되기 위해 열심히 공작을 하고 있었다. 그러한 사실을 간파한 카토는 원로원을 찾아가 폼페이우스 한 사람만을 다음 해의 집정관으로 임명하여 로마의 폭력 사태를 종식시키자고 주장했다. 원로원은 폼페이우스의 영지에 대한 통치기간을 연장해 주고 영지를 다스리는 데 필요한 돈도 국고에서 지불해 주었다.

그러자 카이사르는 로마에 사람을 보내어 자신도 집정관에 입후보하겠다는 뜻을 전했다. 그리고 폼페이우스처럼 자신의 군사 지휘권의 임기도 연장해 줄 것을 요구했다.* 폼페이우스는 침묵을 지켰지만 카이사르에게 반감을 가지고 있던 집정관 마르켈루스와 렌툴루스가 반대의 뜻을 밝혔다. 그들은 오히려 카이사르가 갈리아의 식민지 주민들에게 주었던 로마의 시민권을 박탈하는 것으로 카이사르의 명예를 손상시켰다. 이때부터 카이사르는 로마의 원로원에 대해 공작을 펼치기 시작했다. 그는 로마 내의 모든 정보를 수집했으며 집정관인 마르켈루스의 임기가 끝나자 갈리아에서 축적한 엄청난 돈으로 로마의 정치인들을 지원했다. 빚에 시달리고 있는 사람들의 채무를 해결해 주고 자신을 지지하게 만들기도 했다.

차츰 카이사르에 대해 불안감을 느끼기 시작한 폼페이우스는 그를

---

* 만약 속주의 총독이었던 카이사르가 집정관으로 임명되지도 않은 상태에서 군사 지휘권을 잃게 된다면, 무방비 상태로 적의 공격을 받아야 했다. 카이사르와 폼페이우스를 지지하는 원로원들은 이 사안을 두고 대결했다.

해임시키기 위한 공작을 시작했다. 또한 갈리아 전쟁을 위해 카이사르에게 빌려 주었던 군대를 돌려줄 것을 요구했다. 카이사르는 병사들을 돌려보내면서 폼페이우스가 방심할 만한 소문을 퍼뜨리게 했다.

"카이사르가 끊임없이 전쟁을 하는 동안 로마의 병사들은 이제 지쳐 가고 있다. 그들은 이탈리아에 돌아오면 즉시 폼페이우스에게 충성을 다할 것이다. 카이사르는 독재정치를 꿈꾸고 있는 것이 틀림없다."

폼페이우스는 이러한 소문을 믿고 방심했다. 군비도 더 늘릴 필요가 없다고 생각하게 되었다. 그리고 연설과 원로원을 통한 정치적인 결의만으로도 충분히 카이사르를 억누를 수 있다고 판단했다.

원로원은 카이사르의 요청을 거절했다. 그러자 카이사르는 다시 사람을 보내어 자신과 폼페이우스가 동시에 장군직을 사직하고 개인의 자격으로 민중의 판단을 기다리자고 제의했다. 표면상으로 아주 공정한 태도였다. 쿠리오(카이사르가 채무를 변제해 준 사람 중 하나)가 이 안을 민회에 제출하자 민중은 우레와 같은 박수를 보냈다. 안토니우스(BC 82~30년)**는 집정관의 제지에도 불구하고 이 제안에 대한 카이사르의 편지를 낭독하기도 했다. 이때 폼페이우스의 장인인 스키피오가 원로원에서 새로운 제안을 했다.

"만약 카이사르가 정해진 날짜까지 장군직을 사임하지 않으면 역적으로 선언해야 합니다."

그러자 폼페이우스도 해임해야 한다, 두 사람 다 해임해야 한다 등의

** 카이사르가 가장 신임하는 부하였으며 카이사르 사후에 로마 최고의 권력자가 된다.

의견이 맞서면서 원로원은 아수라장이 되었다. 결국 아무런 결론도 내지 못하고 원로원은 해산되었다. 이에 일부 원로원들은 나라가 망했다며 상복으로 갈아입기도 했다. 그러자 카이사르는 한결 완화된 요구를 로마로 보냈다.

"현재 내가 지휘하고 있는 군대는 모두 포기하고 알프스 안쪽의 갈리아와 일리리쿰, 2개 군단만을 집정관에 출마할 때까지 지휘하겠다."

웅변가인 키케로는 폼페이우스를 설득하여 카이사르의 요구를 받아들이도록 했지만 집정관 렌툴루스 일파가 단호히 반대하며 안토니우스와 쿠리오를 원로원에서 몰아냈다. 생명의 위협을 느낀 안토니우스와 쿠리오는 황급히 로마를 탈출하여 카이사르에게로 달려왔다.

카이사르는 비장한 각오로 자신의 병사들 앞에 섰다.

"고위직 관리와 명망 높은 인물이 노예로 변장하고 조국에서 도망쳐야 할 정도로 로마의 정치는 혼란에 빠져들었다. 이 혼란은 수습되어야 한다. 바로 내가 그것을 실행할 것이다. 나를 따르겠는가!"

카이사르에게는 기병 300명과 보병 5천 명이 있을 뿐이었다. 나머지 병력은 알프스 반대편에 있었으므로 지휘관을 보내어 데리고 와야만 했다. 카이사르는 불시에 적을 급습하는 것이 전군을 기다려 공격하는 것보다 효과적이라고 생각했다. 그는 부하들을 소집하면서 칼을 제외한 다른 무기는 일체 소지하지 말고 갈리아의 큰 도시 아리미눔에 모이라고 명령했다.

그날 카이사르는 다른 날과 다름없이 여러 시민들 속에 섞여 검투사들의 시합을 구경하면서 하루를 보냈다. 그리고 저녁 무렵 손님들과 식사를 하다가 잠시 다녀오겠다며 자리를 떠났다. 그러고는 마차를 타고 방향을 바꾸어 가며 아리미눔 쪽으로 달렸다. 그리고 갈리아와 이탈리아의 경계인 루비콘 강에 도달했다. 카이사르는 잠시 멈추어 서서 묵묵히 생각에 잠겼다. 자신이 결행하려는 엄청난 일을 생각하니 온몸이 떨리고 혼란스러워졌다. 그는 그곳에서 합류한 부하 장군들과 오랫동안 의논을 했다. 자신이 지금 이 강을 건너게 됨으로써 닥칠 재난과 후세 사람들이 내릴 평가를 생각하지 않을 수 없었던 것이다. 마침내 카이사르는 모든 것을 운명에 내맡기듯 한마디를 내뱉었다.

"이미 주사위는 던져졌다!"

카이사르가 루비콘 강을 건넌 것은 BC 49년 1월이었다. 이때 카이사르는 50세였다.

로마를 장악하다

카이사르는 전속력으로 진격했고 날이 채 새기도 전에 아리미눔을 공격하여 함락시켰다. 아리미눔이 카이사르의 군대에 의해 정복되었다는 소식이 전해지자 마치 둑이 터진 것처럼 전쟁이 이탈리아 반도 전역을 휩쓸었다. 로마시는 아비규환이 되었다. 혼란에 빠진 시민들은 폼페이우스에게 달려와 그를 비난하고 조롱했다. 사람들은 폼페이우스가 카이사르의 세력을 너무 키워 주었기 때문에 이렇게 되었다고 생각했다. 또 카이사르가 양보하여 화해를 요청했을 때 받아들이지 않았기 때문이라며 그를 탓했다. 심지어 어떤 이는 폼페이우스를 향해 발로 땅을 차보라며 조롱했다. 그것은 폼페이우스가 원로원에서 호언장담했던 것을 빗댄 조롱이었다.

"카이사르의 군대가 쳐들어온다 해도 내가 발로 땅을 한 번 차기만 하면 이탈리아 전 국토가 군대로 가득 차게 될 것이다."

사실 폼페이우스의 군대는 카이사르보다 수적으로 월등히 우세했다. 그러나 '적이 바로 코앞까지 왔다' '모든 것을 점령했다' 등등의 온갖 소문 때문에 폼페이우스는 아무런 결단도 내릴 수 없었다. 마침내 폼페이우스는 내란이 일어났다는 사실을 발표하고 원로원에게 자신을 따르라고 말했다.

"조국과 자유를 소중하게 생각하는 사람들이면 모두 로마를 떠나라, 그리고 로마에 한 사람도 남지 마라!"

집정관과 원로원은 속속 로마를 떠났다. 내심 카이사르를 지지하던 사람들도 이 상황에서는 어떤 판단도 내릴 수 없어 도망가는 사람들에 휩쓸려 로마를 떠났다. 많은 시민들이 폼페이우스가 이끄는 망명지를 새로운 조국이라 생각하며 그의 뒤를 따랐다. 소아시아 지역과 히스파니아, 아프리카 속주 지역이 폼페이우스의 세력하에 있었다. 폼페이우스는 잠시 로마시에서 후퇴하여 자신의 세력을 다시 모으면 전세를 역전을 시킬 수 있다고 생각하고 브룬디시움(이탈리아 반도 끝)에서 배를 타고 그리스 반도로 건너가 버렸다.

카이사르는 폼페이우스의 군대를 계속 추격했으나 군사도 부족하고 배도 부족했다. 그리하여 추격을 그만두고 로마시로 진입하기로 결정했다. 카이사르가 루비콘 강을 건넌 지 60여 일 만에 전 이탈리아는 점령되었다. 그러나 전쟁으로 피를 흘린 곳은 한 곳도 없었다.

카이사르는 신속하게 로마의 질서를 확립했다. 로마는 예상보다 빨리 조용해졌다. 카이사르는 남아 있는 원로원 의원들을 모아 부드럽고 정중하게 연설을 했다. 폼페이우스에게는 사절을 보내 적절한 조건으로 화해할 것을 제안했다. 그러나 의원들은 누구 하나 귀를 기울이지 않았다. 자신들을 버리고 떠난 폼페이우스가 두려웠던 것인지 아니면 카이사르의 말을 믿지 않았던 것인지는 알 수 없었다.

카이사르가 국고의 돈을 꺼내려고 하자, 호민관이 로마법을 상기시키며 제지하려 했다. 카이사르는 단호히 이렇게 말했다.

"내가 하는 일에 불만이 있는 자는 로마를 떠나라. 지금은 전쟁 중이다. 법이 조국을 지켜 주지 않는다. 내 손에서 무기가 내려지는 날, 그때 법을 운운해도 늦지 않다."

카이사르는 일단 로마의 내정을 수습했다. 그리고 로마시를 레피두스에게 맡기고 자신은 곧바로 폼페이우스의 군대를 공격하기 위해 히스파니아로 진격해 갔다. 카이사르는 폼페이우스와 대적하기 전에 자신의 배후를 칠지도 모르는 히스파니아 지역을 먼저 제압했다. 폼페이우스는 그 후에 추격해도 늦지 않다고 생각했다. 카이사르의 출병 소식에 히스파니아의 장군들은 대부분 폼페이우스에게 합류했고 나머지 병사들은 카이사르군에 편입되었다.

히스파니아에서 로마로 다시 돌아온 카이사르는 원로원에 의해 집정관으로 선출되었다. 카이사르는 먼저 외국에 망명 중인 사람들을 불러들이기 시작했다. 또한 술라에 의해 시민권이 박탈되었던 사람들에게 다시 시민권을 회복시켜 주고 부채구제책을 세워 민심을 회복하며 질서를 잡아 나갔다. 그러는 동안에도 카이사르는 폼페이우스를 완전히 격파시켜야 된다는 사실을 잊지 않았다. 다시 정예부대와 군단을 재정비한 카이사르는 그리스에 있는 폼페이우스의 뒤를 쫓았다. 아드리아 해를 건너 그리스 해안에 닿은 카이사르는 타고 왔던 배를 다시 돌려보내 증원 병력을 싣고 오라고 명령했다.

그리스 전투

카이사르의 군대는 폼페이우스와 맞붙기에는 아직 수적으로 불리했다. 마침내 안토니우스가 증원병을 이끌고 도착하자 카이사르는 폼페이우스를 향해 총공격을 명령했다.

폼페이우스는 지형적으로 쉽게 공격할 수 없는 유리한 위치에 진을 치고 있었으며 식량도 풍부했다. 그러나 카이사르는 처음부터 식량이 넉넉하지 않은 상태였다. 작은 전투를 여러 번 치르는 동안 카이사르의 군대는 서서히 수세에 몰리기 시작했다. 방비가 허술한 곳이 폼페이우스의 공격을 받아 무너지자 진지까지 빼앗길 위험에 처했다. 제대로 전열을 다듬기도 전에 적의 공격을 받은 참호는 아군의 시체로 넘쳐났다. 카이사르는 도망가려는 병사에게 싸우라고 소리쳤으나 겁에 질린 병사들이 오히려 카이사르를 죽이려는 사태에까지 이르렀다. 카이사르는 자신이 완전히 패배한 것으로 생각했다.

그런데 폼페이우스가 소심했던 것이었는지 아니면 우연이었는지 폼페이우스의 작전이 대성공을 거두었는데도 폼페이우스는 추격을 중지하고 물러났다. 폼페이우스의 군대가 물러나는 것을 본 카이사르는 측근들에게 이렇게 말했다.

"정복이란 것이 어떤 것인지를 아는 장군이 하나만 있었더라면 저들은 오늘 승리를 거두었을 것이다."

카이사르는 자신의 전략을 다시 점검하며 새로운 전법을 모색했다. 수적으로 우세하고 해군력이 강한 폼페이우스를 해안 가까이에서 공격한 것이 실책이었다는 결론이 나왔다. 카이사르는 폼페이우스를 해안에서 떨어진 넓은 평야 쪽으로 유인할 전략을 세웠다.

카이사르의 첫 번째 유인작전은 철수였다. 카이사르의 군대가 철수를 시작하자 폼페이우스군은 승리감에 도취되어 곧바로 카이사르를 추격하기 시작했다. 카이사르의 함정에 말려든 것이었다. 쫓고 쫓기던 양군이 도착한 곳은 그리스의 파르살로스 평원이었다. 폼페이우스의 군대는 이미 숫자로 카이사르군을 압도하고 있었다. 폼페이우스 휘하의 장군들은 카이사르가 이미 패한 것이나 다름없다고 생각하며 자신만만해했다.

카이사르는 군사들을 모아 신에게 제사를 드리고 자신의 운을 물었다. 예언가는 카이사르의 대운을 예언했다. 모든 것이 열세였던 카이사르는 갈리아 전쟁에서 갈고 닦은 중무장 보병을 주력으로 한 전략을 세웠다. 그는 우선 자신의 군대를 세 갈래로 나누었다. 도미티우스 칼비누스를 중앙에 배치하고 좌익은 안토니우스, 우익은 자신이 맡았다. 적군 기병대의 어마어마한 규모에 불안을 느낀 카이사르는 뒤쪽의 6대대를 몰래 이동시켜 놓고 기병대가 쳐들어온 다음에 습격할 것을 명령했다.

폼페이우스는 자신이 직접 우익을 맡았다. 그리고 도미니티우스는 좌익, 그리고 장인인 스키피오에게는 중앙부대를 맡겼다. 그리고 기병대로는 카이사르의 좌군을 섬멸하겠다는 작전을 세웠다.

양군에 동시에 돌격명령이 내려졌다. 이때 폼페이우스는 자신의 보병대에게 창을 잡고 밀집대형으로 서서 적이 가까이 다가왔을 때 공격하라고 했다. 이후 카이사르는 이 부분에 대해 폼페이우스가 오판을 내린 것이라고 평가했다.

"전투란 시작과 동시에 질풍처럼 달려 나가 적과 맞붙어야 힘과 용기가 솟아나는 법이다. 그 사실을 폼페이우스가 잊고 있었던 것이다."

카이사르는 돌격명령을 내림과 동시에 적을 향해 용감하게 나아가는 장군의 모습이 눈에 들어오자 그의 이름을 부르며 외쳤다.

"카이우스 크라시니우스, 아군의 사기는 어떤가?"

크라시니우스는 오른손을 높이 쳐들며 카랑카랑한 목소리로 외쳤다.

"장군님, 오늘은 우리의 승리입니다. 죽든지 살든지 간에 저는 오늘 장군님으로부터 분명히 칭찬을 받을 것입니다."

카이사르는 적진 중앙을 향해 돌격해 나갔다. 바로 그때 폼페이우스의 기병대가 측면에서 카이사르의 우익을 공격하려 하자 미리 숨어 있던 부대가 그들을 막아섰다. 카이사르군은 창으로 적군의 허벅다리나 종아리를 겨냥하지 않고 눈을 겨냥한 채 돌격했다. 카이사르가 지시한 전술이었다. 눈을 향해 다가오는 칼끝에 폼페이우스군은 혼비백산하여 도망치기 시작했다. 기병대는 순식간에 혼란에 빠져들어 자기들끼리 부딪치고 밟히며 순식간에 궤멸해 버렸다. 적군의 기병대가 무너지는 것을 본 카이사르는 즉시 배후에서 보병을 공격했다. 결국 폼페이우스의 진영은 전군이 완전히 와해되었고, 적병이 진지로 쳐들어오자 폼페이우스는 장군의 옷을 벗어 던지고 촌로의 복장으로 탈출하기에 바빴다.

이 전투는 카이사르가 거둔 최대의 승리였다. 카이사르군은 200여 명이 죽었을 뿐이었지만 폼페이우스군은 1만 5천여 명이 죽었고 2만여 명이 포로로 잡혔다. 죽은 병사들은 대부분 노예였으며 로마 병사는 많지 않았다. 카이사르는 포로들을 대부분 자신의 군대로 받아들였으며 마르쿠스 브루투스(BC 85~42년)를 비롯하여 많은 병사들의 죄를 용서해 주었다. 브루투스는 사실 카이사르의 옛 애인인 세르빌리아의 아들로, 어쩌면 카이사르의 자식이었을지도 몰랐다. 그래서인지 카이사르는 브루투스의 생사를 확인했을 때 매우 기뻐했다고 한다.

카이사르는 이 전쟁의 승리를 축하하는 의미에서 테살리아인들에게 자유를 허용했으며 로마의 속국이 된 동방(아시아)의 전 지역이 로마에 바쳐야 하는 공세의 3분의 1을 면제해 주었다.

이집트의 여왕, 클레오파트라

카이사르는 동방으로 도망친 폼페이우스를 쫓아 이집트의 알렉산드리아까지 추격했다. 그러나 쫓기던 폼페이우스는 이집트 프톨레마이오스 왕의 장군에게 살해되었다. 며칠 후 카이사르가 알렉산드리아에 도착했을 때 폼페이우스의 머리와 반지가 그에게 전달되었다. 카이사르는 폼페이우스의 머리는 외면하고 바라보지 않았지만 반지를 받고서는 눈물을 흘렸다. 이제 로마를 비롯하여 지중해, 동방에서 카이사르를 대적할 사람은 아무도 없게 되었다.

카이사르가 이집트에서 벌인 전쟁은 원인이 분명치 않으며 클레오파트라 때문이라고 말하는 역사가들도 있다. 또 한편으로는 이집트 왕 프톨레마이오스 13세와 환관 포티누스 때문이라고 말하는 사람들도 있다. 이집트는 오래전 선왕 시절부터 로마와는 우호적인 관계를 유지하고 있었는데,* 이집트의 제2인자였던 포티누스가 폼페이우스를 살해하고 클레

---

* 프톨레마이오스 12세가 이집트의 왕위를 되찾을 때 로마인들은 돈을 받기로 하고 군사적인 지원을 했다.

오파트라 7세[**]를 추방한 다음 카이사르에 대한 음모를 꾸몄던 것이다.

포티누스는 매우 오만불손한 자로서 카이사르에게 모욕적인 행동을 서슴지 않았으며 카이사르의 병사들에게도 형편없는 대우를 했다. 그리고 카이사르가 빚을 갚을 것을 요구하자, 나중에 갚겠다며 이집트를 떠날 것을 요구했다. 카이사르는 이집트인의 지시는 받지 않는다고 응수했다. 그리고 추방되어 있던 클레오파트라에게 밀사를 보냈다. 클레오파트라는 어둠을 틈타 심복 한 사람과 함께 작은 배를 타고 왕궁에 도착했다. 그리고 감시를 피하기 위해 자루에 들어간 다음 심복으로 하여금 자루를 들고 문을 통과하여 카이사르 앞에 내려놓도록 했다.

카이사르는 클레오파트라의 대담함과 사교적이고 지성미 넘치는 모습에 완전히 매혹되었다. 카이사르는 이집트의 왕이었던 프톨레마이오스 13세에게 클레오파트라와 화해를 할 것을 종용하고 이제부터 두 사람이 이집트를 다스릴 것이라고 선포했다. 그리고 성대한 연회를 베풀라고 명했다. 이집트의 장군 아킬레스와 환관 포티누스는 이 연회에서 카이사르를 암살하려는 음모를 꾸몄다. 그러나 카이사르의 노예가 이 사실을 엿듣게 되었다. 카이사르는 노예의 말을 듣고 연회장에 호위병을 배치해 두었다가 포티누스를 죽여 버렸다. 아킬레스는 간신히 도망쳐 목숨을 건졌으나 곧 왕실의 군대를 비밀리에 불러들여 카이사르에게 전쟁을 선포했다. 카이사르는 클레오파트라를 지키기 위해 전쟁을

[**] 클레오파트라는 프톨레마이오스 12세의 유언에 따라 동생 프톨레마이오스 13세와 결혼하여 이집트를 공동통치하고 있었다. 이집트는 형제들끼리 결혼하여 왕위를 계승하는 관습이 있었다.

치러야 했다.

카이사르의 군대는 수도 적었으며 대도시에서 많은 적을 상대로 싸워야 했기 때문에 상당히 불리했다. 적들은 먼저 식수 공급원을 차단했다. 매우 곤란한 상황이었지만 뛰어난 토목기술을 가지고 있던 카이사르의 병사들은 새 우물을 파서 이 문제를 해결했다. 또한 아킬레스는 왕실의 선박으로 알렉산드리아의 항구를 봉쇄하여 카이사르가 지원군과 연락을 할 수 없도록 했다. 카이사르는 먼저 소아시아에 지원군을 요청하고 적의 선박들을 불사르기 시작했다. 적의 함대들은 잇달아 침몰되었으며 그 불길이 시내까지 옮겨 가 알렉산드리아의 최대 도서관이 불에 타버렸다. 이어 카이사르는 파로스 섬으로 건너가 과감하게 항구를 점령했다. 하지만 하마터면 이곳에서 목숨을 잃을 뻔 했으며 바다를 헤엄쳐 건너 간신히 생명을 건질 수 있었다.

그러는 동안 프톨레마이오스 13세가 반란군에 가입하자 카이사르는 소아시아에서 도착한 지원군과 함께 이집트의 어린 왕을 상대로 전쟁을 치러야 했다. 그러나 나일 강에서 벌어진 전투는 금방 결말이 났다. 왕은 전사하고 나머지는 전부 포로로 잡혔다. 카이사르의 다른 전투에 비해서는 비교적 단순한 전쟁이었다. 카이사르는 이집트인들의 환대를 받으며 알렉산드리아로 개선했다. 그리고 클레오파트라가 이집트의 왕위에 오르게 하였다.*

---

* 카이사르가 알렉산드리아 전쟁에서 승리함으로써 헬레니즘 시대 최대의 왕국이었던 이집트는 로마의 지배를 받게 되었다.

카이사르는 이집트에서 클레오파트라와 함께 두 달 동안 나일 강을 유람하면서 시간을 보냈다. 그러나 소아시아에서 반란이 일어났다는 소식이 도착하자 카이사르는 소아시아로 진군하여 적을 완전히 격파했다. 이 전투가 얼마나 속전속결이었던지 카이사르는 로마의 친구에게 보낸 편지에 단 세 마디로 승리의 소식을 전했다.

"왔노라, 보았노라, 이겼노라!"

클레오파트라는 얼마 후 카이사르의 아들을 낳았는데 알렉산드리아 인들은 그를 '카이사리온(프톨레마이오스 15세)'이라고 불렀다.

로마의 종신 독재관

이집트에서 로마로 돌아온 카이사르는 시민들의 환영을 받았으며 다음 해에 집정관으로 선출되었다.

한편 아프리카로 도망쳤던 폼페이우스파의 카토 일당이 누미디아 왕 유바의 지원을 받아 반란을 일으키자 카이사르는 독재관(딕타토르)**으로 임명되어 이들을 정벌하기 위해 아프리카로 건너갔다.

카이사르의 군대는 폼페이우스파의 군대에 비해 수적으로 훨씬 적었다. 또한 아프리카에서는 스키피오 집안이 승리를 거둔다는 신탁이 있었

** 로마는 전쟁과 같은 비상사태가 발생했을 때는 2명의 집정관 중 1명을 독재관으로 선출하여 나라의 전권을 위임했다.

다. 이로 인해 적들의 사기는 올라 있는 반면 카이사르의 병사들은 두려움과 불안에 휩싸여 있었다. 그러나 얼마 되지 않아 카이사르의 자신감 넘치는 태도와 정신은 병사들에게 용기와 침착함을 되찾게 만들었다.

카이사르는 폼페이우스 군단의 요지인 우티카에서 멀리 떨어진 곳에 상륙함으로써 적군을 이끌어 내는 전략을 세웠다. 카이사르는 기병대를 중앙에 배치했다. 그리고 적이 상상할 수 없을 만큼 빠른 속력으로 적의 진지 깊숙이 쳐들어가 중앙을 돌파한 다음 적군의 배후로 돌아가 포위하는 작전을 펼쳤다. 누미디아 원정대가 도착하기 전에 공격을 끝내는 것이 목적이었다. 이 작전에 따라 하루 만에 적의 진지가 점령되었다. 이때 적군은 5만 명이 죽었으나 아군 전사자는 50명도 되지 않았다. 카이사르는 바로 군대를 돌려 누미디아군을 전멸시켜 버렸다.*

그 후 카이사르는 카토를 사로잡기 위해 우티카로 향했다. 카토는 아들들에게 카이사르에게 항복하라고 한 후 자신은 연회를 열고 친구들과 소크라테스와 플라톤에 대해 대화를 나누었다. 그리고 카이사르가 도착하기 전에 자신의 방으로 들어가 스스로 목숨을 끊었다. 그는 플라톤의 책에 머리를 숙인 채 발견되었다. 카토가 자살했다는 소식을 듣게 된 카이사르는 비록 생전에는 자신의 정적이었지만 그의 죽음으로 인하여 로마인들이 지켜야 할 덕목들이 사라질 위기에 놓였음을 슬퍼했다.

아프리카에서 로마로 돌아온 카이사르는 제일 먼저 시민들 앞에서

---

* 어떤 역사가들은 이 전쟁에서 카이사르가 전략만 세우고 전투에는 참가하지 않았다고 한다. 그의 고질병인 간질병으로 발작을 일으켰기 때문이다.

자신의 승리로 인해 로마의 영토가 얼마나 넓어졌는가를 자랑하는 연설을 했다. 자기가 정복한 땅이 해마다 20만 메딤노이(아테네의 수량 단위)와 30만 리터의 올리브유를 공급할 수 있을 정도로 큰 땅임을 자랑했다. 그리고 갈리아에 이어 이집트, 아프리카에서의 네 번의 승리를 축하하며 성대한 개선식을 거행했다. 그때 카이사르의 나이 54세였다.

개선식은 로마 성벽 밖에서부터 시작되어 로마 시내로 들어오며 거행되었다. 개선장군을 선두로 늘어선 행렬에는 전쟁에 참가한 병사들 그리고 수많은 전리품과 포로들이 뒤따랐다. 시민들은 이들에게 축하의 꽃다발을 던지며 축하했다. 행렬은 로마노 광장을 지나 카피톨리노 언덕에 있는 유피테르 신전에서 신들에게 감사를 드리는 것으로 끝이 났다.

개선식 후 카이사르는 병사들에게는 토지와 재물을 나누어 주었으며 시민들을 위해서는 연회를 베풀었다. 그리고 여러 해 전에 죽은 딸 율리아를 추모하는 검투사 시합과 모의 해전과 같은 거대한 행사를 열어 시민들을 위로했다. 또한 내란으로 인해 파괴된 로마시를 재건하기 위해 항만을 정비하고, 도로를 닦고, 거대한 건축물을 짓는 한편 인구조사를 실시하여 세무행정을 정비했다. 더불어 그리스 천문학자들을 동원하여 역법을 개정하도록 했다. 1년을 365일로 정한 '율리우스력'은 시간의 불규칙성을 아주 과학적이고 합리적으로 연구하여 혼란이 생기지 않도록 한 것이다. 또한 통화 개혁도 시도했다. 이로써 로마의 통치가 이루어지는 곳에서는 같은 달력을 사용했으며 로마의 돈으로 상업 활동이 이루어졌다.

여러 가지 개혁 작업을 펼치며 바쁘게 보내던 카이사르는 폼페이우스의 아들들이 히스파니아에서 또다시 반기를 들자 이들을 정벌하기 위해 떠나야 했다. 그들은 아직 어렸지만 상당한 대군을 규합하여 카이사르에게 큰 위협이 되었던 것이다.

문다시(히스파니아 남부의 도시) 부근에서 마주친 양측 군대는 일대 격전을 벌였다(BC 45년). 카이사르는 악전고투 끝에 겨우 적을 격퇴하고 3만 이상을 살육했지만 카이사르군도 천 명 이상의 피해를 입었다. 전투를 마친 카이사르는 측근들에게 이렇게 말했다.

"승리를 위해 싸운 적은 많았지만 살아남기 위해 싸운 것은 이번이 처음이다."

폼페이우스의 작은 아들은 도주했으나 며칠 후에 살해되었다. 이것으로 카이사르의 전쟁은 마침내 끝이 나게 되었다.

카이사르는 다시 한번 의기양양하게 개선식을 올리며 로마로 돌아왔다. 그러나 이 개선식은 로마인들의 분노를 자아냈다. 이 전쟁은 이민족과 싸운 것이 아니라 로마의 제1인자였던 폼페이우스의 아들들을 멸망시키고 얻은 승리였기 때문이다. 이는 어찌 보면 로마의 재난이었다. 시민들의 뜻을 눈치챈 카이사르는 보통 때 같으면 전령이나 공문을 보내 승리를 공표했겠지만 별다른 행동을 취하지 않았다. 로마인들은 현재의 상황이 마음에 들지 않았지만 어쨌든 내란이 종식되기를 바랐으므로 카이사르를 종신 독재관으로 임명했다. 카이사르는 이제 전제왕권을 가진 것이나 다름없는 지위를 얻게 된 것이었다.*

카이사르의 원대한 계획

원로원에 종신 독재관을 제안한 사람은 키케로였다. 그것은 인간이 가질 수 있는 최고의 영광이었다. 공화주의자들은 한 개인에게 너무 큰 권력이 주어지는 것을 두려워했다. 또한 카이사르가 이집트 여인 클레오파트라와 결혼하여 수도를 알렉산드리아로 옮길지도 모른다는 소문이 떠돌았다.

카이사르는 일단 내란의 혼란을 신속하게 바로잡으면서 모든 면에서 비난받을 행동을 하지 않도록 조심했다. 또한 내란 중에 자신을 반대했던 사람들을 처벌하지도 않았다. 용서를 구하는 사람은 누구든지 용서해 주었다. 반대파였던 브루투스와 카시우스를 집정관에 선출하기도 했다. 또한 측근들이 호위병을 세워야 한다고 했으나 거절했다.

"죽음이 두려워 경계하며 사는 것보다 시민들의 사랑을 받는 것이 가장 안전한 방법이다."

이제 로마시에서는 매일 연회가 열렸으며, 토지와 식량이 분배되었다. 그리고 병사들을 위해 카르타고와 코린토스를 재건하여 식민도시를

---

* 카이사르가 종신 독재관이 됨으로써 로마 공화정은 독재정으로 바뀌게 되었다. 훗날 그의 이름은 '황제'를 뜻하게 된다.

개척했다. 귀족들에게는 지위와 명예를 약속하여 희망을 줌으로써 그들의 동의를 얻고 있는 것처럼 보이도록 했다. 또한 로마의 시민권을 더욱 확대하여 전 이탈리아 반도의 사람들에게 로마의 시민권을 부여하고 그라쿠스 형제의 농업개혁안(BC 2세기경 정복 전쟁으로 얻는 토지 등을 가난한 농민들에게 나누어 주려던 계획)을 받아들여 경제적 불평등을 없애려는 개혁을 실시했다.

카이사르는 자신이 이룩한 현실에 만족하지 않았다. 그는 끊임없이 새로운 목표를 세웠다. 지중해 동쪽의 영토로 눈을 돌려 마치 과거의 업적과 앞으로의 업적을 경쟁하겠다는 듯한 태도를 보였다. 카이사르의 가슴속에 그려져 있는 로마제국의 판도는 지중해를 둘러싼 거대한 영토였다. 카이사르는 파르티아 원정을 결정했다. 유프라테스 강 서쪽을 로마의 영토로 확실히 해 두고 싶었던 것이었다. 카이사르는 이 원정 계획을 세우는 외에도 여러 작업들을 구상했다.*

3월 15일의 음모

파르티아 원정을 앞둔 시기에 시민들은 카이사르에 대해 심한 증오

---

* 카이사르는 코린토스 해협에 운하를 만들고 로마 근처의 테베레 강 물줄기를 바다에 이르게 하여 무역을 활성화시킬 계획을 세웠다. 이 계획은 늪지를 메워 농경지를 만들고, 바다를 막고 둑을 쌓아 항구시설을 만드는 거대한 공사였다.

심을 품게 되었다. 그것은 카이사르가 왕이 되려고 한다는 소문이 돌았기 때문이었다.** 시민들은 차츰 카이사르를 의심의 눈초리로 바라보게 되었다. 게다가 카이사르의 정적들은 그를 견제하기 위해 소문을 더욱 부추겼다. 그러던 어느 날 카이사르가 호민관을 모욕하는 사건이 일어났다. 이 사건은 민중의 반감을 더욱 부채질하는 결과를 낳았다.

당시 로마에는 루페르칼리아 축제(농작물과 가축, 인간의 출산을 기원하는 축제)가 열리고 있었다. 이 축제에서는 젊은 귀족이나 고관들이 윗옷을 벗고 시내를 달리면서 염소 가죽띠를 가지고 만나는 사람을 장난스럽게 때리는 풍습이 있었다. 로마인들은 염소 가죽으로 맞은 사람이 임신 중이면 순산을 하게 되고, 아이가 없는 사람은 아이를 가지게 된다고 믿었다. 그래서 귀족의 부인들도 일부러 밖으로 나오곤 했다.

카이사르는 개선식 때처럼 옷을 차려입고 연단의 황금 의자에 앉아 축제를 구경하고 있었다. 집정관 안토니우스가 축제에 참가해 행렬에서 달리고 있었다. 안토니우스는 포럼에 들어서자 월계관으로 만들어진 왕관을 카이사르에게 바쳤다. 이것은 미리 짜 둔 각본이었다. 카이사르는 왕관을 거절했다. 민중 사이에서는 우레와 같은 박수소리가 터졌다. 그러자 안토니우스가 다시 카이사르에게 왕관을 권했다. 카이사르가 다시 왕관을 거절하자 군중 모두가 환호했다.

사실 카이사르의 각본대로라면 마지못한 듯 왕관을 받아들고 시민들의 환호를 받는 것이었다. 그러나 시민들이 그가 왕이 되는 것에 반대하

** 로마의 시민들은 과거의 왕정시대의 독재적인 전제정치가 되풀이되는 것을 두려워했다.

는 기색이 역력하자 할 수 없이 왕관을 카피톨리노 신전으로 가져가라고 명령했다. 그러나 며칠 후에 카이사르의 초상에 누군가가 왕관을 씌워 놓았다. 호민관 플라비우스와 마룰루스는 일단 왕관을 벗겨 버리고 이 사건을 조사했다. 그리고 맨 처음에 카이사르를 왕이라고 부른 사람을 투옥해 버렸다. 이 사건으로 화가 난 카이사르는 두 호민관을 해임시켜 버렸다. 그러나 이 일은 결국 왕권을 거부하는 군중을 모욕한 셈이었다. 민중은 두 사람을 브루투스라고 부르면서 뒤따랐다. 오랜 옛날에 브루투스(BC 6세기경 활동한 로마 공화정의 창건자)가 전제군주제를 폐하고 정권을 원로원과 시민에게 돌려주었던 사건을 상기시켰기 때문이다.

이러한 일들이 있은 후 사람들의 인심은 마르쿠스 브루투스Marcus Brutus에게 쏠리게 되었다. 그의 가문은 그 옛날 브루투스를 배출한 명문가였으며, 그는 카이사르를 가장 격렬하게 비난했던 카토의 사위였기 때문이다. 브루투스도 전제군주제를 반대하고 로마의 공화정을 원했다. 그러나 워낙 카이사르에게 많은 명예와 은혜를 입었기 때문에 차마 반기를 들지 못하고 있었다. 그래서 사람들은 브루투스에게 직접 말은 꺼내지 못하고 다음과 같은 투서들을 보냈다.

브루투스, 그대는 자고 있는가?
그대는 브루투스가 아니란 말인가?

브루투스의 마음이 동하고 있다는 것을 눈치챈 카시우스(카이사르 암살의 실질적인 주모자)는 더욱 그를 선동하기 시작했다.

"카이사르에 의해 로마의 존엄과 자유가 말살되기 전에 카이사르를 없애야 합니다."

카이사르도 카시우스를 의심하며 친구들에게 이렇게 말했다.

"카시우스가 무슨 생각을 하고 있을까? 나는 저 녀석이 싫어. 얼굴에 핏기가 없어."

또한 안토니우스와 돌라벨라가 음모를 꾸미고 있다는 소식을 들었을 때 카이사르는 이렇게 말했다.

"내가 두려워해야 할 사람들은 살찐 그들이 아니라 여위고 창백한 저들이야."

여기에서 저들이란 바로 카시우스와 브루투스를 가리킨 것이었다. 운명이란 미리 알 수 없는 것이기도 하지만 피할 수도 없는 것이었다. 카이사르는 살해되기 전에 여러 가지 좋지 않은 징조들을 겪었지만 그것이 자신의 죽음을 예고한 것이라는 사실은 알 수 없었다. 한 점술가가 카이사르에게 3월 15일이 액일이니 조심하라고 했다. 그러나 그는 정작 3월 15일이 되었는데도 별다른 일이 없다면서 점술가를 놀리기까지 했다. 또한 연회에 참석했을 때 어떤 죽음이 가장 좋겠느냐는 말이 나오자 카이사르는 누구보다도 먼저 다음과 같이 외쳤다.

"뜻하지 않은 죽음!"

카이사르가 원로원에 나가기 전날 아내 칼푸르니아는 좋지 않은 꿈을 꾸었다. 그녀는 카이사르에게 원로원에 나가지 말고 점술가를 불러운세를 묻는 것이 좋겠다고 말했다. 불안해진 카이사르는 안토니우스를 보내 원로원 회의를 연기하겠다고 말했다. 그때 카이사르가 아주 총애하는 알비누스*가 찾아왔다. 그 역시 음모에 가담해 있던 사람이었다.

"원로원에서 사람들이 기다립니다. 모두들 당신을 왕으로 선포할 준비를 하고 있습니다. 안 나가시면 불평분자들이 뭐라고 떠들어 대겠습니까? 오늘이 운이 좋지 않은 날이라 생각되면 일단 연기하라고 선언하십시오."

알비누스의 권유에 이끌려 카이사르는 집을 나서서 원로원으로 가게 되었다. 이때 음모 사실을 카이사르에게 알리는 서신이 있었다고 하나, 워낙 사람들이 많이 몰려 있어서 카이사르에게 전달되지 않았다.

원로원이 소집되어 있는 곳은 폼페이우스가 건립한 극장이었다. 알비누스는 카이사르를 들여보낸 다음 카이사르의 심복인 안토니우스를 붙잡아 세우고 일부러 이야기를 하며 시간을 끌고 있었다.

카이사르가 원로원 안으로 들어가자 의원들은 모두 자리에서 일어섰다. 그리고 그가 폼페이우스의 초상이 있는 곳으로 다가갔을 때였다. 음모에 가담한 무리들이 카이사르를 둘러쌌다. 그리고 칼로 그의 몸을 내리쳤다. 카이사르는 몸을 돌리고 칼을 잡으면서 우렁차게 소리쳤다.

"이놈들, 무슨 짓이냐?"

---

* 갈리아 원정에서부터 카이사르를 따른 충성파. '브루투스'라고도 부른다. 이 때문에 원로원에서 카이사르를 찌른 브루투스에 대해 의견이 분분한데, 마르쿠스 브루투스가 아니라 바로 이 데키무스 유니우스 브루투스 알비누스라는 설도 있다.

원로원 안은 순식간에 두려움과 공포에 사로잡혔다. 어느 누구도 소리를 내지 못하고 벌벌 떨고만 있었다. 그러나 음모에 가담한 일당들은 카이사르를 둘러싸고 칼로 찔러 댔다. 브루투스가 카이사르의 다리에 일격을 가했다.

어떤 사람들의 말에 의하면 카이사르는 다른 사람들이 공격할 때는 몸을 이리저리 피하더니 브루투스가 칼을 들고 덤비는 것을 보자,

"브루투스, 너마저……."

라고 소리치고는 옷으로 얼굴을 감싸며 더 이상 저항하지 않았다고 한다. 그리고 우연이었는지 아니면 쫓겨서였는지 모르지만 카이사르는 폼페이우스의 초상 앞에 피를 흘리며 쓰러졌다. 대리석은 순식간에 카이사르의 피로 물들었다. 마치 폼페이우스가 복수를 하여 자신의 발 아래 카이사르를 쓰러뜨린 것처럼 보였다. 암살자들은 정신없이 찌르다가 자기들끼리도 상처를 입혔다.

브루투스가 연설을 하려고 했으나 원로원 의원들은 앞을 다투어 뛰쳐나갔다. 시민들은 공포에 사로잡혀 전부 집 안으로 들어가 문을 걸어 잠가 버렸다. 카이사르의 심복이었던 안토니우스와 레피두스는 일단 몸을 숨겼다.

브루투스 일당은 의기양양하게 칼을 뽑아 들고 카피톨리노 언덕으로 향하면서 민중의 자유를 외쳤다. 많은 사람들이 그 뒤를 따랐는데 이 사람들은 나중에 안토니우스에 의해 그 대가를 받게 된다.

브루투스 일당은 다음 날 포럼으로 나와 어제의 사건에 대해 연설을

했다.

"우리는 로마의 자유를 위해 카이사르를 죽였습니다!"

민중은 다만 침묵으로 일관하며 카이사르의 죽음을 가엾게 생각했다. 원로원은 브루투스 일당들에게 적절한 명예를 주고 카이사르의 정책은 그대로 실행하기로 결정했다. 모든 일이 순조롭게 진행되는 듯했다. 그러나 카이사르의 장례식 날 안토니우스가 카이사르의 유서를 발표하면서 사태는 급속히 바뀌었다. 당시 열여덟 살이던 옥타비아누스(BC 63~AD 14년)*를 자신의 후계자로 지명하고 로마의 모든 시민에게 각각 많은 재산을 남겨 주었던 것이었다.

군중은 포룸을 지나가는 카이사르의 처참하게 난자당한 시체를 보면서 차츰 동요되기 시작했다. 카이사르를 추모하면서 화장을 한 시민들은 브루투스 일당들의 집에 불을 지르고 그들을 찾아 죽여야 한다고 외쳐 댔다. 브루투스와 카시우스 일당은 즉시 로마에서 도주했지만 결국 모두 비참한 죽음을 맞이했다. 카시우스는 필리피의 전투에서 패하자 카이사르를 찔렀던 그 칼로 자살했으며, 브루투스도 안토니우스와 옥타비아누스를 맞아 싸우다가 패하자 스스로 목숨을 끊었다.

---

* 카이사르 사후 안토니우스와의 패권 다툼에서 승리하여 '아우구스투스'라는 칭호와 함께 로마제국 최초의 황제가 되었다.

로마 공화정의 자존심 키케로

Marcus Tullius Cicero

BC 106~43년

••

철학자를 꿈꾸던 정치인

키케로의 어머니는 훌륭한 가문 출신이었던 것이 확실하다. 그러나 아버지에 대해서는 반대의 이야기가 전해진다. 또한 키케로의 집안이 로마군에 의해 정복된 볼스키 지역에서 표백공장을 했을 것이라는 말도 있다.*

키케로는 라틴어로 '완두콩'이라는 뜻도 있기 때문에 사람들에게 놀림 받기 쉬운 이름이었다. 그러나 키케로의 가문에서는 그 이름을 자손 대대로 사용했다. 이것으로 보아 가장 먼저 '키케로'라는 이름을 사용했던 조상이 그 이름을 떨쳤던 것으로 보인다.

키케로가 로마의 정계에 진출할 무렵 친구들은 그에게 이름을 바꾸도록 권했다. 그러나 그는 단호하게 대답했다.

---

* 키케로는 로마 출생이 아니다. 볼스키는 테베레 강 유역의 작은 도시국가였으나 로마에 병합되었다.

"나는 키케로를 로마에서 가장 유명한 이름으로 만들겠네."

키케로는 로마에서 조금 떨어진 지방(아르피눔 시 근처)에서 자랐다. 그러나 다른 부유한 로마 귀족과 다를 바 없을 정도로 좋은 환경이었다. 학교에 들어갈 나이가 되었을 때는 다른 아이들보다 사물에 대한 이해력이 빨라 그의 주변에는 항상 친구들이 모여 있었으며 신동이라고 불리기도 했다. 또한 천성적으로 지적 욕구가 강해 모든 학문에 관심을 갖고 열심히 공부했는데 그중에서도 특히 시를 좋아해서 소년 시절에 쓴 시가 지금도 전해질 정도이다.

키케로가 시 외에 뛰어난 능력을 보인 것이 바로 웅변이었다.** 당시 로마에서 키케로의 웅변술은 매우 유명했다. 키케로 이후에도 여러 가지 변론 방법들이 모색되어 새로운 방법들이 나왔지만 키케로의 수사법은 오늘날까지도 최고로 인정을 받고 있다.

키케로는 소년 시절을 보낸 후에 철학자 필로의 가르침을 받았다. 필로는 아카데미파(플라톤 철학의 근원)에 속하는 사람이었으며 뛰어난 웅변과 훌륭한 인격으로 로마에서 이름이 높았다. 그리고 유명한 정치가이며 원로원 의원인 무키우스***로부터는 법률에 대한 가르침을 받았다.

당시 로마는 술라(로마의 장군, 독재관)의 등장으로 인해 공화정이 쇠

** 웅변술은 로마 교육 과정의 핵심이었다. 이 기술을 잘 습득하면 공공 회의나 원로원에서 명성을 쌓을 수 있었으며 정치계로 입문할 수 있는 기회를 갖게 되었다.

*** 로마의 법학자로서 당대의 세력가인 크라수스의 장인이었으며 키케로의 후견인이었다. 로마는 후견인에 의해 정치적 인맥이 형성되었다. 부유한 귀족들은 수많은 피후견인을 거느리고 그들을 물질적, 인적으로 지원했다.

퇴하고 절대군주제가 서서히 그 모습을 드러내고 있었다. 키케로도 처음에는 술라의 군대에 가담했지만, 여러 당파들이 생겨나 반목을 일삼고 한 개인에게 권력이 집중되는 것을 보고는 잠시 정치에서 한 걸음 물러나 있기로 했다. 그리고 그리스 학자들과 사귀며 학문에만 몰두했다. 그러다 키케로에게 정치적으로 가장 큰 세력을 떨치고 있던 술라와 대적해야 하는 일이 생겼다. 술라의 해방 노예 중 한 사람인 크리소고누스가 술라의 추방령으로 사형당한 사람의 집을 아주 싼값에 매입한 일이었다. 사형당한 사람의 아들인 로스키우스라는 젊은이는 이 문제에 대해 이의를 제기하고 나섰으나 술라는 그에게 아버지를 죽였다는 엉뚱한 죄를 뒤집어씌워 재판을 받도록 했다. 사람들은 술라의 권력을 두려워했으므로 아무도 그 젊은이를 변호하려고 하지 않았다. 절망에 빠진 로스키우스는 키케로를 찾아와 변호해 줄 것을 부탁했다. 키케로의 친구들 역시 적극적으로 변호에 나설 것을 권유했다.

"여보게, 이보다 더 좋은 기회는 다시없을 걸세. 정치에 나서려면 이번 기회를 통해 자네가 얼마나 뛰어난 변론가인가를 보여 줘야 하네."

키케로는 술라의 보복이 두려워 처음에는 망설였지만 친구들의 말을 듣고 변론을 맡았다. 이것이 키케로가 처음으로 맡은 사건이었다. 이 재판에서 키케로는 로스키우스를 훌륭하게 변호하여 결국 재판에서 승리했다(BC 80년).* 키케로는 이 사건을 통해 처음으로 시민들 앞에서 자

---

* 키케로는 로스키우스의 부친 살해 혐의를 반박하는 동시에 이 사건의 배후 인물인 크리소고누스의 부당한 행동을 공격하는 연설을 하여 법정에서 박수를 받았다.

신의 능력을 과시하고 명성을 얻을 수 있었다. 그렇지만 술라가 언제 보복을 할지 몰라 건강을 핑계로 재빨리 그리스 여행을 떠났다.

실제로 키케로의 건강은 그리 좋은 편이 아니었다. 특히 위가 약했기 때문에 음식을 제대로 소화시키지 못해 간단한 식사만 할 수 있었다. 또한 뛰어난 웅변가가 되려면 우렁찬 음성으로 조리 있게 연설을 할 수 있어야 했지만 그의 음성은 매우 거칠었으며 잘 조정되지도 않았다.

키케로는 아테네에서 여러 그리스 학자들과 교류하며 철학과 웅변에 필요한 수사학을 공부하고 정치적인 능력을 키웠다. 그 무렵 술라가 죽었다는 소식이 전해졌다. 로마의 친구들은 그에게 정치계로 돌아올 것을 권하는 편지를 계속 보냈다.

웅변이란 상대를 설득하는 것

키케로는 로마로 돌아오기 전에 더 나은 역량을 갖추기 위해 웅변으로 이름 높은 로도스 섬의 아폴로니우스를 찾아갔다. 아폴로니우스는 키케로에게 그리스어로 연설해 볼 것을 요청했다.

키케로의 연설이 끝났을 때, 그곳의 청중들은 그의 연설을 칭찬하며 모두들 감탄했지만 아폴로니우스만은 아무 말도 하지 않고 가만히 있었다. 무언가를 골똘히 생각하던 그는 키케로가 불안해하는 모습을 보고서야 입을 열었다.

"키케로! 너무 놀라워 아무 말도 할 수가 없네. 우리 그리스가 그나마 자랑으로 삼아 온 것이 학문과 웅변술이었는데, 이제 그것마저도 자네 때문에 로마에 빼앗겼다는 생각이 드는 걸 어찌하겠나?"

키케로는 로도스 섬에서 적당한 운동으로 건강을 되찾았으며, 음성도 우렁차게 잘 조정된 후에야 그곳을 떠났다.

키케로는 큰 뜻을 품고 다시 정치에 참여하기로 결심했으며, 그에 앞서 어떻게 하면 최고의 명성을 얻을 수 있는지 신탁을 청했다.

"그대의 천성을 생활지침으로 삼고, 절대 시민들의 의견에 휩쓸려 행동하지 마시오."

그는 신탁의 뜻을 가슴에 새기고 로마에 돌아왔다. 그리고 얼마 동안은 모든 행동을 조심하고 관직에도 출마하지 않았다. 그러나 명예욕이 강했던 그는 주변의 계속되는 권유를 뿌리치지 못하고 변호를 시작했다. 그리고 단번에 모든 변호사들을 능가하는 명성을 얻게 되었다.

키케로의 연설이 처음부터 훌륭했던 것은 아니었다. 처음에는 행동이 부자연스러웠으며 완벽하지도 않았다. 키케로는 자신의 웅변을 보다 효과적으로 만들기 위해 배우들의 몸짓을 열심히 배웠다. 키케로는 특히 복수심에 싸인 배역의 연습에 몰두하다가 지나가는 자신의 하인을 때려죽였다는 이야기가 전해질 정도로 유명한 비극배우 아이소프에게서 많은 것을 배웠다. 키케로는 이러한 배우들의 연기력을 웅변에 곁들

임으로써 강력한 설득력을 가질 수 있게 되었다. 키케로는 고함을 질러 대는 웅변가들을 비웃었다.

"웅변이란 상대를 설득하는 것이다. 따라서 웅변가가 고함만 질러 대는 것은 마치 절름발이가 걸을 수 없으니 말에 올라타는 것과 마찬가지이다."

키케로는 자신의 연설에 적절한 조소와 날카로운 풍자를 사용하여 변론가로서의 품위를 만들어 나갔다. 그러나 한편으로는 지나치게 독설적이어서 성질이 나쁜 사람이라는 평을 듣기도 했다.

이름을 알린 키케로는 BC 75년 시칠리아 섬의 재무관*으로 임명되었으며 공정한 일 처리로 그곳 사람들의 존경을 받았다. 또한 지방 귀족 자제들을 위한 수차례의 변론을 통해 명성을 얻었다. 키케로는 지방 출신이었기 때문에 지방 귀족들의 정치적 지지가 훗날 자신에게 유리할 것이라는 것을 잊지 않았다.

지방에서의 활약에 의기양양하여 로마로 돌아오던 길에 그는 자신의 친구를 만나게 되었다. 키케로는 자신의 명성이 로마까지 퍼졌는지 확인해 보고 싶었다.

"그래, 로마에서는 나에 대한 평가가 어떠한가?"

그는 당연히 자신의 명성이 로마에 자자할 것이라 생각했다. 그러나 친구의 대답은 너무나 엉뚱한 것이었다.

"반갑네, 키케로, 그런데 그동안 자네는 어디에 가 있었나?"

---

* 세금과 국고의 지출을 담당하며 자동적으로 원로원 의원이 될 수 있었다.

그 말을 듣는 순간 키케로는 자신의 업적이나 명성이 로마에서는 아주 미미한 것임을 깨달았고, 그 후로는 겸손한 태도를 갖추게 되었다.

로마에 온 키케로는 결심을 새로이 굳히고 정치가로서 변론을 시작했다. 그는 아주 세심한 부분까지도 철저하게 준비하는 습관을 들였다. 로마와 로마 시민에 관해서는 하나에서 열까지, 즉 이름에서부터 살고 있는 곳, 친구, 저택 이름 등 모든 정보를 자신의 지식으로 만들었다.

키케로는 로마인들에게 자신을 자주 드러내 보여야 한다고 생각했다. 그래서 외출할 때 어떤 길을 가더라도 그곳의 주요한 인물들의 이름과 농장이 어디에 있는지 말할 수 있을 정도였다. 이러한 지식들은 결국 키케로의 변론을 위한 단단한 기반이 되었다.

로마의 정치인들

키케로는 귀족 가문 출신의 테렌티아와 결혼했다. 그는 그리 넉넉한 편이 아니었다. 다만 테렌티아가 가지고온 지참금과 물려받은 재산이 있어서 아르피에 별장을 가지고 있으면서 그리스 사람들과 로마의 학자들을 초대하여 생활을 즐길 수 있는 정도였다. 그러나 그는 변호를 해준 대가로 보수나 선물을 받지 않아 많은 사람들로부터 칭찬을 받았다. 그로 인해 팔라티노 언덕(로마의 유명한 귀족 가문들이 모여 살던 곳)에 있는 키케로의 집은 늘 사람들로 붐볐다.

술라가 죽은 후 로마의 정계에서 가장 큰 권세와 명예를 지니고 있던 크라수스와 폼페이우스의 집에도 항상 많은 사람들이 드나들었다. 크라수스는 부자였고 폼페이우스는 로마군 내에서 가장 세력이 컸기 때문이다. 그러나 키케로의 집에도 그들 못지않게 많은 사람들이 매일 찾아왔다. 또한 폼페이우스도 키케로의 집을 자주 찾아왔는데, 폼페이우스가 누리던 명성과 권력에 키케로의 도움이 큰 힘이 되었기 때문이었다.

키케로가 로마에서 변호사로 명망을 얻게 된 계기는 당대 최고의 변호사로 알려져 있던 호르텐시우스를 재판에서 이긴 것이었다.

시칠리아 총독이었던 베레스의 부정을 고발하는 사건에서 시칠리아 속주민들은 키케로를 변호인으로 선정했다. 그들은 과거에 시칠리아에서 재무관으로 근무하면서 보여 주었던 키케로의 공명정대함을 기억하고 있었기 때문이었다. 베레스 측의 변호인 호르텐시우스는 당시 로마의 법정에서 누구도 당할 수 없는 명성을 가진 사람이었다. 그러나 키케로는 베레스의 부정한 재산 축적의 증거를 세심하게 제시하고 논쟁을 하는 과정에서 재치와 달변으로 상대를 반박하여 재판을 승리로 이끌어 냈다. 이 사건으로 법정에서뿐만 아니라 원로원에서도 키케로를 주목하게 되었다.

그동안 과거 술라에 의해 진압된 소아시아 지역 폰토스의 미트리다테스 왕이 다시 반란을 일으켰다. 원로원에서는 이들을 진압할 장군으로 폼페이우스를 임명할 것인지를 두고 찬반이 엇갈렸다. 이때 키케로는 폼페이우스가 정치적으로 세력을 확장할 수 있도록 돕기 시작했다.

BC 66년 키케로는 원로원에서 폼페이우스를 지지하는 연설을 했다.*

"지금 폰토스를 제압할 수 있는 사람은 폼페이우스밖에 없습니다. 원로원은 로마의 이익을 위해 그의 천재적인 능력을 믿어야 합니다."

마침내 폼페이우스는 원로원의 승인을 받아 지휘관으로 임명되어 소아시아 지역으로 전쟁을 하러 가게 되었다. 이후 키케로는 집정관으로 선출되었다(BC 64년).

카틸리나 반란 사건

키케로는 귀족들은 물론 많은 시민들의 지지를 받으며 집정관으로 당선되다. 여기에는 여러 가지 사회적, 정치적인 이유가 있었다.

로마에는 과거 술라가 꿈꾸었던 정치혁명을 일으키려는 사람들이 있었다. 특히 빈민층들이 가세하기 시작했는데, 이들이 지도자로 삼은 사람은 카틸리나였다.

카틸리나(BC 108~62년)**는 젊은 귀족이었으나 술라의 밑에 있으면서 그가 정치적 숙청을 단행할 때 처벌자들의 이름을 공개적으로 발표하면서 자신의 동생을 죽였다. 또한 그 외에도 방탕한 행동으로 인해 비도

---

* 술라와 마리우스로 인한 정치적 소용돌이에 휘말렸던 키케로는 원로원 중심의 공화정 체제를 유지시킬 수 있는 사람이 폼페이우스라고 생각했다.

** 공화정 말기의 귀족. 여러 가지 죄목으로 고발당했으나 법무관을 지냈으며 아프리카 속주의 총독을 지내는 등 정치적으로는 꾸준히 승진하고 있었다. 따라서 그에 대한 역사적 평가는 다양하다.

덕적인 인물로 알려져 있었다. 그러나 그는 로마 시민들의 부채를 면제시키겠다는 정략을 내세워 집정관 선출에 나섰다. 또 한편으로는 에트루리아와 갈리아 지역의 사람들을 부추겨 단결력을 강화하고 반란을 일으키도록 선동하고 있었다. 로마에 이처럼 반란이 일어나게 된 것은 부의 분배가 평등하게 이루어지지 않고 있었기 때문이었다. 로마는 국가 전체로 보아서는 부유해졌다. 특히 귀족들의 향연, 검투사 경기, 정치자금, 대규모의 건물 공사에는 막대한 자금이 사용되었다. 그러나 정작 농민들, 특히 술라의 군대에서 퇴역한 군인들은 전쟁을 치룬 것에 대한 충분한 보상을 받지 못했다. 로마의 빈부 격차는 시간이 지날수록 심해졌으며 그로 인한 계급 간의 갈등은 정부를 전복시키고자 하는 혁명으로까지 이어질 조짐을 보이고 있었다.

카틸리나는 자신의 계획을 실현시키기 위해 무엇보다도 강력한 지위가 필요했기 때문에 집정관에 출마했다. 그는 자신과 함께 일할 다른 한 명의 집정관으로서 안토니우스가 선출되기를 희망했다. 안토니우스라면 자신이 권력을 행사하는 데 아무런 방해가 되지 않을 것이라 생각했기 때문이었다. 카틸리나는 모든 부채를 없애겠다는 파격적인 공약을 내걸었다. 그러나 혁명을 두려워한 로마인들은 카틸리나 대신 키케로를 전폭적으로 지지하여 집정관으로 당선시켰다.***

*** 시민들의 부채를 탕감하겠다는 카틸리나의 공략은 로마 사회에 불만을 품은 대중의 지지를 받았다. 그러나 카틸리나 자신이 빚에 쪼들리고 있었으며, 범죄자와 무법자까지도 그에게 합세하였으므로 원로원을 중심으로 한 보수 귀족들은 이들을 혁명 세력으로 보았다.

그러나 카틸리나는 포기하지 않고 꾸준히 자신의 세력을 만들어 갔다. 특히 과거 술라에 의해 쫓겨났던 수많은 사람들, 또는 술라의 부하였던 퇴역군인들을 규합하여 시민대회를 열고 집정관의 정치를 비난하며 자신의 음모를 진척시켰다. 그들은 호민관들을 부추겨 10인 위원회를 만들자는 법안을 제출하도록 했다. 그들이 주장하는 10인 위원회는 무제한의 권한을 갖는 기구로서, 일부 원로원들 중에서는 이 법안을 지지하는 자들도 있었다. 또한 키케로의 동료 집정관인 안토니우스도 10인 위원회의 한 사람이 되기를 희망하며 찬성하고 있었다.

　　키케로는 우선 안토니우스를 자신의 편으로 만들기 위해 그가 마케도니아 지방의 통치책임자로 임명되도록 힘썼다. 그 후로 안토니우스는 마치 커다란 은혜를 입은 것처럼 키케로의 제안이라면 무엇이든지 찬성하게 되었다. 안토니우스를 마음대로 다룰 수 있게 되자 키케로는 카틸리나를 적극적으로 공격하기 시작했다.

　　키케로는 먼저 10인 위원회를 만들자는 법안에 대해 공개적으로 반대 연설을 했다. 그러자 카틸리나는 시민대회를 열어 두 집정관의 참석을 요구하고 나섰다. 키케로는 조금도 두려워하지 않고 원로원 의원들과 함께 시민대회장에 참석했다. 그리고 성난 파도와 같은 웅변으로 그들을 압도해 버렸다. 이때 키케로는 정치가의 뛰어난 웅변이 얼마나 큰 위력을 발휘할 수 있는가를 여실히 보여 주었다. 또한 나라를 다스려야 하는 정치가란 시민들이 듣기에 좋은 말을 해야 하는 것이 아니라 공명정대한 정의를 부르짖어야 한다는 것을 로마 시민들로 하여금 뼈저리게 느끼도록 했던 것이다.

카틸리나 무리는 잠시 잠잠해지는 듯했지만 차기 집정관 선거가 있을 즈음 다시 로마로 몰려들었다. 그들은 폼페이우스가 로마로 돌아온다는 소식을 듣고 그전에 일을 꾸미기로 작정한 것이었다. 그들은 대부분 과거에 술라를 따르던 군인들로 군대가 해산되자 이탈리아 각지로 흩어졌으며 특히 에트루리아*에 집중적으로 모여 있었다. 술라의 부하 장군이었던 만리우스를 두목으로 삼고 있던 이들은 카틸리나와 결탁하여 그를 집정관에 선출시키고 키케로를 처치하기 위해 로마로 몰려들었다. 신변의 불안을 느낀 키케로는 갑옷을 입고 귀족들과 청년들의 보호를 받으며 집정관 선거장인 군신의 광장으로 나갔다. 광장에 나선 키케로는 어깨에 걸친 윗옷을 슬쩍 떨어뜨려 갑옷이 드러나도록 했다. 많은 시민들은 갑옷을 받쳐 입은 키케로의 모습에 깜짝 놀랐다.

"아니, 키케로가 갑옷을 입고 있군! 저건 분명 자신을 죽이려는 무리들이 있기 때문이 아니겠는가? 우리가 키케로를 보호해야 하네!"

많은 시민들이 키케로를 보호하기 위해 그를 에워싸며 보호막을 만들어 주었다. 이러한 선거장의 분위기는 카틸리나 일당들에게 불리하게 작용했다. 결국 또다시 선거에서 패하며 패배의 쓴잔을 마신 카틸리나는 무력으로 자신의 음모를 관철시키려 했다. 그는 자신을 따르는 무리들을 에트루리아에 집결시켜 로마로 쳐들어갈 계획을 세웠다.

---

* 술라와 함께 전쟁에 참여했던 퇴역군인들은 로마에서 가까운 에트루리아에 농토를 할당받았으나 농사로는 생계를 유지할 수 없는 상태였다.

키케로는 카틸리나 주변 인물들의 움직임을 주시하고 있었다. 그는 이들 세력이 에트루리아에 집결하고 있으며 그들을 이끌고 있는 만리우스는 군대를 출동시킬 준비를 마치고 로마에서 소식이 오기를 기다리고 있다는 것을 알고 있었다. 그러나 그들이 반란을 준비하고 있다는 구체적인 증거는 없었다. 마침내 '카틸리나 일당이 로마에서 대규모 학살을 준비하고 있으니 몸을 피하라'는 내용이 담긴 여러 통의 편지를 확보하게 된 키케로는 원로원을 소집했다. 그리고 국가가 위기에 처했으므로 2명의 집정관에게 모든 것을 위임해야 한다는 최종 결의를 이끌어 냈다. 이때 카틸리나는 결백하다는 듯한 태도로 원로원에 참석해 있었다. 키케로는 그에게 증거를 보이며 추궁했다.

"카틸리나여, 자네는 어찌하여 모든 일을 칼로 다스리려고 하는가. 순순히 로마를 떠나는 것이 자연의 순리를 따르는 것이네."

카틸리나는 마치 기다렸다는 듯이 의기양양하게 300여 명의 무장한 병사들을 거느리고 시위하듯 로마를 떠났다. 그는 여러 도시를 돌아다니며 동조자들을 모았고 마침내 에트루리아에 모인 그들의 무리는 2천여 명에까지 이르게 되었다.

원로원은 이 무리들이 로마로 쳐들어오는 것을 막기 위해 안토니우스에게 그들을 소탕할 것을 명령했다. 그러나 로마 시내에는 아직 카틸리나와 연관된 인물들이 남아 있었다. 코르넬리우스 렌툴루스는 로마에서 카틸리나의 연락을 기다리고 있었다. 그리고 한편으로는 로마에 남은 일당들을 통솔하며 음모를 꾸미고 있었다. 그는 로마의 지배를 받고 있는 갈리아인들의 불만을 이용하여 그들에게 자신들의 계획에 동참하면 로마의 시민권을 주겠다고 약속했다. 그는 원로원 의원들을 모두 살해하고 로마 시내 곳곳에 불을 지를 계획을 세웠다. 그러나 키케로는 이들 일당과 갈리아인들 사이에 오고가는 편지를 가로채 증거를 확보하고 반란자들의 집을 일시에 습격하여 수색했다. 그리고 많은 창과 갑옷, 그리고 무기들을 찾아냈다.

　마침내 원로원에서 이들에 대한 처벌 방법을 두고 논의가 벌어졌다. 대부분의 원로원 의원들은 음모자들 모두를 사형에 처해야 한다고 주장했다. 이때 정치에서는 신참이며 이제 막 변호인으로 이름을 알리기 시작한 젊은 카이사르가 이들을 변호하고 나섰다.

　"이들은 반란을 일으키려다가 사전에 발각된 자들입니다. 따라서 사형에 처하는 것은 온당하지 못하다고 생각됩니다. 다만 그 죄를 물어 재산을 몰수하고 반란의 주모자인 카틸리나를 퇴치할 때까지 감금해 두는 것이 옳다고 생각합니다."*

　그러자 많은 사람들이 카이사르의 변호에 정당함을 느끼고 그의 의견을 따르자고 했다. 그러나 카토(소 카토)는 카이사르의 의견에 맹렬히 반대하며 음모자들을 처단해야 한다는 주장을 굽히지 않았다. 많은 의견이 오갔지만 결국 원로원은 결론을 내리지 못했다. 그러자 키케로는 원로원을 이끌고 가서 감금되어 있던 일당들을 모두 끌어내어 사형을

---

* 카이사르는 이 연설 때문에 크라수스와 함께 카틸리나 사건의 배후 인물이라는 의심을 받게 되었다. 카이사르와 크라수스, 폼페이우스는 이 사건 이후 로마의 정치 제1선에 등장하는 주요 인물이 된다.

집행하도록 했다.*

키케로가 모든 일을 마무리하고 집으로 돌아갈 무렵에는 이미 해가 저물어 어두워져 있었다. 시민들은 집으로 향하는 키케로를 향해 열렬히 박수를 보냈다.

"당신은 로마를 구한 사람입니다. 당신에게 신의 축복이 내리시길 기원합니다."

시민들은 모두들 집집마다 등불을 내걸고 거리를 누비며 키케로에게 경의를 표했다.

"로마의 힘을 키운 것은 뛰어난 장군들의 공로였지만, 로마를 위험에서 구한 것은 집정관 키케로의 공로이다."

카틸리나를 중심으로 반란을 준비하고 있던 일당들은 로마에 있던 자신의 지지자들이 사형에 처해졌다는 소식이 전해지자 뿔뿔이 흩어지기 시작했다. 이후 카틸리나와 그 무리는 안토니우스에 의해 완전히 토벌되고 말았다. 로마인들은 키케로를 국난의 위기에서 로마를 구한 사람으로 여겨 '로마의 아버지'라는 이름으로 칭송했다. 이러한 이름으로 불린 사람은 로마 역사상 키케로가 처음이었다.

---

* 로마의 원로원은 국가 비상시 1명의 집정관에게 모든 권한을 위임하여 국난을 타개했다. 집정관은 원로원의 묵인하에 재판 절차 없이 시민들을 처형할 수도 있었다. 이것은 로마 원로원의 권리가 극대화되어 있음을 보여 준다.

키케로의 빛나는 웅변술

이제 키케로는 로마에서 무시할 수 없는 권력을 가진 사람이 되었고 많은 사람들에게 존경받았다. 그러나 한편으로는 시기의 눈초리도 많이 받았다. 그것은 그가 나쁜 일을 했거나 행실이 좋지 않아서가 아니라 유난히 자기 자랑을 많이 했기 때문이었다.

지방 출신의 신인이었던 키케로는 대중들의 눈에 뛰어난 사람으로 보이도록 끊임없이 자기 자신을 과시할 필요가 있었다. 그는 기회가 있을 때마다 카틸리나 사건에서 자신의 공로를 자랑했으며 자신의 글에서도 과도하게 스스로의 자랑을 늘어놓았다. 키케로에게 이 버릇은 평생 고치지 못하는 고질병이었다.

그러나 명예심이 강했던 키케로는 다른 사람을 헐뜯는 말은 하지 않았으며 다른 사람들을 칭찬하는 것은 주저하지 않았다. 심지어는 자신을 비난하는 사람에 대해서도 칭찬만큼은 인색하지 않았다.

"아리스토텔레스는 황금빛을 내며 흐르는 시냇물과 같다."

"만일 유피테르신이 사람의 말을 한다면 플라톤처럼 했을 것이다."

"나는 데모스테네스의 긴 연설문을 좋아한다."

이렇게 당시 웅변가나 철학자, 학자로서 이름이 높았던 사람치고 키케로의 찬사를 받지 않은 사람이 없었다. 키케로가 데모스테네스의 연설문을 좋아했다는 것은 그가 훗날 안토니우스를 공격하는 연설문의 제목을 데모스테네스를 본받아 '필리피카'라고 붙인 것으로도 알 수 있다.

키케로는 자신의 연설을 자랑스러워하는 일은 절대 잊지 않았다. 한 번은 무나티우스라는 사람의 변호를 맡아 무죄가 되게 했다. 그러나 그가 키케로의 친구를 고소하자 키케로는 화를 내며 이렇게 말했다.

"무나티우스, 당신이 무죄판결을 받은 것은 당신이 그만한 가치가 있어서가 아닙니다. 나의 변론이 법정에 있는 분들의 눈을 어둡게 만들어 당신의 죄를 찾아내지 못한 것뿐입니다."

키케로는 다른 사람을 칭찬하는 데 인색하지 않은 반면에 자신의 연설이 최고라는 것을 자랑하기 위해 품격과 위엄을 떨어뜨리는 면모를 보이기도 했다. 한번은 마르쿠스 크라수스에게 최고의 찬사를 보내며 사람들로부터 많은 박수를 받아 낸 적이 있었다. 그러나 바로 며칠 후 똑같은 장소에서 그를 심히 비난하는 연설을 했다. 그러자 크라수스는 화를 내며 키케로에게 항의했다.

"아니, 바로 며칠 전에 이곳에서 나를 그토록 칭찬하지 않았습니까? 그런데 오늘은 대체 이게 무슨 말이오?"

키케로의 대답은 엉뚱했다.

"사실, 나쁜 일을 얼마나 좋게 말할 수 있는지 시험해 본 것뿐이오."

카이사르가 캄파니아(이탈리아 남부의 베네멘토, 나폴리, 카푸아 지역)에 있는 토지를 자신의 군대에게 나누어 주자는 법안을 제안했다. 이때 원로원 의원 중에서 가장 나이가 많은 루키우스 겔리우스가 반대하며 나섰다.

"내가 살아 있는 한 절대 이 법안은 통과시키지 않겠소!"

이 말을 들은 키케로 이렇게 대답했다.

"그렇다면 이 법안은 잠시 연기합시다. 그리 오래 걸리지는 않을 것 같군요."

어떤 청년이 독을 바른 과자를 아버지에게 주었다는 혐의로 고발당했다. 이때 그 청년은 큰소리를 치며 키케로를 멋지게 망신 주고 말겠다고 장담했다. 그러자 키케로는 이렇게 대답했다.

"자네가 주는 과자를 먹느니 차라리 망신을 당하는 것이 낫겠네."

술라가 자신을 반대하는 사람들을 숙청하면서 처벌자 명단을 경매 광고처럼 공개한 일이 있었다. 그런데 그의 아들이 부채로 인하여 경매 광고를 내걸었다. 그러자 키케로는 이렇게 말했다.

"아버지의 경매 광고보다 아들의 경매 광고가 훨씬 더 볼만하군요."

법정에서 신랄하게 변론하는 것은 당연한 일이라고 할 수 있지만 키케로는 상대가 누구이건, 장소가 어디이건 가리지를 않고 매서운 말을 내뱉었기 때문에 그를 미워하는 사람들도 상당히 많아졌다.

원로원과 로마의 정치

클로디우스는 로마의 명문 귀족 가문 출신으로 행실이 문란하여 많은 사람들로부터 지탄을 받고 있었다. 그가 카이사르의 아내 폼페이아를 연모하여 남의 눈을 피해 그녀를 만나곤 했기 때문이다. 그러던 어느 날 카이사르의 집에서 열렸던 여인들만 참가하는 보나의 신 축제(베스타 여사제들이 주도하는 비밀의식)에 여자로 변장을 하고 들어가 몰래 폼페이아를 만나려고 했다가 들켜버린 사건이 일어났다.

다음 날 클로디우스는 신성한 종교의식을 모독한 행위로 고발되었으며, 원로원 의원들은 일제히 클로디우스를 공격했다. 그러자 클로디우스는 그 의식이 있던 날 자신은 로마에 없었다는 주장을 했다. 이때 키케로가 나서서 클로디우스가 그날 밤 자신과 만난 적이 있다는 불리한 증언을 했다. 클로디우스는 카틸리나 음모 사건 때 키케로를 많이 도와주었으며, 그 후로 두 사람은 좋은 관계를 유지하고 있었다. 그런 키케로가 그에게 불리한 증언을 하게 된 데에는 나름대로의 이유가 있었다.

키케로의 부인 테렌티아는 성격이 불같은 여자였다. 그녀는 클로디우스의 누이동생이 키케로와 결혼을 하려고 여러 가지 일을 꾸민다는 소문을 들었다. 그 일로 클로디우스를 무척이나 싫어했던 그녀는 남편인 키케로로 하여금 불리한 증언을 하도록 다그쳤다. 키케로 외에도 클로디우스의 복잡한 여자관계 때문에 그를 싫어하던 몇몇 사람들이 나서서 불리한 증언들을 했다.

클로디우스는 겉보기에는 주정뱅이에 여자 뒤만 따라다니는 별 볼일 없는 사람으로 보였다. 그러나 의외로 로마의 귀족들에게 불만을 품고 있는 많은 평민들의 지지를 받고 있었다. 그들은 클로디우스를 적극적으로 옹호하며 불리한 증언을 하는 사람들을 위협했다. 재판 결과 무죄에 찬성하는 사람의 수가 과반수가 넘어 클로디우스는 풀려나게 되었다. 그러나 클로디우스가 뇌물을 많이 썼기 때문에 풀려나게 되었다는 소문이 공공연히 나돌았다. 풀려난 클로디우스는 키케로에게 다가가 비웃으며 말했다.

"키케로, 법관들은 아무도 당신의 말을 믿지 않더군요."

"그래도 25명은 나의 말을 믿었지요. 그리고 나머지 30명도 당신을 믿지 않았어요. 당신이 돈을 주기 전까지는 말입니다."

이때 사건의 당사자였던 카이사르도 증인으로 재판정에 나왔다. 그러나 카이사르는 클로디우스에게 불리한 증언은 하지 않았다.[*] 그리고 자신의 아내 폼페이아와는 이혼을 해 버렸다.

그 후 클로디우스는 평민들의 지지를 받아 호민관으로 선출될 수 있었다. 그리고 그때부터 가난한 평민들의 인기를 얻을 수 있는 일들을 하여 자신이 추진하는 일이라면 무엇이든 지지하는 강력한 당파를 만들었다. 클로디우스는 자신의 힘을 키우는 한편, 키케로에게 반드시 복수를 하겠다고 생각했다.

당시 로마의 정계는 크라수스, 폼페이우스, 카이사르 세 사람이 커다란 세력을 형성하여 서로 경쟁하고 있었다. 그중 크라수스는 키케로의 적이 되어 있었으며 폼페이우스는 겉으로만 친분관계를 유지하고 있었다. 키케로는 세 사람의 밀약적인 정치적 동맹을 불쾌하게 생각하고 있

---

[*] 카이사르는 부채에 시달리는 클로디우스와 주변 젊은이들을 구제하고 자신의 세력으로 만들어 공화정을 공격하게 만들었다.

었다.* 이때 카이사르는 클로디우스를 내세워 과거의 카틸리나 사건을 다시 거론하며 키케로를 공격하기 시작했다.

"정당한 재판도 하지 않고 그들을 사형에 처한 것은 모두 키케로의 책임이오. 그의 일처리는 공정하지 못했으며 합법적인 처사가 아니었소. 그는 그에 대해 책임을 져야 할 것입니다."

생명의 위협을 느낀 키케로는 일부러 찢어진 옷을 입고 대중들 앞에 나타났다. 머리를 흐트러뜨리고 수염을 기른 채 억울함을 탄원했다. 클로디우스 일당들은 무장한 군인들을 보내 원로원을 포위하여 이 일을 방해했다. 이때 많은 로마의 기사계급들과 원로원 의원들도 로마가 망하고 있다고 한탄하며 옷을 찢고 원로원을 뛰쳐나와 시민들에게 키케로의 무죄를 호소했다.

이제 키케로에게는 클로디우스와 칼로 결판을 내는 방법 외에 아무런 대책이 없었다. 그는 폼페이우스를 찾아가 도움을 청했다. 그러나 폼페이우스는 이미 카이사르의 사위가 될 정도로 정치적으로 밀착되어 있었기 때문에 키케로를 무시해 버렸다. 심지어 그는 키케로를 만나는 것조차 거부했다. 마침내 키케로는 로마를 떠나지 않으면 자신의 목숨을 보전하기 어렵다는 것을 깨닫게 되었다.

---

* 키케로는 이 동맹이 로마 공화정과 기존 체제를 붕괴하는 것이라고 생각했다.

추방에서 귀환까지

믿었던 폼페이우스로부터 푸대접을 받은 키케로는 집정관으로 있는 자신의 사위 피소를 찾아갔다.

"이 일을 어떻게 하면 좋겠나?"

"마음을 차분하게 가다듬고 기다리시지요. 지금은 클로디우스 일당들이 날뛰고 있지만 시민들은 곧 키케로를 찾을 것입니다. 그때 예전처럼 그들의 난동을 처단하고 나라를 구하십시오."

피소는 정중한 태도로 그를 위로했다. 그러나 친구들의 의견은 분분했다. 어떤 친구는 이렇게 말했다.

"우리가 반드시 승리할 것이니 로마를 떠나지 말게."

또 다른 친구들은 이렇게 말했다.

"클로디우스 일당들의 횡포가 날이 갈수록 심해지고 있으니 시민들이 곧 자네를 다시 찾게 될 것이네. 지금은 몸을 피하는 것이 좋겠네."

키케로는 일단 로마를 떠나 피신해 있기로 결정했다. 그는 루카니아를 거쳐 시칠리아를 향해 떠났다. 키케로가 도망친 것을 알게 된 클로디우스는 그에 대한 추방령을 결의하고 그를 받아들인 사람에게는 벌을 내리겠다고 공표했다. 키케로는 친구들에게 편지를 보내어 자신을 도와달라고 호소했지만 클로디우스의 추방령 때문인지 그를 맞아 주는 사람이 없었다. 다행히 마케도니아 테살로니카의 재무관이 키케로를 받아 주었고, 그곳에서 망명 생활을 하게 되었다. 키케로는 자신에게 닥친 이 모든 상황에 대해 쉽게 초연해질 수 없었다. 그는 생애 최초로 절망과 두려움에 쌓인 채 지내야 했다.

클로디우스는 키케로를 로마에서 추방한 것으로도 모자라 키케로의 집과 별장을 모두 불살라 버리고 그곳에 자유의 신전을 세웠다. 클로디우스는 이러한 지나친 행동으로 인해 로마인들에게 두려움의 대상이었다. 한껏 기세가 오른 클로디우스 때문에 폭동과 혼란이 야기되었으며, 삼두정치인들마저 그를 통제할 수 없는 것처럼 보였다. 클로디우스는 키케로가 폼페이우스를 통해 다시 복귀하려고 노력 중이라는 것을 알게 되자 폼페이우스를 공격했다. 위기에 빠진 폼페이우스는 지난날 키케로를 소홀히 대했던 것을 후회하고 그를 다시 소환할 계획을 세웠다. 그리고 원로원 의원들을 설득하기 시작했다.

"키케로가 과거에 세운 영웅적 업적을 생각해 보십시오. 그가 다시 로마로 돌아오기 전에는 나는 어떤 법령도 통과시키지 않겠습니다."

원로원은 키케로가 가지고 있는 변호사로서의 명망과 대중적인 영향력을 어느 정도는 인정하고 있었기에 키케로의 복귀에 동조하게 되었다. 그리고 렌툴루스가 집정관이 되었을 때 키케로를 복귀시키는 법안이 통과되었다. 클로디우스에 의해 야기된 혼란에 대해 진저리를 치고 있던 시민들은 키케로를 소환하는 것에 대해 만장일치로 찬성했다. 키케로는 마침내 망명 생활 16개월만에 다시 로마로 돌아오게 되었으며, 여러 도시의 시민들은 그를 진심으로 환영하며 맞아들였다.

로마로 복귀한 키케로는 클로디우스가 호민관이 된 것은 무효이며* 따라서 그가 실행한 법안들도 무효라고 주장했다. 오래지 않아 클로디우스는 칼과 방패로 무장하고 폭동을 일으켰으나 살해되었다. 클로디우스 살인죄로 고소된 사람은 키케로를 변호인으로 선정했지만 키케로는 그의 변호에 성공하지 못했으며 결국 유죄판결을 받게 되었다. 그 후 키케로는 실리시아(소아시아 남부 지역)의 총독이 되어 그곳으로 부임했다 (BC 51년).**

추방령과 살생부

실리시아에서의 임기를 마치고 로마로 돌아오는 길에 키케로는 로도스 섬을 거쳐 다시 아테네를 방문했다. 그곳에서 그리스 학자들과 친구들을 만나 철학적 학문과 사상에 대한 진지한 대화를 나누었다. 그가 로마에 도착할 무렵, 때마침 내란***이 일어나 도시는 불길에 싸여 있었

---

* 클로디우스는 평민의 양자로 입적된 후 호민관에 선출되었다.

** 키케로는 로마의 정치계에 복귀하는 데는 성공했지만 폼페이우스와 카이사르, 크라수스 세 사람의 동맹을 막지는 못했다. 그는 중립적인 입장을 취함으로써 이들의 삼두정치를 묵인했다. 이즈음 세 사람은 루카에서 비밀리에 회합을 갖고 삼두정치의 결의를 더욱 확고히 했다. 폼페이우스는 히스파니아를, 크라수스는 시리아의 지배권을 갖는 대신 카이사르에게는 갈리아 지휘권을 5년 연장해 주는 내용이었다.

*** BC 49년 카이사르는 군대를 이끌고 갈리아와 이탈리아의 경계인 루비콘 강을 넘어 로마로 진군했다.

다. 원로원에서는 키케로를 위한 개선식을 진행하려 했지만 키케로는 개선식보다는 내란의 당사자들을 화해시키는 것이 더 중요하다고 말하며 정중히 거절했다.

내란은 극한상황으로 치닫고 있었다. 카이사르가 군대를 이끌고 로마로 진격하자 로마를 장악하고 있던 폼페이우스는 모두 철수해야 한다고 선언하고 시민들과 원로원을 이끌고 그리스로 도망쳐 버렸다. 이때 키케로는 폼페이우스의 무능함과 경솔함에 대해 화를 내며 폼페이우스를 따라 도망치지 않고 로마에 남아 있었다. 그러나 카이사르의 진영에 합류한 것은 아니었다. 다만 어느 편을 지지하는 것이 옳은 것인지를 결정하지 못해 머뭇거리고 있었을 뿐이었다. 그는 친구에게 보낸 편지에서 당시의 혼란스러움을 이렇게 토로했다.

"어느 편에 손을 들어 주어야 할지 모르겠네. 폼페이우스는 명예롭고 정당하지만, 카이사르도 큰일을 이룩했으며 자신과 친구를 지키는 훌륭한 능력을 지니고 있다네. 그렇기 때문에 누구를 피하고 누구를 가까이 해야 할지 잘 모르겠네."

카이사르는 키케로에게 편지를 보내 자신과 함께 행동할 것을 요청했지만 키케로는 자신의 나이를 핑계로 거절하는 뜻을 밝혔다. 그는 상황이 계속 혼란스럽다면 그리스로 가서 자연에 파묻혀 편히 쉬는 것이 좋겠다고 생각하고 있었다.

빠른 시간 내에 로마를 장악하고 질서를 회복시킨 카이사르는 히스파니아를 정벌하기 위해 로마를 떠났다. 키케로는 카이사르가 떠나자마

자 폼페이우스의 진영으로 찾아가 합류했다. 모두들 그의 합류를 반겼지만 카토만은 그를 찾아와 잘못 판단한 것이라며 크게 책망했다.

"당신이 이곳에 온 것은 큰 잘못입니다. 당신이 지금까지 지켜 온 중립적인 태도를 유지했으면 나라와 친구에게 커다란 이익이 되었을 것입니다. 그러나 당신은 이제 정당한 이유도 없이 카이사르와 원수가 된 것입니다."

오래지 않아 키케로 자신도 폼페이우스의 진영으로 찾아온 것을 후회하게 되었다. 폼페이우스는 그에게 중요한 임무를 맡기려 하지 않았기 때문이었다.

그리스 파르살로스 전투*에서 카이사르의 군대에게 패한 폼페이우스는 이집트로 도망쳤다. 당시 그곳에서 많은 병사들과 해군을 거느리고 있던 카토는 폼페이우스가 맡고 있던 총사령관직을 키케로에게 주어야 한다고 제안했다. 그러나 키케로는 자신은 전쟁과 관련된 일은 더 이상 하지 않겠다고 거절했다. 그 자리에 있던 폼페이우스의 아들과 친구들은 키케로를 배신자라고 외치며 칼을 뽑아 들었으나 카토의 만류로 간신히 위기를 모면했다. 이제 키케로가 돌아갈 수 있는 곳은 이탈리아밖에 없었다.

키케로는 브룬디시움으로 건너가 그곳에서 카이사르를 기다리기로 했다. 카이사르가 아시아와 이집트를 거쳐 그곳에 도착했다는 소식이

---

* BC 48년 그리스 지역에서 일어난 폼페이우스와 카이사르의 전투. 폼페이우스는 카이사르보다 2배나 많은 병사를 거느리고 있었으나 참패했다.

전해지자 키케로는 승리자인 카이사르가 적이었던 자신을 어떻게 대할지 걱정했다. 키케로는 많은 사람들 앞에서 자신의 처지가 시험당할 것을 두려워하여 도시 한 켠에서 카이사르를 기다렸다. 그러나 카이사르는 자신을 맞이하러 나온 키케로의 모습이 멀리에서 보이자 말에서 내려 반갑게 인사를 나누었다. 두 사람은 함께 걸어가며 이야기를 나누었다. 그 이후로도 줄곧 카이사르는 키케로를 공경하는 태도를 지켰다.

폼페이우스를 몰아내고 로마를 완전히 장악하게 된 카이사르가 그동안 유지해오던 공화제를 서서히 군주제로 바꾸어가기 시작했을 무렵 키케로는 스스로 정치계에서 물러나 있었다. 키케로는 자신의 별장인 투스쿨룸에서 시간을 보내면서 로마의 젊은 청년들에게 철학을 강의하거나 철학에 관한 대화들을 모아 책으로 엮어 냈으며 모든 용어들을 라틴어로 번역하는 데 힘을 쏟았다.* 키케로는 카이사르에게 경의를 표하는 행사에 참여하는 일 외에는 로마에 들어가지 않았다. 그리고 자신의 모든 정열을 바쳐 로마의 역사를 집필하려 했다. 그는 로마와 그리스의 역사를 종합하고, 자신이 오랫동안 수집해 온 것들을 집대성하려 했다. 그러나 아내와의 이혼 등 신변의 잡다한 일들로 인해 결국 실행에 옮기지 못했다.

키케로는 당시 카이사르의 독재적인 정치에 대해 불만을 품고 있었

---

* 정치 일선에서 물러난 키케로는 플라톤에서부터 당대에 이르기까지의 철학적 문제를 라틴어로 저술하는 데 온 힘을 기울였다. 그의 저서들은 그리스 로마 철학을 전달해 주는 역할을 했으며 그가 공화정의 원칙을 수호하려는 최고의 문필가였다는 평가를 받게 했다.

으며 과거의 원로원 정치로 돌아가기를 바라고 있었다. 그러나 브루투스와 가까운 사이였음에도 카이사르의 암살 음모에는 가담하지 않았다. 정치적 신념을 행동으로 옮기기에는 나이도 많았고 용기도 부족했기 때문이다.

카이사르가 브루투스를 비롯한 원로원 의원에 의해 암살당하자 로마는 다시 내전의 기운에 휩싸이게 되었다. 키케로는 원로원을 찾아가 사태의 수습 방향을 제시했다.

"지금 로마에서 필요한 것은 질서와 화합입니다. 일단 암살자들을 용서해야 합니다."

그러나 그의 수습안은 실현될 수가 없었다. 칼에 찔려 만신창이가 된 카이사르의 유해가 광장을 지나갈 때, 로마의 시민들은 동정심과 분노에 휩싸여 암살자들의 집으로 몰려가 불을 지르고 모두 처단할 것을 주장했던 것이다.

기회를 엿보고 있던 안토니우스는 시민들의 분노에 편승하여 강경한 태도를 보이기 시작했다. 안토니우스는 카이사르의 뒤를 이어 독재자가 되려고 했던 것이다. 안토니우스는 키케로의 이름이 또다시 영향력을 미치게 될까 봐 두려웠다. 따라서 암살자들과 친하다는 이유로 키케로를 압박하기 시작했다. 생명의 위협을 느낀 키케로는 일단 로마에서 벗어나 잠시 여행을 떠났다. 그러나 안토니우스가 귀환을 권유했다.

"모든 일들을 원로원의 뜻에 맡기도록 하겠습니다. 그리고 국정에 관한 일들은 모두 당신과 함께 의논하겠습니다."

그의 말을 믿은 키케로는 다시 로마로 돌아왔지만 안토니우스가 자신을 해치려 한다는 소문은 사라지지 않자 원로원 회의에는 참석하지 않고 집에만 머물렀다.

최후의 복권 의지 그리고 죽음

그 무렵 소小 카이사르(옥타비아누스)가 아폴로니아로부터 돌아와 안토니우스가 대신 관리하고 있던 카이사르의 유산을 물려받게 되었다. 이때 옥타비아누스와 안토니우스는 유산 문제로 사이가 나빠졌으며 새로운 긴장 관계가 형성되고 있었다.

새로운 권력자로 부상하게 된 옥타비아누스는 자신의 측근들을 이끌고 키케로를 찾아가 그의 후원을 부탁했다. 키케로는 그의 제안을 흔쾌히 수락했다. 옥타비아누스는 죽은 카이사르의 모든 병사들을 물려받아 그 세력이 강대해져 있었으므로 키케로를 보호해 주겠다고 했다. 그는 키케로를 아버지처럼 따르며 존경하고 있었다. 그러나 키케로가 그와 손을 잡게 된 데에는 안토니우스에 대한 증오감도 작용했다. 키케로는 옥타비아누스의 힘을 이용해 안토니우스에게 반격할 수 있으리라 생각했다. 옥타비아누스와 결탁하여 마침내 로마 내에서 최고의 권세를 누릴 수 있게 된 키케로는 여세를 몰아 안토니우스를 공격했다.* 그리고

---

* 키케로는 원로원에서 '필리피카'라는 연설문으로 안토니우스를 로마의 적으로 만들어 전쟁을 선언하

옥타비아누스에게는 로마를 방위할 수 있는 모든 병사와 권한을 부여했다. 원로원은 새로이 부상한 젊은 카이사르(옥타비아누스)에게 너무나 많은 권력이 주어지는 것을 두려워했다.**

"당신이 키운 젊은이가 당신이 만든 법령으로 인해 너무 높이 올라가 내려오지 않으려 할지도 모르겠습니다."

원로원은 그가 너무 막강한 군대를 거느리는 것을 견제하기 시작했다. 그러자 차츰 자신의 지위에 불안을 느끼게 된 옥타비아누스는 키케로를 이용하기 위해 자신의 심복들을 보내 그를 설득했다.

"저와 함께 집정관에 출마해 주십시오. 만약 집정관에 선출된다면 모든 권력은 당신께 드리겠습니다. 그리고 공화정의 대의명분을 수호하겠습니다."

키케로는 공화정을 회복시키기 위해서는 일단 옥타비아누스를 회유하는 것이 최선이라고 생각했다. 그래서 아직 집정관에 출마할 나이가 되지 않았는데도 옥타비아누스가 집정관이 되도록 온 힘을 기울였다.

카이사르 사후 그의 정신을 지지하는 카이사르파가 분열되기를 원하던 키케로의 친구들은 키케로를 맹렬히 비난하고 나섰다.

"옥타비아누스가 집정관이 되도록 도운 것은 당신 자신은 물론 조국

게 했다. BC 44~43년에 걸쳐 14차례 행한 이 연설은 마케도니아의 왕 필리포스 2세를 공격한 그리스의 유명한 웅변가 데모스테네스의 연설문을 모방한 것이라고 한다.

** 원로원은 무티나(모데나) 전투에서 안토니우스를 갈리아 지방으로 몰아내는 데 성공했다. 그러나 원로원의 군대를 지휘한 집정관들이 목숨을 잃자 옥타비아누스의 군대는 공석이 된 집정관 자리 가운데 하나를 옥타비아누스에게 주도록 원로원 의원들을 강요했다.

의 자유를 짓밟는 엄청난 배신 행위가 될 것이오."

그리고 그들의 말은 곧 사실이 되어 나타났다. 일단 집정관에 당선되자 옥타비아누스는 키케로를 배척했던 것이다. 옥타비아누스는 안토니우스, 레피두스와 함께 마치 사적인 재산을 나누듯이 로마의 정권을 나누어 갖기로 결정해 버렸다(제2차 삼두정치).* 이들 세 사람은 3일간의 비밀회의를 거쳐 자신들을 반대한 사람들을 사형에 처하기 위한 살생부를 작성했다. 희생당할 사람을 결정하는 자리에서 가장 논란이 되었던 것은 키케로였다.

"누구보다도 먼저 키케로를 죽여 없애지 않는다면, 이번 타협은 아무런 의미가 없소이다."

안토니우스는 키케로에 대해 줄곧 강경한 태도를 버리지 않았으며 레피두스 역시 그의 의견에 동조했다. 옥타비아누스도 처음에는 키케로를 살리기 위해 맹렬히 반대 의견을 냈지만 결국 키케로를 포기하기로 했다. 그들이 서로 양보한 인물들을 살펴보면 얼마나 권력에 눈이 어두웠는가를 잘 알 수 있다. 옥타비아누스는 키케로를, 레피두스는 자신의 친동생인 파울루스를 그리고 안토니우스는 자신의 외삼촌인 루키우스 카이사르를 희생시키기로 한 것이었다.

동생인 퀸투스와 함께 별장에 머물고 있던 키케로는 로마로부터 추방명령이 전달되자 급히 피신했다. 그들은 마케도니아에 있는 브루투스

---

* BC 50년대의 제1차 삼두정치는 세 사람의 개인적인 합의에 의한 것이었지만, 제2차 삼두정치는 공식적인 절차에 따라 이루어졌다. 이것은 사실상 3인 독재 체제나 마찬가지였다.

에게 가려고 했다. 그러나 정작 배를 타고 떠나야 할 시간에 키케로는 카이에타에 있는 자신의 별장으로 향했다.** 키케로가 별장에서 지체하자 하인들은 그를 억지로 마차에 태우고 해안을 향해 급히 발걸음을 옮겼다. 그 무렵 암살자들이 병사들을 이끌고 별장에 들이닥쳤다. 집 안에 있던 사람들은 모두들 키케로의 행방에 대해 모른다고 대답했지만 노예 중 한 명이 숲 속의 길을 따라 바다로 향하고 있다고 고해 바쳤다.

암살자들은 지름길로 키케로 일행을 앞질러 가서 길목을 지키고 있었다. 암살자들이 기다리고 있는 것을 발견한 키케로는 마차를 멈추도록 했다. 그리고 자리에 가만히 앉아 그들이 다가오는 것을 바라보았다. 그의 몸은 먼지로 더러워져 있었으며 얼굴은 근심과 걱정으로 창백해져 있었다. 암살자의 우두머리인 호민관 헤렌니우스는 마차 밖으로 내밀고 있던 키케로의 목을 칼로 내리쳤다. 그리고 안토니우스의 명령대로 키케로의 한쪽 손목도 잘랐다. 안토니우스가 키케로가 쓴 '필리피카'에 대한 원한을 잊지 못했기 때문이다.

안토니우스는 키케로의 머리와 손을 받고서야 추방령이 끝났음을 선포했다. 그리고 그것을 포룸의 광장에 높이 매달아 놓았다. 로마의 시민들은 안토니우스의 처사에 몸서리를 쳤으며 뒤돌아서서 수군거리기 시작했다.

"우리가 본 저것은 키케로가 아니라 바로 안토니우스의 영혼일세."

** 키케로가 바로 떠나지 않은 것은 옥타비아누스가 자신을 버리지 않을 것이라고 끝까지 믿었기 때문이라고도 하고, 배멀미가 심했기 때문이라고도 한다.

훗날 옥타비아누스는 안토니우스를 몰아내고 정권을 장악하게 되었을 때 자신의 동료 집정관으로 키케로의 아들을 선임했다. 그리고 원로원은 안토니우스에게 주었던 모든 명예를 무효로 선언했다. 또한 안토니우스의 후손들은 다시는 마르쿠스라는 이름을 사용할 수 없게 했다. 신의 뜻에 따라 안토니우스에 대한 징벌은 결국 키케로 일가가 맡게 되었던 것이다.

절대군주를 꿈꾼 로마의 장군 안토니우스

Marcus Antonius

BC 82~30년

방탕한 청년시절

안토니우스의 할아버지는 술라파에 속했던 유명한 변호사였다. 그러나 술라의 정적인 마리우스에 의해 죽음을 당했다. 어머니 율리아는 카이사르 가문의 딸이었으며 로마 귀족으로서의 품위를 갖춘 여자였다. 그러나 아버지는 정치적으로나 사회적으로 크게 명성을 떨친 인물은 아니었으며 선량함으로 존경을 받는 시민이었다. 어머니인 율리아는 남편이 죽자 코르넬리우스 렌툴루스와 재혼했다. 그러나 렌툴루스는 후에 카틸리나 음모 사건에 가담한 죄로 키케로에 의해 사형되었다. 이 때문이었는지 안토니우스는 키케로와 좋은 관계가 아니었다.

안토니우스는 미남 청년으로 성장했다. 그러나 젊은 시절 대다수의 로마 귀족 청년들처럼 술과 여자를 즐기는 생활에 빠져 엄청난 빚을 지기도 했으며 과격한 선동가였던 클로디우스 일파에 가담하여 활동하기도 했다. 그러나 그의 과격함에 동조를 할 수 없었던 안토니우스는 이탈리아를 떠나 그리스로 건너갔다. 그리고 군인으로서의 자질과 웅변술을 습득했다. 웅변은 과시욕과 명예욕이 강한 안토니우스의 성격에 잘 어울리는 것이었다.

그 무렵 집정관을 지냈던 가비니우스가 시리아로 원정을 떠나면서 안토니우스에게 함께 갈 것을 권유했다.

"일개 병사로는 참전하지 않겠습니다."

"그렇다면 자네에게 기병대장의 직위를 주겠네."

시리아에서 맡은 첫 번째 임무는 유대인을 선동하여 반란을 일으킨 아리스토불루스를 토벌하라는 명령이었다.

안토니우스는 이때부터 군인으로서의 뛰어난 자질을 나타내기 시작했다. 로마군의 선두에 선 그는 가장 먼저 성벽을 타고 올라가 수많은 적을 물리치고 아리스토불루스와 그의 아들을 인질로 잡았다.

그즈음 프톨레마이오스(이집트의 여왕 클레오파트라의 아버지)가 이 전쟁에서의 승리로 명성을 떨치게 된 가비니우스에게 한 가지 제안을 해왔다.

"나를 지원하여 이집트의 왕위를 되찾아 주면 1만 탈렌트의 돈을 지불하겠소."

가비니우스는 거액의 돈에 욕심은 생겼지만 부하 장군들의 반대에 부딪혀 결정을 내리지 못하고 있었다. 그러나 명예욕이 강해 하루라도 빨리 이름을 떨치려던 안토니우스에게 이보다 더 좋은 기회는 없었다. 그는 주저하는 가비니우스를 적극적으로 설득하여 이집트 원정에 나서도록 했다. 그 후에도 안토니우스는 여러 번의 전투를 겪으면서 용맹함과 뛰어난 전략으로 군인으로서의 명성을 날리기 시작했다. 많은 병사들이 그를 따르기 시작했다. 잘생긴 안토니우스를 보면서 로마인들은 마치 헤라클레스의 후손을 보는 것 같다고 말했지만 술을 지나치게 즐기며 여자들과 연애 사건을 끊임없이 일으키는 방탕한 청년이라는 인상도 지울 수 없었다. 게다가 스스로 헤라클레스의 후손인 양 행동하며 자신의 용맹함을 자랑했으므로 주변 사람들의 눈총을 받았다. 그러나 자신의 부하나 친구들이 부탁하는 일은 절대 거절하지 않고 적극적으로 도와주어 주변 인물들부터는 신뢰와 지지를 받았다.

카이사르의 죽음

당시의 로마는 귀족의 지지를 받고 있는 폼페이우스파와 평민의 지지를 받는 카이사르파로 양분되어 있었다. 갈리아 원정을 떠났던 카이사르는 엄청난 돈으로 로마의 정치인들을 후원하여 자신의 세력으로 만들고 있었다.

안토니우스와 절친한 친구였던 쿠리오는 카이사르파에 가담하고 있었다. 그는 안토니우스에게 카이사르파에 가담할 것을 권유하고 카이사르가 후원해 주는 막대한 선거자금을 이용하여 안토니우스를 호민관에 선출되도록 했다(BC 49년).

호민관에 취임한 안토니우스는 적극적으로 카이사르를 돕기 시작했다. 원로원에서 카이사르의 정치적인 입지를 좌우하는 중요한 회의가 열릴 때마다 안토니우스는 카이사르에게 유리한 의견을 내세워 강행했다. 그럴 때마다 카토와 키케로가 반대했다.

　결국 카이사르가 군대를 이끌고 루비콘 강을 건너 이탈리아로 진격했으며 이로 인해 로마는 내란을 겪게 되었다.* 키케로는 이 사건을 두고 안토니우스를 비난했다.

　"트로이 전쟁이 헬레네 때문에 일어났다면 로마의 내전은 안토니우스 때문이다."

　내전 기간 동안 안토니우스는 카이사르의 신뢰하에 이탈리아를 호위했다. 카이사르가 히스파니아로 도망간 폼페이우스를 추격하는 동안 안토니우스는 자신의 병사들과 함께 생활하면서 그들에게 재물을 아낌없이 나누어 주어 그들의 절대적인 충성심을 확보했다. 그러나 시민들의 호소에는 그다지 귀를 기울이지 않았기 때문에 히스파니아에서 돌아온 카이사르에게 많은 사람들이 안토니우스를 비난했다. 하지만 카이사르는 군인으로서 안토니우스가 지닌 용맹함과 뛰어난 전략, 카이사르에 대한 충성심을 믿었기 때문에 그에 관한 모든 비난을 무시해 버렸다. 안토니우스는 카이사르의 신뢰를 확인시켜 주었다. 이후에 치른 폼페이우스와의 치열한 전투에서 안토니우스는 놀라운 전공을 세우며 카이사

---

* BC 49년 카이사르가 군대를 이끌고 루비콘 강을 건너 로마로 왔다. 이후 카이사르 군대와 폼페이우스 군대의 충돌로 로마는 내란 상태에 빠지게 된다.

르의 승리를 이끌었던 것이다.

폼페이우스와 운명을 건 최후의 결전이 된 파르살로스 전투에서 카이사르는 우익을 지휘하고, 안토니우스에게는 가장 중요한 좌익을 지휘하게 함으로써 두 사람은 결정적인 승리를 거두게 된다. 이로써 안토니우스는 카이사르가 히스파니아에서 개선할 때 그의 전차에 나란히 타는 영광을 누리는 가장 신뢰받는 부하가 되었다.

그러나 안토니우스의 지나친 충성심으로 인해 카이사르가 왕이 되려 한다는 의혹을 갖게 만드는 사건이 일어났다. 그것은 루페르칼리아 축제에서 일어난 안토니우스의 돌출 행동 때문이었다.* 이 사건 이후 카이사르의 절대권력에 반대해 온 브루투스와 카시우스 일행이 카이사르를 암살할 계획을 세우게 된다.

브루투스 일행은 카이사르 암살 계획을 세우며 카이사르의 가장 측근이면서 검투사처럼 힘이 센 안토니우스를 가담시킬 것인가를 논의했다. 그러나 트레보니우스란 자가 말했다.

"카이사르의 개선식 때 안토니우스의 내심을 떠본 적이 있습니다. 그는 내가 하는 말을 알아차린 듯 했지만 찬성하는 기색은 보이지는 않았습니다. 안토니우스를 이 계획에 포함시켜서는 안 됩니다."

이들 일행은 처음에는 안토니우스도 카이사르와 함께 죽여야 한다고 생각했다. 그러나 안토니우스의 영향력과 지위를 염두에 둔 이들은 안토니우스를 일단 이 계획에서 제외시킬 방법을 모색했다.

---

* 안토니우스는 축제를 관람하고 있던 카이사르에게 월계관을 바쳤다.

BC 44년 3월 15일 음모자들은 카이사르를 호위하며 원로원에 들어가려는 안토니우스를 붙잡고 계속 말을 걸며 붙잡아 두었다. 카이사르는 혼자 원로원에 들어가게 되었으며 그곳에서 암살되었다. 이 사실을 알게 된 안토니우스는 재빨리 변장을 하고 몸을 숨겼다. 그러나 암살자들이 다른 사람은 해치려 하지 않는다는 것을 알게 된 안토니우스는 일단 안심을 했다.

다음 날 안토니우스는 집정관의 자격으로 원로원을 소집했다. 그리고 암살자들의 죄를 묻지 않겠다는 대사령을 선포함으로써 정쟁의 불씨를 없애고 원로원을 장악했다. 그리고 브루투스와 카시우스를 속주의 총독으로 임명하자는 제안을 함으로써 이들에게 동조했던 원로원들을 안심시켰다. 그 대신 카이사르가 제정해 둔 법률들은 변함없이 그대로 실시할 것을 원로원에서 의결한 다음 공표했다. 또다시 내란이 일어나는 것은 아닌가 하고 불안해하던 로마인들은 신속하게 사태를 수습하고 원로원을 나서는 안토니우스에 대해 존경의 뜻을 표시했다. 시민들의 환호를 받은 안토니우스는 마음속으로 새로운 야심을 품게 되었다.

"브루투스만 없어지면 로마에서 가장 큰 권력을 쥘 수도 있겠구나!"

다음 날 로마의 포럼에 카이사르의 유해가 도착했다. 장례식을 진행하던 안토니우스는 카이사르의 업적을 기리고 그의 애통한 죽음을 애도하는 연설을 했다. 시민들이 자신의 연설에 감동하자 안토니우스는 형체를 알 수 없을 정도로 찢어지고 피투성이가 된 카이사르의 옷을 높이 쳐들고 외쳤다.

"이토록 끔찍하고 처참한 살인을 저지른 자들을 어떻게 해야 할까요?"

카이사르의 시체를 본 시민들은 차츰 동요되기 시작했다. 흥분한 시민들은 원로원으로 달려가 책상과 의자 등을 끌어내어 불을 지르고 카이사르의 유해를 화장했다. 그리고 카이사르를 살해한 자들의 집을 습격했다. 이 소식을 들은 브루투스를 비롯한 주모자들은 황급히 로마에서 도망쳤으며 카이사르를 지지하던 사람들은 전부 안토니우스에게 모여들었다.

분열과 동맹의 시대

카이사르가 죽은 후 안토니우스의 모든 행동은 거의 독재자나 다름없었다.* 안토니우스는 먼저 카이사르의 아내 칼푸르니아에게로 갔다. 칼푸르니아는 안토니우스에게 유언장을 보이고 모든 재산을 맡겼다.

카이사르의 유언장에는 전혀 뜻밖의 인물인 옥타비아누스가 상속자로 되어 있었다. 그리고 모든 로마 시민에게 75드라크마씩 재산을 남긴다는 내용도 있었다. 옥타비아누스는 카이사르의 조카딸의 아들로 아직 열여덟 살밖에 안된 청년이었다. 그는 카이사르와 함께 파르티아 원정

---

* 안토니우스는 갈리아의 중부와 북부 및 이탈리아 북부 지역의 총독까지 맡으면서 로마의 제1인자나 다름없는 세력을 과시했다.

을 하기 위해 그리스의 아폴로니아에 파견되어 있었다.**

안토니우스는 카이사르의 상속 내용을 무시해 버리고 자신에게 충성하는 자들을 골라 관리에 임명하거나 원로원에 배치한 후 나머지 사람들은 추방해 버렸다. 그리고 카이사르의 재산을 마음대로 사용하기 시작했다.

한편 카이사르의 유언장에 후계자로 지명된 옥타비아누스는 아폴로니아에서 카이사르가 암살당했다는 소식과 자신이 후계자로 지명되었다는 소식을 들었다. 주변 사람들은 위험하다며 만류했지만 옥타비아누스는 서둘러 로마로 들어왔다. 그는 곧바로 안토니우스를 찾아가 카이사르의 유언을 집행할 것과 카이사르의 유산을 돌려 달라고 요구했다.

안토니우스는 어리다는 이유로 옥타비아누스를 무시해 버렸다. 그러나 옥타비아누스는 물러서지 않았다. 키케로를 중심으로 안토니우스의 세력을 시기하던 원로원 의원들도 차츰 옥타비아누스를 지지하기 시작했다. 옥타비아누스는 로마 시민들의 신망을 얻으려고 노력하면서 식민지에 나가 있는 카이사르의 옛 병사들을 자신의 세력으로 만들었다. 이에 당황한 안토니우스가 먼저 화해할 것을 제안했다. 그리고 두 사람은 카피톨리노 언덕에서 만나 화해를 시도했다. 이로 인해 군사적 충돌은 일어나지 않았으나 이들은 각자 병사의 수를 불리는 데 전력하였다. 돈

** 옥타비아누스는 어렸을 때부터 카이사르 곁에서 자랐으며, 카이사르가 히스파니아와 문다에서 폼페이우스파를 공격할 때 함께 참전했다. 이때부터 카이사르는 옥타비아누스를 자신의 후계자로 마음에 두고 있었다.

으로 고용된 과거 퇴역병사들이 다시 군대로 복귀하였다.

한편 카이사르 사후 로마 원로원에서 아직 영향력이 있던 키케로는 안토니우스를 탄핵하는 연설로 원로원들을 설득했다.

"로마에 왕은 필요 없습니다. 그런데도 안토니우스는 독재를 하려고 합니다. 우리는 로마의 공화정을 부활시켜야 합니다."

그동안 안토니우스의 절대 권력에 반감을 가지고 있던 원로원 의원들은 안토니우스 대신 옥타비아누스를 지지하고 나섰다. 그리고 안토니우스를 이탈리아에서 축출할 것을 결의했다.

마침내 옥타비아누스 군대와 안토니우스의 군대는 북이탈리아 무티나에서 충돌하게 되었다(BC 43년). 옥타비아누스는 이 전투에 직접 참가하여 안토니우스를 패배시켰다. 전투에서 패한 안토니우스는 재빨리 알프스 건너편에 주둔해 있던 레피두스의 진영으로 도망쳤다. 레피두스의 군대에는 과거에 카이사르 아래에서 함께 전쟁을 했던 병사들이 있었기 때문이다. 이들은 카이사르에 대해 절대 충성을 보여 준 이들이었다. 안토니우스는 비참한 몰골로 그들 앞에서 연설을 하였다. 그의 연설은 병사들의 마음을 움직였고 그들은 안토니우스를 지지하게 되었다. 결국 레피두스는 자신의 지휘권을 안토니우스에게 내주었다. 다시 대군을 거느리게 된 안토니우스는 갈리아 지역의 군단까지 끌어모아 17개 군단과 기병 1만을 이끌고 다시 알프스를 넘었다. 그리고 과거에 카이사르가 그랬던 것처럼 이탈리아로 진군하려고 했다.

한편 무티나에서 승리를 거둔 옥타비아누스는 로마로 당당히 개선했다. 그는 키케로가 자신을 지지하고는 있지만 그의 관심은 오직 로마의 공화정을 수호하는 데 있다는 것을 알고 있었다. 게다가 안토니우스와 군사적으로 대결하기에는 아직은 불리하다고 판단한 옥타비아누스는 새로운 구상을 펼쳤다.

"안토니우스와 일단 손을 잡고 로마를 안정시키는 것이 최선이다."

전쟁이 스스로에게 이로울 것이 없다고 판단한 안토니우스, 레피두스, 옥타비아누스 세 사람은 보노니아(볼로냐)에서 비밀리에 만났다. 그리고 이들은 마치 죽은 아버지의 재산을 나누듯 조국을 셋으로 나누어 통치할 것을 결의했다(제2차 삼두정치).* 이들이 제일 먼저 행한 것은 카이사르의 암살에 가담했던 자들에 대한 처벌이었다. 로마의 병사들이 성문에 배치된 가운데 300여 명의 원로원과 2,000여 명의 반역자들이 처형되었다. 안토니우스는 자신을 탄핵하는 데 제일 앞장섰던 키케로를 가장 먼저 처형하라는 명령을 내렸다.

"그의 머리를 잘라 오고 또한 나를 공격하는 글을 썼던 오른손도 잘라 오도록 해라."

키케로의 머리와 오른손이 도착했을 때 안토니우스는 무척 기뻐했다. 키케로와 잠시 손을 잡았던 옥타비아누스 역시 카이사르가 살해당했을 때 애매한 태도를 취한 키케로에 대해 좋은 감정은 아니었다. 결국 로마의 위대한 웅변가 키케로는 로마에 삼두정치가 시작되는 시기에 비참하

---

* 세 사람은 각자가 통치하는 지역에서 5년 임기의 절대 권한을 가졌다. 이 동맹을 확고히 하기 위해 옥타비아누스는 안토니우스의 딸 풀비아와 결혼했다.

게 생을 마감했다. 삼두정치는 로마 시민들에게 독재정치에 대한 두려움을 주었다. 특히 안토니우스의 계속되는 사치와 방탕한 생활로 인해 로마인들은 그를 증오하기 시작했다.

브루투스와 카시우스의 최후

안토니우스의 사치가 극에 달하자 마침내 옥타비아누스는 재산과 군대를 나눌 것을 요구했다. 그리고 카이사르 암살의 주모자들인 브루투스와 카시우스를 처단하기로 결정했다. 두 사람은 군대를 이끌고 마케도니아를 향해 떠났으며 레피두스만 로마에 남았다.

두 사람은 군대를 이끌고 바다를 건너 마케도니아에 도착했다. 안토니우스는 카시우스를 상대했으며 옥타비아누스는 브루투스를 상대했다. 안토니우스가 카시우스를 격파하며 빛나는 승리를 거둔 데 비해 옥타비아누스는 처음에 브루투스에게 패배했다. 그러나 카시우스가 죽었다는 소식을 들은 브루투스는 전쟁의 열의를 잃어버렸으며 필리피 전투에서 패하게 되자 스스로 자살해 버렸다. 필리피 전투에서의 승리는 곧 로마 공화정의 몰락을 의미하는 것이었다. 이번 전투의 영광은 모두 안토니우스에게로 돌아갔다. 옥타비아누스는 병에 걸려 전투에 참가하지 못했기 때문이었다. 병이 깊어진 옥타비아누스는 로마로 돌아가게 되었으며 안토니우스는 대군을 거느리고 그리스로 건너갔다.*

그리스에서 안토니우스는 자신의 부하병사들에게 약속한 포상금을 조달하기 위해 막대한 세금을 거두어들이기는 했으나 그 외의 정책에서는 그리스인들을 존중했다. 그는 그리스인 학자들과 토론을 즐겼고 축제나 종교의식에 참가하는 것도 좋아했다. 따라서 아테네인들은 그를 '그리스를 사랑하는 사람' 또 '아테네를 사랑하는 사람'이라고 부르며 주저 없이 재물을 받쳤다.

그리스에서 상당한 재물을 손에 쥔 안토니우스는 동방으로 건너갔다. 로마의 지배하에 들어간 속국의 왕들과 귀족들은 안토니우스를 로마의 제1인자로 환대하며 온갖 재물을 바쳤다. 그가 에페수스에 도착했을 때 그곳 사람들은 마치 바쿠스신(그리스 신화의 디오니소스에 해당)을 환대하듯이 축제를 벌였다. 거리에는 신도 차림의 사람들로 가득 찼다. 그들은 등나무로 화환을 두른 창을 들고 온갖 종류의 악기로 음악을 연주하며 마치 자신들을 구제해 줄 신이 나타난 것처럼 기뻐했다. 안토니우스는 마음껏 부를 누렸으며 자신에게 저항하는 사람에게는 무참할 정도로 잔혹한 모습을 보이며 동방의 속주들을 통치했다. 그러나 이집트의 여왕 클레오파트라와 만나 사랑에 빠져들면서 그나마 남아 있던 안토니우스의 이성은 소모되기 시작했다.

---

* 필리피 전투 이후 안토니우스는 로마의 동쪽을 다스리고, 옥타비아누스는 서쪽을 다스리기로 협정을 맺었다.

안토니우스와 클레오파트라

안토니우스는 킬리키아(소아시아 남부 지역)에 머물며 카이사르가 암살되기 전에 계획했던 파르티아 원정을 끝내겠다는 결심을 했다. 그리고 원정에 나서기 전 동맹국인 이집트의 클레오파트라에게 카이사르의 암살자였던 카시우스를 원조했던 것에 대해 해명할 것을 요구했다.

클레오파트라는 안토니우스를 만나기 위해 킬리키아로의 여행 준비를 했다.* 이집트의 여왕답게 값비싼 선물을 가득 싣고 눈이 부실 정도로 화려하게 치장한 배를 타고 키드누스 강을 따라 항해를 시작하자 그녀를 구경하려는 사람들로 강기슭이 붐볐으며 도시의 광장이 텅 빌 정도였다.

베누스 여신(사랑과 미의 여신으로 '비너스'라고도 함)과 같은 자태로 비스듬하게 누운 클레오파트라의 모습은 베일에 가려 있었으며 양 옆에는 천사처럼 아름다운 소년들이 부채질을 하고 있었다. 마치 베누스 여신이 동방에 행복을 전파하고 바쿠스신과 향연을 베풀기 위해 오는 것처럼 생각되었다.

클레오파트라는 안토니우스를 자신의 배로 초청하였다. 그녀의 배에는 밤하늘을 배경으로 수많은 등불이 켜져 있었다. 안토니우스는 클레오파트라의 매력에 완전히 사로잡히고 말았다. 그녀는 절세의 미녀는 아니었으나 사람을 끄는 매력이 넘쳤다. 전혀 세련되지 않은 군인에 불

---

* 카이사르가 살해될 당시 로마에 있던 그녀는 아들을 데리고 재빨리 이집트로 돌아왔다.

320

과한 안토니우스를 클레오파트라는 능숙하게 대화로 이끌며 친밀감을 느끼게 만들었다. 안토니우스는 그녀와 지내면 지낼수록 그녀의 매력에 빠져들고 말았다. 특히 그녀의 목소리는 너무나 아름다워 그녀가 하는 말을 듣는 것만으로도 커다란 즐거움이었다.

안토니우스는 클레오파트라와 함께 이집트의 수도 알렉산드리아로 건너갔다(BC 41~40년). 그동안 로마에서는 안토니우스의 아내인 풀비아가 남편을 위해 옥타비아누스와 전쟁을 하고 있었으며 파르티아군은 메소포타미아에 집결하여 로마의 속주인 시리아를 공격할 태세였다. 그러나 안토니우스는 알렉산드리아에서 매일 성대한 연회를 베풀며 한가롭게 시간을 낭비하고 있었다. 클레오파트라에게는 상대의 기분을 맞춰주는 천부적인 재질이 있었다.

어느 날 안토니우스가 자신의 낚시질 솜씨를 자랑하겠다며 클레오파트라와 함께 낚시를 즐겼다. 그러나 그날따라 물고기가 한 마리도 걸리지 않았다. 체면이 상한 안토니우스는 부하를 시켜 몰래 물고기가 낚싯바늘에 걸리게 만들고는 자기가 잡은 것처럼 낚싯대를 힘차게 걷어 올렸다. 그러나 그것은 소금에 절인 생선이었다. 주변 사람이 웃어 대자 클레오파트라가 말했다.

"낚시 같은 것은 우리와 같은 소인배들에게나 맡기세요. 장군께서는 여러 도시와 왕국을 잡아 올리는 것이 더 어울립니다."

플라톤은 '아첨에는 네 가지 종류가 있다'고 했지만 클레오파트라는 수천 가지의 아첨을 알고 있었다. 그녀는 언제든지 안토니우스에게 새로운 즐거움을 주었으며 신선한 매력을 발산하고 있었다. 안토니우스는 낮이고 밤이고 클레오파트라의 곁을 떠날 수가 없었다.*

옥타비아누스와 안토니우스

안토니우스가 클레오파트라와 꿈같은 시간을 보내는 동안 두 가지 나쁜 소식이 전해졌다. 아내인 풀비아와 동생이 옥타비아누스를 상대로 이탈리아의 중부 페루자에서 반란을 일으켰다가 실패했다는 소식과 파르티아가 유프라테스 강으로부터 시리아, 리디아, 이오니아까지 정복했다는 소식이었다. 안토니우스는 파르티아를 치기 위해 군대를 이끌고 나섰다. 그러나 도중에 아내인 풀비아가 로마로 빨리 와 달라는 눈물 어린 편지를 보내 왔다. 풀비아는 안토니우스가 옥타비아누스와의 동맹을 깨고 돌아와 로마 최고의 자리를 지켜 주기를 바랐다. 그렇게 하면 클레오파트라와 헤어지게 할 수 있었기 때문이다. 안토니우스는 할 수 없이 군대를 돌려 이탈리아로 향했으나 풀비아는 안토니우스가 도착하기 전에 병에 걸려 죽고 말았다.

모든 내란의 원인이 풀비아에게 있었다는 사실을 알게 된 안토니우

---

* 안토니우스와 클레오파트라의 사랑은 수많은 전설과 이야깃거리를 남겼다. 그러나 두 사람은 사랑 외에도 정치적인 합의가 필요했다. 클레오파트라는 이집트 여왕으로서 정적들을 견제하기 위해 안토니우스의 군대가 필요했으며 안토니우스는 이집트의 부가 필요했다.

스는 일단 옥타비아누스와 만나 화해를 했다. 그들은 레피두스와 함께 이오니아 해를 경계로 동쪽은 안토니우스가, 서쪽은 옥타비아누스가, 그리고 아프리카는 레피두스가 다스리기로 다시 합의를 했다. 그리고 이 동맹을 더욱 확실하게 만들기 위해 옥타비아누스는 자신의 동생인 옥타비아를 안토니우스와 결혼시켰다.** 그리고 지중해 지역을 장악하고 로마의 선단을 공격하는 섹스투스 폼페이우스***와 협상을 할 것을 결의했다.

안토니우스와 옥타비아누스는 일단 폼페이우스를 만나 시칠리아와 사르데냐의 통치권과 과거 그의 아버지의 토지를 돌려주기로 약속하였다. 이로써 로마 선단을 약탈하던 폼페이우스의 해적 활동이 중단되었다. 식량 보급이 원활하게 이루어지면서 이탈리아는 다시 평화로운 시기를 맞이하게 되었다.

그러나 어느 날 이집트에서 안토니우스를 따라온 점술가가 안토니우스에게 말했다.

"장군님의 별은 대단히 빛나고 찬란하지만 옥타비아누스의 별 때문에 빛을 잃고 있습니다. 그러니 그와 멀리 떨어져 있으셔야 합니다."

처음에는 점술가의 말을 믿지 않던 안토니우스도 제비뽑기를 하거나 주사위 놀이를 할 때마다 번번이 옥타비아누스에게 지자 서서히 그의

** BC 40년 안토니우스와 옥타비아누스는 이탈리아 브룬디시움에서 만나 삼두정치 체제를 다시 한 번 확고히 했다(브룬디시움 협약).

*** 폼페이우스의 둘째 아들. 폼페이우스가 죽은 후 아프리카를 중심으로 활동했다. 카이사르에게 패배한 후 바다를 떠돌며 로마의 식량 보급선을 공략하고 이탈리아를 봉쇄했다.

말을 믿게 되었다.

안토니우스는 옥타비아를 데리고 아테네로 건너가 버렸다. 아테네에서 안토니우스는 그리스 철학자들과 토론과 향연을 벌이면서 파르티아 원정만을 생각했다. 그가 옥타비아누스를 이길 수 있는 길은 과거 카이사르가 이루지 못한 파르티아 원정을 성공하는 것이라고 생각했기 때문이다. 다행히 안토니우스가 아테네에 있는 동안 아시아로 보낸 부하 벤티디우스가 파르티아 군대와의 전투에서 승리를 거두었다. 그 외에도 안토니우스의 부하들은 시리아와 아르메니아를 평정했으며 카프카스 산맥까지 진출하여 안토니우스의 영광에 한층 빛을 더해 주었다. 그러나 암암리에 경쟁 관계에 있던 안토니우스와 옥타비아누스의 사이는 점점 멀어지기 시작했으며 두 사람의 충돌은 불가피했다.[*]

마침내 안토니우스가 직접 300척의 전함을 이끌고 이탈리아로 향해 브룬디시움에 상륙하려고 했으나 옥타비아누스에 의해 저지되었다. 이로써 로마는 또다시 내란의 공포에 사로잡히게 되었다.

안토니우스의 아내인 옥타비아는 동생 옥타비아누스를 찾아가 호소했다.

"만일 지금 두 사람이 전쟁을 벌인다면 누가 승리할 것인가는 알 길이 없으나 나는 누가 이기든 세상에서 가장 가엾은 여자가 될 것입니다."

---

[*] 옥타비아누스는 안토니우스가 동방에 있는 동안 로마의 유력한 가문인 출신의 리비아와 결혼하여 로마 귀족과 원로원들 사이에서 자신의 지지 기반을 넓혔다. 또 절친한 친구 아그리파와 함께 섹스투스 폼페이우스를 격파하여 로마 시민들의 열렬한 환영을 받았다.

옥타비아의 현명함으로 두 사람은 다시 타렌툼에서 만나 화해를 하게 되었다. 그리하여 내란은 피할 수 있게 되었으며, 겉으로는 문제가 해소가 된 것처럼 보였다.

마침내 결렬 그리고 내전

타렌툼에서 옥타비아누스와 화해한 안토니우스는 가족들을 옥타비아누스에게 맡기고 다시 아시아 원정을 나섰다. 시리아로 가까이 다가갈수록 안토니우스의 마음속에는 클레오파트라에 대한 애정의 불길이 되살아나기 시작했다. 시리아에서 클레오파트라와 다시 재회한 안토니우스는 마치 '사람의 마음은 다루기 힘든 말과 같다'고 했던 플라톤의 말처럼 분별력을 잃기 시작했다.

안토니우스는 클레오파트라가 낳은 쌍둥이를 자신의 자식으로 인정하고 카이사르와의 사이에서 태어난 아들 카이사리온의 후견인이 되겠다고 선포했다. 그리고 결혼 선물로써 포이니키아, 코일레시아, 키프로스, 실리시아와 아라비아의 일부 지역을 클레오파트라에게 주었다. 클레오파트라에게 엄청난 선물과 특혜를 베푸는 안토니우스의 행동은 로마인들의 분노를 샀다. 그러나 안토니우스는 오히려 자신의 수치스러운 행동을 아름답게 윤색해 내는 재주가 있었다.

"로마제국의 위대함은 정복하여 땅을 빼앗는 것이 아니라 오히려 나누어 주는 대범한 자세에서 나타난다. 또한 자식들을 많이 낳아 고귀한 혈통을 전 세계에 퍼뜨려 각국에 새로운 왕가를 이룩하는 것은 로마제국을 더욱 번영케 하는 일이다."*

클레오파트라와 잠시 시간을 보낸 안토니우스는 그녀를 이집트로 다시 돌려보내고 파르티아 원정을 계속했다. 그는 아라비아와 아르메니아를 지났다. 이때 안토니우스의 군대는 로마군을 포함하여 동맹을 맺은 여러 나라의 병사들까지 합쳐 3만에 이르는 대군이었다. 그러나 이처럼 아시아 전체를 공포에 떨게 할 정도의 어마어마한 군사력도 사랑에 빠진 안토니우스의 무분별로 인해 그 힘을 잃게 되었다.

아르메니아까지 진군한 안토니우스의 군인들은 상당히 지쳐 있었다. 따라서 잠시 겨울을 보내며 충분한 휴식을 취한 다음 봄에 공격을 시작해야 했다. 그러나 빨리 전쟁을 끝내고 클레오파트라의 곁으로 가고 싶었던 안토니우스의 조급함 때문에 즉시 메디아(카스피 해 남서부 지역)를 공격하라는 명령이 떨어졌다. 이 전투에서 안토니우스는 엄청난 손실을 입고 퇴각해야 했으며, 퇴각하는 동안 줄곧 파르티아군의 공격을 받아 2만의 보병과 4천의 기병을 잃었다. 천신만고 끝에 다시 아르메니아로 도망쳐 온 안토니우스는 그곳에서 클레오파트라가 오기만을 기다렸다 (BC 36년). ** 마침내 클레오파트라가 병사들에게 나누어 줄 많은 군복과

---

* 당시 로마는 외국인과의 결혼을 법적으로 허용하지 않았다. 따라서 안토니우스와 클레오파트라가 이집트식으로 결혼을 했을지라도 로마에서는 인정되지 않았다.

** 클레오파트라는 파르티아 원정에서 실패한 안토니우스를 돕기 위해 달려왔다. 그녀는 당시 지중해 지역 최고의 부자였다.

식량을 가지고 오자 안토니우스는 다시 힘을 얻게 되었다.

그때 파르티아와 메디아 두 나라 사이에 로마군에게서 획득한 전리품을 분배하면서 분쟁이 생겼다. 메디아에서는 안토니우스에게 도움을 청하며 파르티아와 싸울 것을 원했다. 안토니우스는 그간 파르티아와의 대결에서 실패한 것이 기병대와 궁수가 충분하지 않았기 때문이라고 생각하던 차였다. 이제 그것들을 확보한 상태에서 더는 전쟁을 미룰 이유가 없다고 생각했다. 따라서 메디아군과 함께 다시 아르메니아를 공격하기 시작했다.

이 무렵 안토니우스가 어려움에 처해 있다는 소식을 듣게 된 옥타비아는 남편을 만나기 위해 아테네로 향했다. 그러나 안토니우스는 파르티아와 전쟁 중이라 떠날 수 없으니 아테네에 머물고 있으라는 편지를 보냈다. 그것이 변명에 지나지 않는다는 사실을 알고 있던 옥타비아는 자신의 슬픔을 누른 채 안토니우스에게 편지를 보냈다.

"당신의 병사들에게 나누어 줄 군복과 가축 그리고 부하 장군들을 위해 특별한 선물도 가져왔습니다. 또한 당신을 위해 2천 명의 친위대도 따로 선발하여 데리고 왔습니다. 당신을 위해 마련한 이 모든 것들을 어디로 보내면 좋겠습니까?"

그녀는 안토니우스의 절친한 친구인 니게르에게 그 편지를 전하도록 했다. 니게르는 편지를 전하며 옥타비아에 대한 칭찬을 입에 침이 마르도록 해 주었다.

클레오파트라는 자신의 경쟁자가 가까이 다가왔다는 사실을 알게 되자 온갖 수단을 다 동원하여 안토니우스를 잡아 두려 했다. 그녀는 안토니우스가 자신을 떠나면 마치 자살이라도 할 것처럼 연극을 꾸몄다. 안토니우스는 마침내 전쟁을 포기하고 알렉산드리아로 돌아갔다.

결국 옥타비아는 남편을 만나지도 못한 채 로마로 돌아오게 되었다. 이 사실을 알게 된 옥타비아누스는 당장 안토니우스와 결별할 것을 명령했지만 옥타비아는 안토니우스의 아내로서 조금도 흔들림이 없었다. 그녀는 안토니우스가 집에 있을 때와 다름없이 그의 자식들을 돌보며 한치의 흐트러짐도 없이 행동했다. 그러나 그녀의 훌륭한 태도는 자신의 의도와는 관계없이 남편인 안토니우스의 명성을 떨어뜨리는 결과를 낳았다. 그녀의 훌륭한 태도가 세상에 알려질수록 사람들은 안토니우스를 미워하게 되었던 것이다.

게다가 안토니우스가 알렉산드리아에서 보인 행동은 더욱더 로마인들의 원성을 사게 만들었다. 안토니우스는 알렉산드리아에서 아르메니아 원정의 성공을 자축하는 개선식을 벌이며 클레오파트라를 이집트와 동방의 여왕으로 선포했다. 또한 카이사리온을 '왕 중의 왕'으로 선포하고 자신과 클레오파트라와의 사이에서 난 자식들에게도 제왕의 칭호를 주었던 것이다. 로마인들에게 안토니우스의 행동은 조국을 배신한 것으로 생각할 수밖에 없었다.

악티움 해전

안토니우스의 행위들은 원로원의 비난을 받기에 충분했다. 특히 안토니우스가 미리 작성해 둔 유서가 공표되면서 결정적으로 로마 시민들로부터 비난을 받아야 했다. 그가 아내 옥타비아와 낳은 자식뿐만 아니라 전처 풀비아와의 사이에서 낳은 자식들에게도 유산을 남기지 않겠다고 했던 것이다.

"내가 로마에서 죽게 되거든, 시체는 의복을 단정히 갖추어 공회장을 한 바퀴 돌게 한 다음 알렉산드리아의 클레오파트라에게 전해 주시오."

이집트 여인에게 빠져서 죽어서도 이집트에 묻히겠다는 안토니우스를 로마인들은 더 이상 용서할 수가 없을 지경이었다. 따라서 클레오파트라에 대한 적대감도 점점 걷잡을 수 없게 되었다. 마침내 옥타비아누스와 안토니우스의 대결은 피할 수 없는 상황이 되었으며 로마는 또다시 내전을 치뤄야 할 지경에 이르렀다.

안토니우스는 클레오파트라와 함께 에페수스로 가서 전쟁에 필요한 배와 병사, 식량들을 끌어모아 대함대를 편성했다. 클레오파트라에게는 이집트로 가서 전쟁의 결과를 기다리라고 했지만 그녀는 안토니우스와 함께 있겠다고 고집을 부렸다. 안토니우스의 측근들 중에는 그녀가 전쟁터에 함께 남아 있게 된 것에 불만을 품고 옥타비아누스 진영으로 가 버린 사람들도 있었다.

옥타비아누스는 안토니우스의 행위에 대해 강력히 비난하면서 군대

를 정비한 후 원로원으로 하여금 클레오파트라와의 전쟁을 선언하도록
했다.

"안토니우스가 클레오파트라에게 위임한 권한들을 박탈하고 원래대
로 환원한다."*

안토니우스는 자신의 군대를 그리스의 아테네 쪽으로 이동시켰으며
전쟁은 바다에서 시작되었다. 전쟁이 시작되기 전에 안토니우스의 주변
에서 불길한 징조들이 나타나기 시작했다.

"대리석으로 만든 안토니우스의 석상 하나가 며칠 동안 땀을 흘리고
있다!"

또한 클레오파트라가 머물고 있던 기함인 안토니우스호에 제비들이
둥지를 틀었는데 갑자기 다른 제비들이 달려들어 그 어미를 몰아내고
새끼들을 죽여 버리는 일도 생겼다고 한다.

안토우니우스는 500여 척의 대함대와 보병 10만 명 그리고 기병 1만
2천 명을 이끌고 있었으며, 옥타비아누스와 비교하여 훨씬 더 넓은 영
토를 차지하고 있었다. 따라서 지상군의 규모는 옥타비아누스를 훨씬
능가하고 있었지만 안토니우스는 클레오파트라의 의견에 따라 해전으
로 결전을 치르기로 결정했던 것이다. 그러나 안토니우스의 함대는 크
고 화려하기만 했지 군사의 수도 적었으며 군사훈련을 받지 않은 사람
들이 많았다. 심지어는 배를 저을 줄도 모르는 마부와 농부들까지 있었

---

* BC 32년 옥타비아누스는 안토니우스의 지휘권과 집정관직을 박탈한다고 발표하고 클레오파트라에
  대한 로마인들의 적대감을 이용하여 이집트와 전쟁을 선포했다.

다. 안토니우스는 그러한 실상을 분명히 알고 있었지만 자신의 어리석음을 고치려고 하지 않았다. 반면에 옥타비아누스의 군선들은 아주 재빨리 이동할 수 있는 실용적인 배들이었으며 선상 전투에 뛰어난 수병들도 충분히 갖추고 있었다.

안토니우스가 악티움(그리스 서부 아카르나니아 북쪽 지방)에 머물러 있는 동안 옥타비아누스는 이오니아 해를 건너 에페이로스의 토루네('국자'를 의미하는 지명)라는 곳을 점령했다. 안토니우스의 측근들이 걱정을 하자 클레오파트라는 그들을 비웃었다.

"옥타비아누스가 국자를 쥐고 있는 것이 그렇게도 무섭나요?"

다음 날 옥타비아누스의 함대가 다가오는 것을 본 안토니우스는 서서히 두려워지기 시작했다. 자신의 함대가 제대로 전투를 수행해 낼 수 없다는 것을 알고 있었던 그는 여러 가지 책략을 써서 적군들을 물리치려 했다. 그러나 해전에서는 모든 일이 실패로 끝날 뿐이었다. 해전에서 승리하기는 불가능하다고 판단한 장군들은 안토니우스를 찾아왔다.

"클레오파트라 여왕을 돌려보내고 트라키아나 마케도니아로 가서 지상에서 결전을 치루어야 승산이 있습니다. 지상전에 뛰어난 장군께서 배에서 전투를 하겠다는 것은 어리석은 일입니다."

그러나 안토니우스는 클레오파트라의 주장대로 해전을 고집할 뿐이었다. 해전을 주장했던 클레오파트라는 이미 도주할 준비를 하고 있었다. 그녀는 어떻게 하면 이 전투에서 승리를 거둘 것인가를 생각하기보다는 어느 곳으로 도망치면 안전할 것인가를 생각하고 있었던 것이다.

안토니우스를 따라 수많은 전투를 겪으며 온몸에 상처 자국으로 가득한 한 보병대장이 울음을 터뜨리며 간청했다.

"장군님, 이 칼과 상처를 믿지 않고 썩은 나무로 만든 배를 믿는 것은 무슨 까닭입니까? 이집트인이나 페니키아인들은 바다에서 싸우더라도 우리는 땅에서 싸우게 해 주십시오. 우리는 땅을 딛고 정복을 거듭해 온 군대입니다."

그러나 안토니우스는 자신의 고집을 꺾으려 하지 않았다.

"그렇다면 바다를 육지라 생각하고 용감하게 싸우면 될 것 아닌가!"

옥타비아누스는 날쌔고 작은 배들로 안토니우스의 거대한 군선들을 좁은 해협으로 유인했다. 그리고 너무나 거대해서 움직이기조차 힘든 안토니우스의 배를 포위했다. 마침내 전투가 시작되었지만 함선끼리 충돌을 하거나 접전을 벌이는 일은 없었다. 전투는 옥타비아누스의 작은 배들이 마치 거대한 성을 공격하는 것과 같은 모습이었다.

양쪽 군대가 밀고 밀리며 정신없이 싸우고 있을 때 클레오파트라가 지휘하는 60척의 함대가 바다를 가로질러 도망치기 시작했다. 이집트 함대가 돛을 높이 올리고 펠로폰네소스 쪽으로 도망치는 것을 본 안토니우스의 병사들은 일대 혼란에 빠졌으며, 적군들도 어이가 없다는 듯이 바라보기만 할 뿐이었다. 이를 본 안토니우스가 취한 행동은 사령관으로서는 물론이고 남자로서 너무나 수치스러운 것이었다. 그는 자신을 위해 싸우고 있는 부하들을 내버려 둔 채 클레오파트라의 뒤를 따라

도망치기 시작했던 것이다(BC 31년).* 안토니우스는 마치 태어날 때부터 클레오파트라와 한 몸이었다는 것을 증명이나 하듯이 그녀와 똑같이 행동했다. 안토니우스는 자신을 파멸의 길로 안내하는 클레오파트라의 배들을 뒤쫓아 달아났던 것이다.

죽음을 택한 여왕의 자존심

악티움 해전에서 패한 안토니우스는 클레오파트라를 이집트로 보낸 다음 리비아의 해안에서 측근들과 함께 고독한 시간을 보냈다. 그 후 아프리카에 주둔해 있던 자신의 군대가 옥타비아누스에게 투항했다는 소식이 전해지자 그는 자살을 하려 했다. 그러나 측근들의 만류로 뜻을 이루지 못하고 알렉산드리아로 건너가 클레오파트라와 합류했다.

그 무렵 자신의 휘하에 있던 거의 모든 군대들이 투항했다는 소식이 전해졌다. 이제 이집트 군대 외에는 모두 안토니우스를 버린 것이었다. 안토니우스는 모든 것을 잃었다는 것을 알게 되었지만 조금도 걱정하는 기색을 보이지 않았다. 그는 모든 희망을 떨쳐 버리게 된 것이 오히려 홀가분하다는 듯한 태도로 클레오파트라의 궁전으로 돌아왔다. 그 후로

---

* 안토니우스의 기병과 보병은 옥타비아누스와 대결하고도 남았다. 그러나 그의 함대들은 너무 크고 느렸으며 해전을 치러 본 경험이 없었다. 반면 옥타비아누스에게는 로마인 중에서 가장 뛰어난 해군 전략가인 아그리파가 있었다. 해전을 택한 것은 안토니우스 생애 최악의 실수였다. 이 해전에서 패하며 안토니우스는 옥타비아누스에게 로마의 지배자가 되는 길을 열어 줬다.

두 사람은 온 도시를 불야성으로 만들고 성대한 연회를 베풀며 다시 방탕한 생활을 시작했다. 그들은 측근들과 '함께 죽는 모임'을 만들고 이제는 죽을 일만 남은 사람처럼 끝없는 향락을 즐겼다.

그 무렵 클레오파트라는 온갖 종류의 독약을 수집하기 시작했다. 그리고 독약 중에서 어떤 것이 가장 적은 양으로, 가장 빨리 죽을 수 있는지 알아보기 위해 사형수들에게 직접 먹여 보았다. 효험이 빠른 독약은 고통이 심했으며 고통이 적은 것은 효험이 적었다. 그녀는 거듭되는 실험을 거쳐 아스프라는 독사의 독이 가장 효과적이라는 것을 알아냈다. 이 독사에게 물리게 되면 졸음이 오듯 정신이 몽롱해지며 아무런 고통없이 깊은 잠에 빠져들듯 죽을 수 있으리라 생각했다.

클레오파트라는 이시스(고대 이집트 최고의 여신) 신전 가까이에 커다란 묘와 건물을 짓고 이집트의 온갖 금은보석, 상아, 향료들을 옮겨 놓았다.

한편 안토니우스는 옥타비아누스에게 사람을 보내 자신의 뜻을 밝혔다.

"클레오파트라 여왕이 이집트를 통치하도록 허락해 주고 나는 이집트의 일개 시민으로 살게 해 주시오. 만약 그것이 내게 너무 과분한 일이라 생각한다면 나를 아테네의 한 평민으로 살 수 있도록 해 주시오."

옥타비아누스는 그의 제안을 들어 보려고 하지도 않았다. 그는 오히려 클레오파트라에게 사람을 보내 자신의 뜻을 전했다.

"여왕께서 안토니우스를 죽이거나 추방한다면 어떤 청이든지 들어주겠소."

겨울이 지나고 봄이 되자 옥타비아누스는 시리아로 진격했다. 옥타비아누스는 클레오파트라가 이집트의 수많은 보물들을 불태워 버릴 것을 염려하여 계속 사람을 보내 그녀를 안심시키려고 했다. 마침내 알렉산드리아에 옥타비아누스의 군대가 진을 치자 안토니우스는 전쟁터에서 죽기를 각오한 사람처럼 그들을 맹렬히 공격하였다. 그러나 다음 날 안토니우스의 함대를 비롯하여 보병, 기병대들이 모두 옥타비아누스에 투항해 버렸다. 이로써 안토니우스는 완전히 패배했다.

안토니우스는 병사들의 배반에 분노와 절망에 휩싸였다. 클레오파트라는 안토니우스가 무슨 짓을 저지를 것만 같아 자신이 만들어 놓은 거대한 묘 안으로 숨어 버렸다. 그리고 자신이 자살했다고 안토니우스에게 전하도록 했다. 이 소식을 그대로 믿은 안토니우스는 갑옷을 벗어 던지며 외쳤다.

"당신을 잃은 것이 슬픈 것이 아니라, 대장군이라는 내가 한낱 여자인 당신보다 용기가 없어 아직도 살아 있다는 것이 슬플 뿐이요!"

안토니우스는 평소에 자신의 노예에게 어쩔 수 없는 상황에 이르게 되면 자신을 죽이라고 명령해 두었다.

"바로 지금이다! 나를 죽여다오!"

그러나 차마 주인을 찌를 수 없었던 노예는 몸을 돌려 자기 자신의 배를 찌르며 쓰러졌다. 쓰러진 노예를 바라보며 울부짖던 안토니우스는 마침내 스스로 칼을 들어 자신의 배를 찌르고 쓰러졌다. 그러나 그는 곧바로 죽지는 않았다. 정신이 돌아왔을 때 자신을 둘러싸고 있는 사람들을 향해 자신의 목숨을 끊어 달라고 소리쳤다. 그러나 사람들은 모두 도망쳐 버렸다. 이 소식을 전해 들은 클레오파트라는 자신이 숨어 있는 곳으로 안토니우스를 보내 달라고 했다. 죽음에 다다른 안토니우스를 본 그녀는 안토니우스의 상처에서 흐르는 피로 얼굴을 적시며 울부짖었다. 안토니우스는 슬퍼하는 그녀를 위로했다.

"나의 운명을 슬퍼하지는 마시오. 차라리 세상에서 가장 큰 권세와 영광을 누리다가 로마인으로서 로마인에게 정복된 것을 기뻐해 주시오!"

안토니우스가 자살했다는 소식을 전해 들은 옥타비아누스는 자신의 정적이었지만 로마의 용감한 전사에 대한 애도의 눈물을 흘렸다. 클레오파트라를 찾아간 그는 걱정하지 말라고 위로하며 그녀를 안심시켰다. 그러나 클레오파트라는 자신과 아이들이 옥타비아누스의 개선식에 인질로 끌려 나갈 운명이라는 것을 알고 있었다.

그녀는 안토니우스의 무덤을 찾아가 화환을 바치고 왕궁으로 돌아와 목욕을 한 후 성대한 만찬을 준비하도록 했다. 그때 몇몇 사람이 바구니를 들고 왕궁 안으로 들어가려 했다. 파수병이 그들의 바구니를 살펴보았지만 탐스런 무화과만 가득 들어 있었을 뿐 이상한 점이 없었으므로 안으로 들여보냈다. 식사를 마친 클레오파트라는 미리 써 두었던 편지를 봉하여 옥타비아누스에게 보낸 다음 두 명의 시녀만 남기고 모두 내보낸 뒤 문을 닫았다. 편지를 받아 본 옥타비아누스는 무슨 일이 일어나고 있는지 짐작할 수 있었다. 클레오파트라는 편지에서 자신의 운명에 대해 한탄하며 자신이 죽으면 안토니우스와 함께 묻어 달라고 부탁했다. 클레오파트라는 이집트의 여왕답게 왕가의 장신구를 걸친 채로 화려하게 차려입고 황금 침대 위에 누워 죽어 있었다. 그녀의 발아래와 머리 쪽으로 두 명의 시녀가 함께 죽어 있었다.

클레오파트라는 독사에 물려 죽은 듯하나 확실하지는 않다. 클레오파트라는 무화과 바구니 속에 숨겨 온 독사에게 물려 죽었다고도 하고, 머리핀 속에 독을 숨겨 두었다고도 하는데 시체에서 독사에 물린 자국은 발견되지 않았다고 한다. 다만 창가에서 바닷가 쪽으로 독사가 기어간 듯한 자국이 있었다고 말하는 사람도 있다. 옥타비아누스는 독사에 의한 설을 믿었던 것으로 보인다. 그가 로마로 개선식을 할 때 가지고 간 클레오파트라의 초상에는 독사가 그려져 있었기 때문이었다.

옥타비아누스는 클레오파트라의 죽음을 유감으로 생각하고 여왕으로서의 장례식을 치러 주었으며 그녀의 소원대로 안토니우스와 함께 묻어 주었다. 그녀는 서른아홉의 나이로 생을 마쳤으며 여왕으로서의 재위 기간은 22년이었다. 그중에서 안토니우스와 함께 생활했던 것은 14년이다.

300여 년 동안 통지했던 이집트를 프톨레마이오스 왕조는 BC 30년 클레오파트라의 죽음과 함께 끝났다. 이로써 이집트는 완전히 로마의 속국이 되었으며 이집트의 막강한 부 역시 로마제국이 소유하게 되었다.

옥타비아누스는 카이사르의 아들 카이사리온은 죽이고 안토니우스의 다른 두 자식은 풀비아에게 보냈다. 그리고 스스로 이집트의 왕이라고 선언하고 이집트를 속국으로 만들었다. 마침내 옥타비아누스는 서른셋의 나이에 로마의 절대군주로 등장했다.

❋ 테세우스(BC 13세기경)

고대 그리스의 도시국가 아테네(아테나이)를 세운 영웅이다. 그리스 역사 속에 실재한 것처럼 그려지지만 신화 속의 인물이다. 그의 행적 대부분은 헤라클레스의 모험과 비슷하여 '제2의 헤라클레스'라는 말을 듣기도 한다. 〈영웅전〉의 저자, 플루타르크는 테세우스가 아마존 왕국을 점령하고 친한 친구인 페이리토오스와 함께 지하세계에까지 내려갔다고 말한다. 헤라클레스의 모험이 그렇듯 수많은 그리스 연극과 문학 작품에서 묘사되는 테세우스의 모습은 아테네의 건국설화인 반신반인(半神半人)의 모습을 지닌 영웅의 전형이다.

아버지는 아테네의 왕 아이게우스이며, 어머니는 트로이젠의 공주 아에트라이다. 아버지가 남긴 칼과 신발을 징표로 친부를 찾아 나서는 길 위에서의 숱한 모험담이 그리스 전역에 알려지게 되고, 크레타의 반인반수의 괴물, 미노타우로스를 물리쳐 영웅으로 알려지게 되었다. 아버지가 죽은 후, 그리스 남부를 통일한 군주가 되었으며 최초의 민주주의를 실시했다고 전해진다.

❋ 리쿠르고스(BC 7세기경)

고대 그리스의 도시국가 스파르타의 입법자. 플루타르크는 리쿠르고스가 자신이 만든 법령에 의해 굶어죽었다며 그의 죽음을 비장하게 그려냈다. 그러나 리쿠르고스가 역사적으로 실존한 인물인지에 대해서는 정확한 자료가 없다. 다만 현대 학자들 사이에서는 BC 9~7세기경에 활동했으며, 스파르타의 독특한 제도들이 리쿠르고스 개인에 의한 것이라기보다는 여러 사람의 공동 작업이었거나, 혹은 여러 명의 개혁가들에 의해 점진적으로 이루어졌다고 보는 의견이다.

스파르타는 소수 정예의 시민들이 정복민을 다스려야 했고 주변국으로부터 끊임없이 침입을 받고 있었다. 이것을 극복하기 위해 군사제도, 토지공동분배, 공동식사와 교육제도 등 아주 엄격한 사회체제를 지향했다.

이것이 스파르타식이라고 부르는 공동체 사회조직이다. 그가 꿈꾸었던 사회는 많은 철학자들에 의해 이상국가의 표본이 되었다.

❋ 솔론(BC 640~560년경)

아테네의 법률제정가. 〈아틀란티스〉를 비롯한 많은 시를 남긴 시인이기도 했다.
BC 7세기 그리스의 도시국가 아테네는 왕정에서 귀족 중심의 정치로 넘어가는 시기였다. 그러나 무역을 통해 부를 축적한 신흥계급들이 귀족정치에 반발하기 시작했으며, 사회적으로는 빈부 격차가 심해져서 계급간의 갈등으로 혼란해지고 있었다.
집정관으로 선출된 솔론은 '법이 모든 사람들에게 이익이 될 수 있을 만큼 공평하다면 아무도 법을 어기려 하지 않을 것'이라고 생각했으며 그런 법을 만드는 일에 주력했다. 또한 자신이 제정한 법을 아름다운 시구로 남기려 했다.
정치적, 경제적 개혁을 위한 '솔론의 법'은 빚으로 허덕이는 사람들을 채무로부터 해방시켰으며, 정치 참여의 갈등을 해소하기 위해 시민 계급을 재산에 따라 4계급으로 나누고, 계급에 따라 정치적 권리를 구분시켰다. 네 번째 계급이었던 노동자들도 아테네의 시민으로서 민회에 참여할 수 있었다. 부유층과 빈민층으로 분열되어 있는 아테네 시민들의 중재자 역할을 하려고 했던 솔론의 개혁이 당시에는 성공하지 못했지만 결국에는 아테네 민주 정치의 기반이 되었다.
정치에서 물러난 솔론이 죽을 때까지 이상 국가에 대한 신념을 갖고 있었다는 것은 그가 남긴 〈아틀란티스〉라는 시를 통해 알 수 있다. 솔론은 이집트의 현인으로부터 대양 너머에 번영을 자랑하던 아주 이상적인 나라가 있었으나 사라졌다는 이야기를 들었다. 솔론은 이 이야기를 토대로 〈아틀란티스〉라는 시를 썼으나 완성하지는 못했다. 훗날 고대 그리스의 철학자, 플라톤(BC 427~347)은 〈크리티아스〉라는 대화록에서 '사라진 아틀란티스'를 언급한다. 플라톤 역시 이상 국가를 꿈꾸었던 철학자이다. 이후 많은 사람들에게 '아틀란티스'는 이상적인 유토피아의 세계로 회자되지만 정확하게 어디였는지는 명확하지 않다.

❋ 페리클레스(BC 495~429)

아테네의 장군이며 정치가이다. 온후하면서도 강직한 성품을 지닌 인물이며 아테네를 그리스의 가장 강력한 도시국가로 이끌었다.
귀족 가문 출신이었으나 '허끝으로 무서운 벼락을 일으키는 자'로 불리는 뛰어난 웅변술로 민중들의 지지를 받았다. 아테네의 영광과 시민 전체의 이익에 합당한가에 맞추어 모든 정책을 결정하고 집행했다. 이러한 정치적 제도를 통해 아테네에 민주정을 확립시켰다. 또한 주변 국가들과 델로스 동맹을 이끌어 경쟁자였던 스파르타를 견제하고 지중해의 패권을 차지하는 데 성공했다.

그러나 스파르타와 대결한 펠로폰네소스 전쟁(BC 431~404) 중에 아테네 시에 발생한 전염병으로 인해 패배하게 되고, 그리스의 패권을 스파르타에 넘겨주고 말았다.

그러나 페리클레스 시대의 아테네는 문화, 예술, 건축 등등에서 최전성기를 만들어내 그리스 문화의 주도적 역할을 했다. 천재적인 건축가 페이디아스와 그가 만들어낸 아테네의 건축물은 2000년이 지난 지금도 그 아름다움을 잃지 않고 있다. 아낙사고라스의 자연철학에 영향을 받은 페리클레스는 철학을 중시한 정치가였다. 따라서 페리클레스 시대는 아테네의 절정기였다고 말한다.

✸ 알렉산드로스(BC 356~323)

마케도니아의 왕 필리포스 2세의 아들이다. 오랜 전쟁으로 그리스 도시국가들이 쇠약해지자, BC 338년경 필리포스는 스파르타를 제외한 그리스 전체를 지배했다.

필리포스가 죽은 후 왕위를 계승한 20살의 알렉산드로스는 그리스의 새로운 지배자가 되었다. 그는 그리스 지배로 만족하지 않고 더 나아가 동방(오리엔트)의 '페르시아 정벌'에까지 나섰다.

12년간의 전쟁에서 승리를 거듭하며 나일강에서 페르시아, 인도까지 광대한 영토를 정복했다. 정복한 지역마다 자신의 이름을 딴 도시 '알렉산드리아'를 건설했으며 '난 승리를 훔치지 않는다'라는 유명한 말을 남겼다.

BC 323년 바빌로니아에서 열병에 걸려 33세의 나이로 삶을 마쳤다. 가장 짧은 시기에 가장 넓은 영토를 정복한 그를 '알렉산더 대왕'이라고 부른다. 그의 군사적 정복은 그리스와 동방의 문화가 결합된 새로운 헬레니즘 문명의 창출을 열었다. 헬레니즘 문명은 이후 300여년간 새로운 문화를 주도했다.

✸ 피로스(BC 319~272)

그리스의 작은 왕국 에페이로스 출신이다. 그리스인과 다른 종족인 몰로시아 족의 나라였으며, 알렉산드로스의 어머니 올림피아스가 몰로시아 족의 공주였으므로 피로스는 알렉산드로스의 후예임을 자처하며 정복에의 열정을 불태웠다.

피로스는 자신의 군사적 역량을 필요로 하는 곳이면 어디든 달려가 전쟁에 임했다. 당시 새로운 강국으로 떠오르던 로마의 군대도 그의 천재적인 병법과 용맹함을 당할

수가 없었다. 로마와의 싸움에서 뛰어난 전략을 발휘하여 '피로스의 승리'라는 말이
생길 정도였다.

✵ 한니발(BC 247~183)

카르타고의 정치가이며 장군. 북아프리카의 강대국이었던 카르타고와 신흥국가 로마
와 격돌했던 제1차 포에니 전쟁(BC 264~241) 중에 카르타고의 사령관이었던 하밀
카르 바르카스의 아들로 태어났다. 당시는 지중해 해상권을 장악하고 있던 카르타고
와 이탈리아 반도를 정복한 로마와의 충돌은 피할 수 없는 시대였다.
한니발은 제2차 포에니 전쟁(BC 219~201) 중, 히스파니아(이베리아 반도)에서 피레
네 산맥과 알프스를 넘어 이탈리아 반도까지 쳐들어갔다. 특히 BC 216년 고대 전쟁
역사상 가장 유명한 칸나이 전투에서 뛰어난 전술을 발휘하여 로마군을 철저히 궤멸
시켰다. 이후 한니발의 군대는 16년 동안 전 이탈리아를 황폐화시켜 로마인들을 두려
움에 떨게 했다.
그러나 로마의 젊은 장군 스키피오 아프리카누스가 히스파니아를 토벌하고 카르타
고를 역공격하자, 로마 정복을 포기하고 본토 방어를 위해 귀환할 수밖에 없었다. BC
202년 자마 전투에서 스키피오에 맞섰으나 패배하고 말았다. 이후 로마에 보복할 기
회를 노렸으나, 정적들의 공격으로 망명생활을 하던 중 로마군에 포위되어 자살을 택
함으로써 명예로운 삶을 끝냈다.
한니발은 알렉산드로스, 피로스, 스키피오, 카이사르와 함께 고대 지중해 세계를 대표
하는 최고의 명장으로 꼽힌다.
(✵✵ 로마인들에게 카르타고 군과 한니발은 '로마를 궤멸시킨 잔혹한 장군'으로 두려운 존재
들이었다. 따라서 AD 1세기 경 로마에서 활동한 〈영웅전〉의 저자, 플루타르크는 로마인들
의 증오심 때문인지 '한니발'에 대한 전기를 쓰지는 않았으나, 로마의 인물들을 다룰 때 한
니발의 군사적 활약에 대해 상세하게 기술했다.)

✵ 마르쿠스 포르키우스 카토(BC 234~149)

평범한 가문에서 태어난 카토는 뛰어난 웅변술로 로마의 집정관과 감찰관까지 지냈
다. 로마는 원로원과 민회에서 토론과 연설을 통해 법을 만들기도 하고 폐지하기도
했다. 원로원에서는 말을 잘하는 사람에 의해 정치가 좌우되곤 했다.
당시 로마는 거듭된 정복전쟁에서의 승리로 물자가 풍부하여 사치와 타락이 만연했
다. 카토는 손수 노동을 하는 검약하고 근면한 생활과 필요 이상의 부를 추구하지 않

는 태도로 로마 시민들의 존경을 받았다.

감찰관이 되었을 때는 금욕과 정직으로 모범을 보였기 때문에 그의 별칭이 감찰관 카토(Cato Censorious)였다. 감찰관은 정치적으로 최고의 지위로서 시민들의 기강을 바로잡고 원로원일지라도 생활태도가 문란해지면 제명시킬 수 있는 권한이 있었다.

카르타고와의 전쟁에서 로마의 승리를 가져와 영웅으로 승승장구하던 스키피오 아프리카누스를 탄핵시킨 사건으로 유명하다.

카토는 포에니 전쟁 중 시리아 왕에게서 받은 배상금을 유용했다는 혐의로 스키피오 형제들을 고발했다. 이 일로 그들이 유죄판결을 받지는 않았지만 '아프리카누스'로 추방받던 대(大) 스키피오의 영향력이 흔들렸다.

🌼 카이사르(BC 100~44)

카이사르는 BC 58~50년 갈리아 지방을 정복하여 로마의 영토를 확장하고 로마를 역사상 가장 위대한 도시로 만드는 데 성공한 위대한 장군이자 정치가였다.

갈리아를 평정한 후 로마로 입성하려던 카이사르에게 원로원과 폼페이우스는 군대를 해산하고 돌아오라는 결정을 내렸다. 그러나 카이사르는 BC 49년 운명에 맡기듯 '주사위는 던져졌다.'라고 외치곤 자신의 군대를 이끌고 이탈리아와 갈리아의 경계선인 루비콘 강을 건넜다. 이후 로마는 엄청난 내전에 휩싸였으며 카이사르는 로마를 장악하는 데 성공했다. 카이사르의 나이 50세 때였다.

과감한 개혁으로 로마의 질서를 바로잡아 대제국의 기틀을 마련했으나, 집정관과 원로원에 의한 공화정 체제를 무너뜨리고 종신 독재관을 꿈꾸었다. 결국 원로원 회의장에서 공화정 옹호파들의 칼에 맞아 죽음에 이르렀다(BC 44년).

갈리아 정복 전쟁에 대해 자신이 직접 서술한〈갈리아 전기〉(전7권)은 후세의 역사가들에게 많은 사료를 제공해 주었다. 또한 카이사르가 뛰어난 라틴어 문장가였음을 보여준다.

🌼 키케로(BC 106~43)

로마의 정치가이며 역사상 가장 뛰어난 웅변가로 알려져 있다. 정치계에 입문하여 비리를 저지르는 공직자들을 고소하고 탄핵하며 명성을 얻었다. 로마의 공화정 체제가 무너지는 것을 반대하며 정쟁에 휘말려 카이사르 이후에 등장한 안토니우스에 의해 피살되었다.

키케로가 죽는 순간까지 수호하려고 했던 로마의 공화정-집정관, 원로원, 시민에 의해 조화로운 정치가 행해지는 제도—은 새로운 정치질서를 보여주는 혁명적 제도였다. 키케로는 자신의 신념을 지키는 데에는 실패한 정치가였다. 그러나 정치일선에서 잠시 벗어나 있을 때 저술한 수사학, 웅변학, 철학, 정치학에 관한 그의 저서들은 로마인들의 철학적 사상을 넓혀 주었으며, 오늘날에도 라틴문학의 모범이며 공화정의 원칙을 수호하려는 최고의 문필가였다는 평가를 받게 했다.

카이사르가 지중해 지역의 광대한 영토를 정복한 개선장군이었다면, 키케로는 원로원과 시민을 상대로 로마의 철학적 영역을 확장시킨 대학자였다.

✹ 안토니우스(BC 82~30)

로마의 정치가이며 장군이었다. 황제와 다름없는 권력을 휘두르던 카이사르의 휘하에서 유능한 장군이었다. 카이사르가 암살된 후에는 뛰어난 처세술과 동방 원정으로 군사, 경제적으로 막강한 세력을 쌓았다. 그러나 정복자로서 이집트의 여왕 클레오파트라를 만나 사랑에 빠지면서 파멸의 길을 걷게 되었다.

BC 31년 클레오파트라와 연합전선을 펼쳐 옥타비아누스에게 맞섰으나 악티움 해전에서 패배하고 이집트의 알렉산드리아에서 클레오파트라와 함께 자살했다. 안토니우스와 클레오파트라의 사랑은 수많은 전설과 이야깃거리를 남겼다. 그러나 두 사람은 사랑 외에도 정치적 합의가 필요했다. 클레오파트라는 이집트 여왕으로서 정적들을 견제하기 위해 안토니우스의 군대가 필요했으며, 안토니우스는 이집트가 가지고 있는 부를 필요로 했다.

그러나 옥타비아누스에게 패함으로써 이집트는 로마의 속주가 되었으며, 전 지중해의 세계가 로마의 통합 하에 들어가게 되었다.

안토니우스는 로마군을 훌륭하게 다루었던 장군이었지만 로마인이 진정으로 원하는 것이 무엇인지를 읽어내지 못했다. 로마가 정복한 이집트 땅의 왕위를 클레오파트라에게 준 것이 가장 큰 문제였다. 안토니우스의 생애는 영웅이라기보다는 민심을 얻지 못하고 자만한 자는 권력을 얻을 수 없다는 반면교사의 전형이다.